“十三五”职业教育国家规划教材
经全国职业教育教材审定委员会审定

中 等 职 业 教 育 国 家 规 划 教 材
全国中等职业教育教材审定委员会审定

中等职业教育改革创新示范教材
财经商贸类专业课程教材

消费心理学

（第2版）

主编　郝春霞

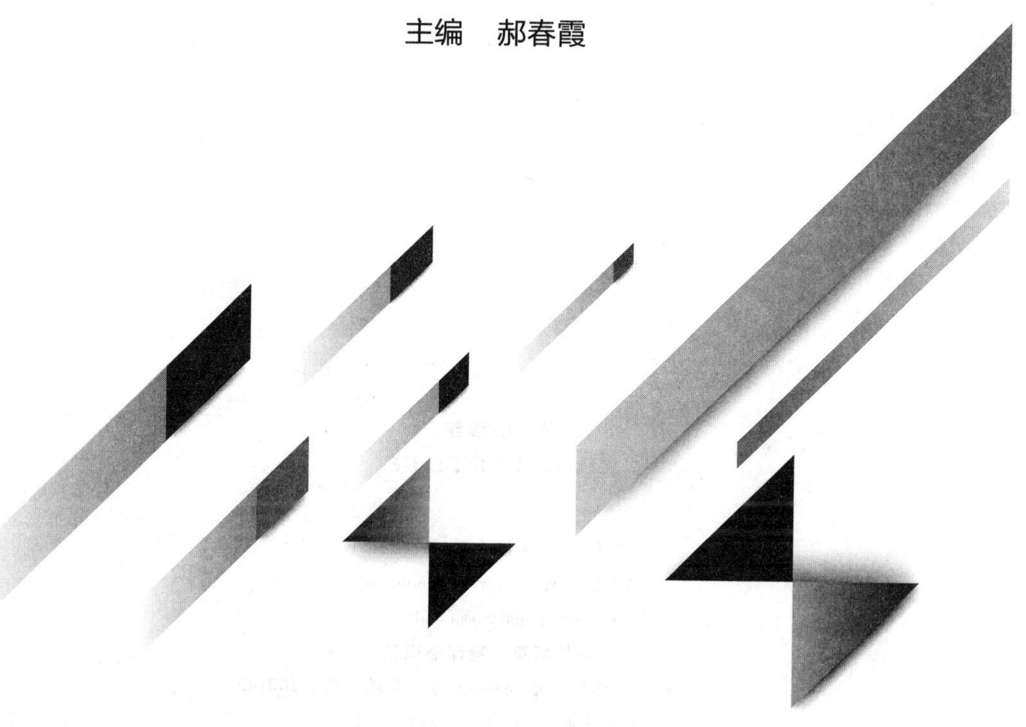

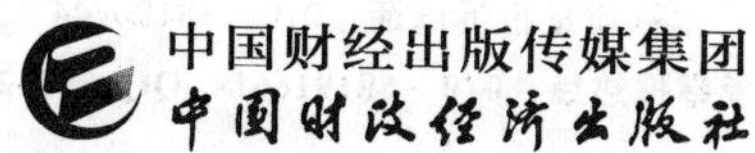

中国财经出版传媒集团
中国财政经济出版社

图书在版编目（CIP）数据

消费心理学／郝春霞主编．－－2版．－－北京：中国财政经济出版社，2019.6（2021.2重印）

“十三五”职业教育国家规划教材

ISBN 978－7－5095－9000－3

Ⅰ．①消…　Ⅱ．①郝…　Ⅲ．①消费心理学－中等专业学校－教材　Ⅳ．①F713.55

中国版本图书馆CIP数据核字（2019）第093042号

责任编辑：王　芳　　　　责任校对：张　凡

封面设计：华乐功

消费心理学

XIAOFEI XINLIXUE

中国财政经济出版社 出版

URL：http：//www.cfeph.cn

E－mail：jiaoyu@cfeph.cn

社址：北京市海淀区阜成路甲28号　邮政编码：100142

营销中心电话：010－88191522

天猫网店：中国财政经济出版社旗舰店

网址：https：//zgczjjcbs.tmall.com

北京密兴印刷有限公司印刷　各地新华书店经销

成品尺寸：185mm×260mm　16.75印张　385 000字

2019年8月第1版　2021年2月北京第2次印刷

定价：36.00元

ISBN 978－7－5095－9000－3

（图书出现印装问题，本社负责调换，电话：010－88190548）

本社质量投诉电话：010－88190744

打击盗版举报热线：010－88191661　QQ：2242791300

再版说明

为了满足现代中职教育的需求，促进中职学生全面发展，根据现代中职教育理念，本书在原中等职业教育国家规划教材和中等职业教育改革创新示范教材的基础上进行修订，于2020年被评为“十三五”职业教育国家规划教材。

本次修订主要有以下几方面的变化：

第一，在内容上更换了教材第一版中已陈旧、过时的内容和资料。

第二，在结构上，每个任务都增加了“学习目标”，告诉学生本任务要培养的主要职业素养、职业能力和应学习的主要知识，使学习目标更加细化、明朗。为了加深对本任务重点知识的理解，我们选取了相关案例，增加了“案例分析”栏目，鼓励学生举一反三，帮助学生巩固学习的内容，提高分析问题和解决问题的能力。整合了每个任务中的“同步实训”，结合本任务学习目标，设计了相应的同步实训项目，包括训练目标、训练内容、训练操作、成果要求、实训评价等分项，目的是通过深入社会和企业的调查、体验等活动，提升学生的职业素养和专业技能，丰富消费心理学知识，培养学生分析问题和解决问题的综合能力。

第三，任务学习过程中将重点知识设计了“小思考”栏目，帮助学生扩展思考，增加授课过程中的互动环节。

使用本教材的几点建议：

1. 本教材建议学时为64学时（4课时×16周=64课时，4学分）。

项目及任务划分与课时分配表

项目		任务		建议课时
一	认知消费心理	1	消费心理学的研究对象	2
		2	消费心理学的研究方法	2
二	消费者心理活动过程	1	消费者的认识过程	2
		2	消费者的情感过程	2
		3	消费者的意志过程	2

续表

项目		任务		建议课时
三	消费者个性心理	1	认知消费者个性	2
		2	消费者个性心理特征	2
四	消费者购买心理	1	消费者需要心理	2
		2	消费者购买动机心理	2
		3	消费者购买决策和购买行为心理	2
五	消费者群体与消费心理	1	认知消费者群体心理	2
		2	家庭与消费心理	2
		3	社会阶层与消费心理	2
		4	不同年龄、性别消费者群体的消费心理	2
六	商品因素与消费心理	1	新产品开发推广的心理策略	2
		2	商品名称、商标设计的心理策略	2
		3	商品包装的心理策略	2
七	商品价格与消费心理	1	消费者的价格心理	2
		2	商品定价的心理策略	2
		3	商品调价的心理策略	2
八	营销信息传播与消费心理	1	广告信息传播与消费心理	2
		2	人员推销过程中的心理策略	2
九	营销环境与消费心理	1	商店外部环境设计的心理功能	2
		2	商店内部环境设计的心理效应	2
		3	服务环境与消费心理	2
十	网络营销与消费心理	1	网络营销与网络消费者	2
		2	网络消费者的需求动机和购买行为	2
		3	网络营销与消费心理	2
综合实训				2
机动				6
合计				64

2. 案例分析、同步实训大部分设计由学生分小组共同完成，目的是通过小组交流，学生们在交流中学习、在学习中思考、在思考中提升，培养学生与他人合作、与他人交流、分析问题、解决问题、勇于创新等职业核心能力。

3. 同步实训建议教师提前安排，使学生有充足的时间做实地调查、资料整理，课堂上只做展示交流和评价，以提高学习效率和教学效果。根据情况，可让每个同学参与完成28个任务的同步实训项目；也可将全班同学分成几个大组，把同步实训内容分成相应的几部分，每个大组再分为若干小组，分工参与其中的几个实训项目，全体同学共同完成实训项目。

4. 考核方式建议采用过程考核与结果考核相结合的方式，注重过程考核。

学习过程中每个任务的同步实训都有实训评价，并有具体的评价规范和标准，重点考核职业道德和职业素养，也要考核消费心理学技能和知识。每个项目后都有相配套的“思考与练习”，设有“单选题”“多选题”“简答题”“案例分析”等题型，既可作为平时训练用，也可组合试卷用于期末考试（答案请扫描封底二维码获取）。

本书由山西金融职业学院郝春霞副教授担任主编，山西财贸职业技术学院孙金霞教授担任副主编，并负责编写提纲、统筹和定稿。具体分工是：郝春霞编写项目一、项目二、项目三，孙金霞编写项目四、项目五、项目六，山西金融职业学院刘巧兰编写项目八、项目九，山西金融职业学院杜明汉编写项目七、项目十。

本书在编写过程中，参阅了大量中外有关消费心理学方面的教材和文献资料，在此谨向这些教材和文献资料的著者、编者表示衷心的感谢，由于编者水平有限，书中疏漏之处在所难免，恳请同行专家批评指正。

编者

2021 年 2 月

目　录

项目一
认知消费心理

导读案例

添 一 点

有一家卖瓜子的小店生意特别红火，其他同类商家怎么也比不上，该店老板说：“其实，我们家瓜子除了味道独特以外，在经营方面还有个小技巧，就是在称分量时，别人家总是先抓一大把，称的时候再把多的拿掉，而我们家总是先估计得差不多，然后再添一点。”这“添一点”的动作看似细小，却符合消费者的心理，许多消费者都害怕缺斤少两，“拿掉”的动作更增加了这一顾虑，而“添一点”则让人感到分量给足了，心里踏实，所以乐于登门。

提示：市场经济时代，所有的关注焦点都指向了消费者，消费者成为市场中真正的“上帝”，然而“上帝”们内心在想什么，只有通过认真学习、了解并且掌握消费心理学知识，你才可以体会到消费心理学在营销活动中的重要作用。

任务1　消费心理学的研究对象

任务案例

情不自禁的感觉

刘小姐准备买一套名牌化妆品，到附近的购物中心转了一天，却买了一条裙子回来。

“也不知是怎么了，看到这条裙子就情不自禁地想去试一下，再加上服务小姐一鼓励，就掏钱买了。”刘小姐很无奈地说。

问题：请分析刘小姐说的“情不自禁的感觉”。

分析：这种“情不自禁的感觉”属于一种“潜意识”。事实上，追求漂亮一直是刘小姐内心深处的愿望，裙子激发了她的“潜意识”并使她发生了购买行为。“潜意识”需要在外在因素的刺激下才会通过某种行为表现出来。而如何来激发这种“潜意识”就是消费心理学所研究的主要内容。

学习目标

素质目标：通过本任务的知识学习、案例分析和同步实训，激发同学们认知消费者的消费心理与消费行为，喜欢研讨消费者的各种心理活动，提高自主学习消费心理学相关理论知识的兴趣。

能力目标：通过本任务的案例分析和同步实训等活动，邦助同学们学习在日常生活中分析消费者的心理现象及消费者心理活动的影响因素。

知识目标：通过本任务知识学习能够叙述消费与消费者、消费心理与消费行为、消费者的各种心理活动的影响因素等陈述性知识。

必备知识

任何一门学科必须要有独立的、不同于其他学科的研究对象。消费心理学的研究对象就是消费者在市场经济活动中，在购买、使用商品时产生的各种心理现象、心理活动及其所特有的规律性。

一、消费者心理现象

消费者心理现象是市场中消费者在交易活动中产生的、客观的心理活动，是影响消费者购买的基本因素。

（一）消费与消费者

消费是指人类消耗物质生活资料和精神产品。消费的主体被称为消费者。

1. 消费

消费是一种行为，是消费主体出于延续和发展自身的目的，有意识地消耗物质资料和非物质资料的能动行为。从广义上讲，人类的消费行为可划分为生产消费和个人消费两大类。

生产消费是指在社会再生产过程中，生产过程要消耗原材料、燃料、工具设备、人力等。

个人消费是指人为了维持生存与发展，需要消耗各种物质资料、劳务和精神产品，这是人类社会最大量、最普遍的经济现象和行为活动，是进行劳动力再生产的必要条件。个人消费是一种最终消费，消费心理学研究的范畴就是消费者的个人消费。

2. 消费者

消费者是指在不同的时空范围内参与消费活动的个人或集体。

从消费过程的角度讲，消费者指各种消费品的需求者、购买者和使用者。

从在同一时空范围内对某一消费品的态度来看，消费者可分为现实消费者、潜在消费者和永不消费者。

从消费单位的角度讲，消费者可划分为个体消费者、家庭消费者和集团消费者。

小思考

消费者等于购买者吗？

相关链接

法律意义上的消费者

法律意义上的消费者，是指为生活消费需要而购买、使用商品或接受服务的个人和单位。消费者的法律特征有这样几点：

（1）消费者的消费性质属于生活消费。

（2）消费的客体是商品和服务。

（3）消费者的消费方式包括购买、使用商品和接受服务。

（4）消费者的主体范围包括公民个人和进行生活消费的单位。

消费者是区别于商品经营者的商品交换关系中的主体。在现代商品经济社会中，由于生产力的发展，科技水平的提高等社会经济因素，使得生产经营者和消费者之间在经济条件、教育水平、议价能力等诸多方面存在着不平等的社会关系，消费者经常处于弱者的地位，如不给予特别保护，其合法权益就难以保障。为此，国家有必要采取一定的强制措施，如要求商品生产经营者必须保证商品质量，提供必要的使用说明等。我国还专门制定了《中华人民共和国消费者权益保护法》以保护消费者的合法权益。

（二）消费心理与消费行为

任何一种消费活动，都是既包含了消费者的心理活动又包含了消费者的行为活动。准确把握消费者的心理活动，是准确理解消费行为的前提，消费心理是消费行为的内在动力，而消费行为是消费心理的外在表现。

1. 消费心理

消费心理是指人作为消费者时的所思所想，是消费者在购买、使用和消费商品过程中的一系列心理活动。消费者在消费过程中的偏好和选择，各种不同的行为方式无一不受其心理活动的支配。例如，消费者是否购买某种商品，购买某种品牌、款式、何时何地购买、采用何种购买方式以及怎样使用等都和不同消费者的情感、兴趣、气质、性格、能力、价值观念、思维方式以及相应的心理反应密切相关。

案例分析

一问就走

某位女顾客正在一家商场的服装柜台前看几件服装，还没有拿定主意要什么颜色、什么式样时，一位营业员走过来，说道：“您好！请问您喜欢什么颜色的？”顾客无从回答，只好离开此地，到别处看看。

问题：请分析是什么原因导致该顾客“一问就走”?

讨论分析：

个人：每位同学认真研读本案例内容，结合任务1内容，在学习本上写出对本问题的看法。

小组：请同学们每4人分为一个小组，1人为组长，1人记录，在小组讨论中每个人陈述个人看法，然后小组成员共同讨论，形成小组意见，并推荐代表在班级交流。

全班：每个小组代表在班级陈述本组观点，班级其他同学进行点评。

教师：教师记录各组陈述观点的要点，最后做点评。

分析提示：

这位营业员服务热情可嘉，但是他在接待顾客的过程中，没有认真揣摩消费者的心理，在消费者还没有希望得到营销员帮助时过早发问，造成双方的尴尬，结果却适得其反。

2. 消费行为

消费行为是指从市场流通角度观察的，人作为消费者时对于商品或服务的消费需要，以及使商品或服务从市场上转移到消费者手里的活动，是指消费者为满足需要和欲望而寻找、选择、购买、使用、评价及处置消费物品或服务时所采取的各种活动和过程。我们每一个人都是消费者，每时每刻都在消费，消费行为看上去似乎非常简单和平淡，但每一个消费者的心理和行为却又相当的复杂和多变。

二、消费者心理活动

消费者的各种心理活动受市场经济的影响，受现代市场活动所制约。市场作为整个社会经济活动的一部分，对消费者的消费心理和行为有重大影响作用。

（一）消费者个体心理活动

从个体角度看，消费心理现象是消费者个人行为的心理表现，必然受消费者个性心理特征所左右。消费者在市场活动中所产生的感觉、知觉、记忆、注意、想象、情绪、思维等心理活动过程，表现出人类心理活动的一般规律。而消费者个人稳定的、本质的心理品质，形成消费者消费心理个性。这种个性在市场营销活动中，表现出消费者在气质、性格、能力等方面的差异，并由此构成消费者购买动机和购买行为的基础。

消费者在市场中，产生对商品、购物环境、广告促销的知觉、注意、记忆、并由此产生对消费商品、消费行为等的认识过程、情感过程、意志过程，这些心理活动既有共性，展示消费者一般的心理规律，又有其个性，由于消费者的能力、气质、性格而产生的消费行为的各种差异。

消费者在市场活动中，受诸多心理因素影响而产生消费行为，其中最重要的、最直接的心理因素就是需要和动机。在工作和生活中，人们由于各种物质的、精神的因素，产生了心理需要，为满足这种心理需要而指向某种具体的商品，就产生了购买动机，进一步发展就可能产生购买行为。

消费者在市场活动中，受商品、购物环境、广告促销等的影响，会产生对品牌、偏好等喜爱心理，也会有逆反、预期等心理倾向。

消费者的购买行为是消费者心理活动的外在表现。通过对消费者购买行为的分析，我们可以发现影响消费者心理的内在因素，进而认识消费者心理活动过程，找出消费者形成购买动机、购买决策的基本模式。

（二）消费者群体心理活动

虽然消费者的购买活动是个人行为，但从社会总体去考察，消费者心理和行为又带有群体性的特点。在社会活动中，消费者由于年龄、职业、性别、收入水平、社会地位、民族、宗教信仰相同，在消费行为、消费心理上表现出很大的相似性，由此构成了消费群体。研究这些消费群体的消费心理，可以使我们更好地把握消费心理的共性，认识消费心理的规律性。

消费群体心理有许多共同的表现，由于某一群体共同生活在某一社会阶层，对其进行深入研究，我们可以发现构成消费群体的社会关系、社会环境，以及由此形成的共同的消费观念和消费习惯。

（三）消费心理与市场营销

在市场经济中，企业的市场营销活动同样影响消费者心理与行为。市场营销是商品生产者、经营者围绕市场交换活动而进行的产品设计、开发、命名、定价、包装、分销渠道选择、促销、广告宣传、销售服务、营销场景的布置等一系列活动。市场营销的目的是为了满足消费者需要，激发消费者购买动机，促成购买行为，实现商品的销售。

市场营销的一切活动都是围绕消费者进行的，因此，它对消费心理会产生不同的影响。另一方面，企业的市场营销活动要围绕消费者进行，要最大限度地满足消费心理愿望而制定营销策略，要迎合消费者心理，满足消费需求、适应消费习惯，促成购买行为。

由此可见，消费心理与市场营销相互影响、相互作用，两者之间存在着密切联系。市场营销既要迎合消费心理，又要引导消费心理。而研究消费心理，有利于企业搞好市场营销活动，提高营销效果，因而市场营销是研究消费心理的重要内容。

综上所述，消费心理学的研究对象是消费者在消费行为中产生的消费心理，属于消费者的心理活动研究，同时，也研究消费群体心理，研究与消费心理相关联的市场营销手段，以达到发现消费心理规律，指导市场营销活动的目的。

同步实训

认知消费心理实训

1. 训练目标

（1）素质目标：培养同学们善于在身边的消费活动或图书资料中观察，及时总结、分析消费活动，以认真的态度参与实训。

（2）能力目标：运用所学的认知消费心理学的相关理论分析体验、观察到的或收集到的消费活动。

（3）知识目标：培养同学们在小组发言、小组讨论、实训报告撰写中，运用认知消费心理学的相关理论知识分析讨论问题、阐述自己观点的能力。

2. 训练内容

在全国空调器市场产大于销的形势下，某品牌空调器公司在厂家“售后保修”的“大合唱”中独出心裁，“唱”出了“一年半之内不保修”的“反调”，反而赢得了许多消费者。请从该案例中体会消费心理，并从身边的实例或图书资料中找类似这种针对消费者心理活动而制定的“攻心”案例与大家分享。

3. 训练操作

(1) 将学生分组，每4人一组，并选出1名小组负责人。

(2) 小组负责人与其他同学共同制定实训计划，明确任务。

(3) 每个小组成员分头收集类似案例2例，并进行案例分析。

(4) 将收集到的案例归纳整理，并请老师指导。

4. 成果要求

(1) 每组汇总一份“认知消费心理案例集”

(2) 各组在班级交流“认知消费心理案例集”，老师作点评。

5. 实训评价（见表1-1）

表1-1　认知消费心理实训评价表

项目	评价标准	分值	小组个人自评（30）	小组成员互评（30）	教师评价（40）	小计
素养培养	参与实训的态度端正，积极性高，小组分工合作意识强。	10				
	养成做事有计划的工作作风，能主动提出关于实训工作中的相关问题。	10				
	能够结合消费活动分析消费行为与消费心理。	10				
能力提升	能将所学的消费心理学的相关理论运用到实训任务中，学以致用。	10				
	能正确分析消费者消费行为与消费心理，整体实训活动安排有序。	10				
知识应用	能在案例集中正确运用消费心理学的相关理论分析自己观点。	10				
	在发言和小组讨论中能准确陈述消费行为、消费心理以及消费心理活动的影响因素等	10				
项目成果展示	小组能够独立完成实训任务，且及时、主动，并能主动提出问题，解决问题。	10				
	“认知消费心理案例集”案例恰当、分析正确，无错别字。	10				
	“认知消费心理案例集”展示形式新颖，语速恰当，陈述语言规范流畅，有感染力。	10				
合计	—	100				

任务 2 消费心理学的研究方法

任务案例

了解消费者的方法

本田公司曾经指派其汽车组装车间的一线员工和营销人员采用电话询问方式造访了 4.7 万名雅阁汽车用户，进行这次访问的目的是要了解用户对雅阁汽车各方面的满意度，同时从中获得对汽车如何进一步改进的想法。这次访问历时 3 个月，由那些将来实际参与汽车改进的人员参加。访问结果很多已融入到了新款汽车的研发中。

问题：试分析本田公司是通过什么方法了解消费者的。

分析：本田公司主要通过电话访问法来了解消费者，获得消费需求的信息，研究影响消费者购买行为的因素，有针对性地研发符合消费需求的产品，以提高竞争力。

学习目标

素质目标：通过本任务知识学习、案例分析和同步实训，认知消费心理学的各种研究方法，培养学生依照职业道德、职业规范与标准，分析企业营销行为的能力。

能力目标：通过本任务的案例分析和同步实训，能够使用消费心理学的定量或定性研究方法对消费行为及消费心理进行分析研究。

知识目标：通过本任务知识学习，能准确叙述消费心理学的研究方法：观察法、问卷法、实验法、访谈法、综合调查法、投射测验法等陈述性知识。

必备知识

消费心理学的研究方法很多，总的来说可以分为定量研究方法和定性研究方法。定量研究方法是消费心理学研究的趋势。

一、定量研究方法

定量研究方法是通过一定的方法先搜集数据，再对数据进行统计分析然后发现消费规律的一种方法。用定量研究方法收集数据主要有三种方法：观察法、问卷法与实验法。

（一）观察法

观察法是在市场活动过程中，通过消费者在自然条件下的语言、行为、表情等外部表现，分析其内在的原因，进而研究消费者心理活动规律的研究方法。这种方法的优点是在消费者并不知情的情况下进行的观察，所以，消费者没有心理负担，心理表现比较自然，因而通过观察所获得的资料也比较客观、真实、可靠和直观。它的不足之处是被动、片面，材料不能区分是规律性的还是偶然性的，很难全面深入地了解和掌握消费者心理活动过程。

观察法可用于观察别人，也可用于观察自身，这就形成了自我体验。这种方法就是把自己摆在消费者的位置上，根据自己的日常生活体验，去感受消费者的心理变化。应用自我体验法研究消费者的价格心理、偏好转变、情感变化等能收到满意的效果。

（二）问卷法

问卷法是消费心理学常用的方法，是通过事先设计的调查问卷，向研究对象提出问题，让其回答，从中了解研究对象心理的方法。这种方法适用于了解消费者购买行为的购买动机、购买态度和消费者性格、价值观等。运用这种方法，要求被试者态度认真、问题回答明确、表达清楚。

问卷法的优点是可以同时在短时间内得到范围广泛的材料，简便易行。不足之处是主要以文字为媒介，研究者与研究对象无法直接沟通；不容易对这些材料进行重复验证；有些研究对象不配合。

在使用问卷法进行研究时，要注意问题的编制符合调查的目的，问题要简明扼要；采取不记名方式，以便解除研究对象的顾虑，争取研究对象的合作；故意安排一些相互矛盾的问题，如果研究对象对这些问题的回答是相同的，说明其回答中有不真实的成分，当不真实的成分超过一定限度时，就应将这些答卷加以排除，以免对结果产生不良的影响。

（三）实验法

实验法是一种在严格控制的条件下有目的地对研究对象给予一定的刺激，从而引发其某种反应，进而加以研究，找出有关消费心理活动规律的研究方法。实验法是一种有控制的观察，弥补了观察法的被动性。在研究过程中，两种方法往往配合使用，起到取长补短的作用。实验法包括实验室试验法和自然实验法两种类型。

1. 实验室实验法

实验室实验法是指在特设的实验室中借助于各种仪器设备来研究消费心理现象的一种方法。例如，测定消费者对广告的记忆率，就可在实验室内让研究对象看广告，然后测量他能记住多少，或者研究能被他记住的广告具有什么特征。实验室实验控制严密，结果一般比较准确。但由于实验室实验大都在人为的特殊条件下进行，试验结果常常受到人为条件的影响，与实际生活中的消费心理活动规律不完全相同，因而对实践活动的指导作用存在局限性。只适宜研究较简单的心理现象。

2. 自然实验法

自然实验法是指在企业日常的营销环境中，有目的地创造或变更某些条件，给予消费者一定的刺激或诱导，从而观察消费者心理活动的表现的方法。自然实验法适用于企业改变商品的价格、广告、促销、包装设计等变量，通过测量对消费者的吸引力，探讨消费者的消费心理。例如，在商品销售现场，有目的地举办商品品尝、试用活动，然后比较活动期间与平时的效果，从中分析消费者心理。

案例分析

消费者行为中的从众和独立的实验

在一项有关消费者行为的从众和独立的实验中，实验者要求被试者从A、B、C三种不同款式和颜色的西服中选出最好的。先给被试者两分钟的时间逐件验看，然后要求他们做出决定。实验分三种情况进行。(1) 在控制条件下，被试者分别做出评价，不受群体的影响。(2) 在从众条件下，三名假被试者异口同声地说“西服B最好”，最后让真被试者做评价。(3) 在诱导条件下，使用群体压力的方法与从众条件相同，只是假被试者的反应模式不同。第二个假被试者在第一个假被试者挑选了B之后说：“三套西服有没有不同，我不能确定，我想没有什么不同，既然你选B，我也跟你一样选B吧。”最后再让真被试者选择。

结果表明，在从众条件下，真被试者多数表现出了从众，采取了与群体一致的行为，即选择了B；在诱导条件下，真被试者虽然也有从众现象，但比率远比从众条件下的要低，这说明真被试者有抵制群体压力的倾向。

问题：该案例说明什么？

讨论分析：

个人：每位同学认真研读本案例内容，结合任务2内容，在学习本上写出对本问题的看法。

小组：请同学们每4人一个小组，1人为组长，1人记录，每个人陈述个人看法，然后共同讨论，形成小组意见，并推荐代表在班级交流。

全班：每个小组代表在班级陈述本组观点，班级其他同学进行点评。

教师：教师记录各组陈述观点的要点，最后做点评。

分析提示：

实验法是有目的、有方向、严格控制或创设一定的条件，来引起某种心理和行为的出现或变化从而进行规律性探讨的研究方法。通过分析以上案例中三种不同条件下真被试者的选择可以发现他人的意见对真被试者的影响及影响的程度。

二、定性研究方法

（一）访谈法

访谈法是调查者对消费者进行面对面有目的的询问，以了解消费者对所调查内容的态度倾向、人格特征等方法。包括结构式访谈与非结构式访谈。

结构式访谈是指研究人员先确定研究预定目标，事先写好访谈提纲，访谈时依次向研究对象提出问题，让其逐一回答的访谈。这种访谈组织比较严密，条理清晰。如电话访谈就是一种结构式访谈。

非结构式访谈虽然有一定目标，但访谈没有固定程序，结构比较松散，可以让研究对象随心所欲地谈论。如深度访谈就是一种非结构式访谈。

小思考

有人说“消费者并不知道自己需要的是什么，有的消费者以为自己需要某些东西，其实不需要”，对此你有何看法？

同步实训

访谈法认知实训

1. 训练目标

（1）素质目标：培养同学们参与实训的积极态度，亲身体验访谈法，对访谈法有所认知，提高学生研究、解决实际问题的积极性。

（2）能力目标：运用所学的访谈法分析实际课题，进而分析消费行为和消费心理，培养学生善于发现问题，善于分析问题的能力。

（3）知识目标：能够在小组发言、小组讨论、实训报告撰写中运用访谈法等分析讨论问题、阐述自己的观点。

2. 训练内容

以小组为单位分别对其他班级中的8位同学的手机消费情况开展访谈活动，并填写访谈表（见表1－2）。

表1－2　中职学生手机消费访谈表

序号	性别	手机品牌	价格	每天使用时长	满意程度	选购因素	期待的功能
学生1							
学生2							
学生3							
学生4							
学生5							
学生6							
学生7							
学生8							

3. 训练操作

（1）将学生每4人分为一组，并选出1名小组负责人。

（2）通过书刊、网络等途径，了解有关访谈法的知识。

（3）实地访问中职学生，小组成员根据访谈表的内容开展访谈工作。

（4）运用表格形式整理相关内容。

（5）每个小组推荐1位代表在班级交流，老师作点评。

4. 成果要求

(1) 每组撰写一份“中职学生手机消费访谈表”。

(2) 根据每组同学填表的完整性、各位成员完成任务情况，评定每位同学的实训成绩。

5. 实训评价（见表 1-3）

表 1-3 访谈法认知实训评价表

项目	评价标准	分值	小组个人自评（30）	小组成员互评（30）	教师评价（40）	小计
素养培养	参与实训的态度端正，积极性高，小组合作意识强，小组讨论积极踊跃。	10				
	养成细致、严谨的工作作风，能主动提出关于完善实训活动的相关问题。	10				
	在实训活动中能礼貌地与被访谈者进行沟通，积极收集相关信息。	10				
能力提升	能将所学的访谈法知识运用到认知实训中，学以致用。	10				
	正确分析访谈法认知实训工作内容，高质量地完成实训任务。	10				
知识应用	能基本理解访谈法的内容。	10				
	能完整陈述访谈法的知识。	10				
项目成果展示	能够独立、及时、主动地完成认知实训任务，并能主动提出完善实训任务和解决问题的办法。	10				
	“中职学生手机消费访谈表”结构完整，无错别字，得出的结论合理。	10				
	“中职学生手机消费访谈表”展示汇报形式新颖，陈述语言规范流畅，语速恰当，有感染力。	10				
合计	—	100				

（二）综合调查法

综合调查法是指在市场营销活动中采取多种手段取得有关材料，从而间接地了解消费者的心理状态、活动特点和一般规律的调查方法。根据不同的目标和条件可以采用邀请消费者座谈、举办新产品展销会、产品商标广告的设计征集、设置咨询意见箱、销售时附带消费者信息征询卡、特邀消费者对产品进行点评、优秀营业员总结经验等手段和方法。

（三）投射测验法

投射测验法是用来测量消费者在一般情况下不愿意或不能披露的情感、动机或态度，是透过研究对象表面的防御，探寻其真实心理的方法。这种方法一般具有转移被测试者注意力和解除其心理防卫的优点，在消费心理学的研究中常被用作探寻消费者深层动机的有效手段。

相关链接

关于投射测验法

投射测验法是以西格蒙德·弗洛伊德（Sigmund Freud）心理分析的人格理论为依据。这种理论主张，人一些潜意识的内驱力受到压抑，虽然不易觉察，但是却影响着人们的行为。这种潜意识可以在无规则的表达中表露出来，心理学家则根据被试者表达出来的潜意识，进行人格分析。如果给被试者一些模棱两可的问题，那么他的无意识有可能通过这些问题投射出来。

投射测验的优点是弹性大，被试不受限制，可以任意作出反应。测试材料仅为图片，因此可以对没有阅读能力的被试者进行施测。

投射测验的缺点：首先，评分缺乏客观标准，测验的结果难以解释。同样的反应由于施测者的判断不同，解释很可能不一样。其次，这种测验对特定行为不能提供较好的预测。最后，由于投射测验适于个别施测，因而它需要花费大量的时间。

知识脉络

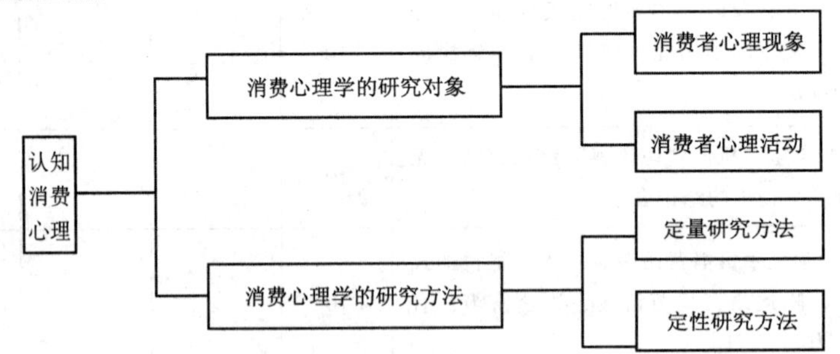

项目小结

消费心理学的研究对象就是消费者在市场经济活动中，在购买、使用商品时产生的各种心理现象、心理活动及其所特有的规律性。

消费心理是指人作为消费者时的所思所想，是消费者在购买、使用和消费商品过程中的一系列心理活动。

消费行为是指消费者为满足需要和欲望而寻找、选择、购买、使用、评价及处置消费物品或服务时所采取的各种活动和过程。

消费心理学的研究方法可以分为定量研究方法和定性研究方法。

定量研究方法主要有：观察法、问卷法与实验法。

定性研究方法主要有：访谈法、综合调查法、投射测验法。

思考与练习

1. 理论题

(1) 单选题

①消费心理学的研究对象主要是（　　）。

A. 生产消费　　B. 生活消费

C. 社会消费　　D. 文化消费

②在条件控制下对应试者有目的地给予一定刺激，寻找心理活动规律的研究方法是（　　）。

A. 问卷法　　B. 观察法

C. 调查法　　D. 实验法

③一个人作为消费者的时候，他的所思所想是（　　）。

A. 消费行为　　B. 消费心理

C. 消费过程　　D. 消费习惯

④消费者消费行为的基础是（　　）。

A. 消费心理　　B. 消费习惯

C. 消费保障　　D. 消费文化

⑤调查者根据预定目标事先拟好谈话提纲向受访者提出问题，受访者逐一回答的方式进行的访谈叫（　　）。

A. 结构式访谈　　B. 无结构式访谈

C. 问卷法　　D. 观察法

(2) 多选题

①消费心理学的具体研究方法包括（　　）。

A. 观察法　　B. 访谈法

C. 调查法　　D. 投射测验法

E. 量表法

②问卷法的优点主要有（　　）。

A. 得到范围广泛的材料　　B. 研究者与研究对象无法直接沟通

C. 简便易行　　D. 不容易对材料进行重复验证

E. 有些研究对象不配合

③运用实验法对消费心理进行研究，可采用的具体方式包括（　　）。

A. 社会调查　　B. 问卷调查

C. 自然实验法　　D. 统计调查

E. 实验室实验法

④问卷法有（　　）方法。

A. 量表调查　　B. 电话调查

C. 邮件调查　　D. 个人调查

E. 在线调查

⑤观察法包括（　　）等方法。

A. 直接观察　　B. 实验室观察

C. 仪器观察　　D. 自然观察

E. 痕迹观察

（3）简答题

①消费心理与消费行为是什么关系？

②消费心理学的研究方法有哪些？

③观察法的优点、缺点各是什么？

2. 实务训练题

案例分析

“乐口牌”啤酒试验

某公司曾经开发出一种“乐口牌”啤酒，广告宣传该产品是一种佐餐啤酒，广告也是以妇女所喜爱的方式制作。但该啤酒上市后消费者一致反映掺水多、口味差。后来，该公司聘请一家咨询公司做了两次试验，请消费者品尝“乐口”啤酒与其他品牌啤酒并评分。第一次试验，各品牌啤酒都没有贴商标，“乐口”啤酒的得分与其他品牌啤酒得分相似。第二次，各种啤酒都贴上了标签，“乐口”啤酒的得分远远低于其他品牌啤酒。

问题：

（1）这项消费者心理的研究使用了什么方法？

（2）试分析该现象产生的原因。

项目二
消费者心理活动过程

导读案例

购物能产生快感

心理学家通过调查得出结论，对某些人来说，购物能产生强烈的快感。英国女性杂志《伴侣》在一项针对1000名读者的调查中，发现受访者对购物的兴趣比升职、谈恋爱、获得假期和减肥6公斤都高。83%的受访者说，他们购物是为了获得心理的快感，他们中的四分之一经常购物。心理学家德瑞尔分析：购物能够产生幸福的感觉，寂寞或是被人拒绝的人觉得店员的殷勤态度难以抗拒。再有就是方便的信用卡、微信及支付宝支付方式和日益强大的消费文化强化了人们的购物乐趣。但是物极必反，这些因素也是造成强制购物狂的罪魁祸首。

提示：消费者的心理活动过程是支配其购买行为的心理活动的发生和发展的全过程，是消费者不同的心理现象对客观现实的动态反映。消费者在购买商品时心理上所发生的认识过程、情感过程和意志过程，是购买心理过程统一而又密切联系的三个方面。人与人之间由于遗传基因和社会实践活动的差异会形成各自特有的心理与行为，但是都会产生对商品的认识过程、情感过程和意志过程，所以要搞好营销工作就必须掌握消费者的购买心理活动过程。

任务1 消费者的认识过程

任务案例

嗅觉营销

春节前后，熏香促销成为重庆各大商场的流行趋势。店内淡淡的怡人香味延长了顾客在店里停留的时间，销售额比平时多了好几成。

顾客们闻香止步，寻香而来，纷纷对香味表示好奇。店内服务员在向其介绍香味的同时，又推荐了其他商品。客流量、销售额远远大于其他未使用香味的商家。在有些香味特别的店面，顾客在购买产品的同时，还能得到店主亲手调制的精油。为销售过程添加几分愉悦，自然会多几分销售。

问题：该熏香促销的案例给你什么启示？

分析：营销是围着消费者"转"的，在完善视觉、听觉、触觉等体验的同时，嗅觉营销触及了新感官体验，让消费者有了新的享受。在视觉广告泛滥的今天，人们早已产生疲劳。嗅觉营销的创新，让消费者感官得到享受的同时，也能让商家得到了更大的利益。

学习目标

素质目标：通过本任务的知识学习、案例分析和同步实训，激发同学们认知消费者、研讨消费者行为的认知过程，提高自主学习消费者认知过程的兴趣。

能力目标：通过本任务的案例分析和同步实训等活动，提高同学们在日常生活中分析消费者的认知能力。

知识目标：通过本任务知识学习能够叙述感觉与感觉的特征、知觉与知觉的特征、记忆和思维、想象和注意等陈述性知识。

必备知识

消费者的认识过程是消费者通过感觉、知觉、记忆、思维、想象、注意等活动对商品的品质属性加以接收、整理、加工、存储，从而形成的综合反映过程。消费者的认识过程直接影响着消费者对消费需求的认识，以及消费者潜在需求是否能向现实需求进行转化。

一、感觉和知觉

（一）感觉

1. 感觉的含义

消费者的感觉主要是消费者在购买商品和使用商品的过程中对于商品个别属性的感官反映。人对客观世界的认识过程，是从感觉开始的。同样，消费者对商品的认识过程，也是从感觉开始的。

感觉包括视觉、听觉、嗅觉、味觉、触觉。比如：西红柿有鲜红的颜色、清新的香气、酸甜的滋味、光滑的表皮等。它的这些客观属性作用于我们的眼、鼻、舌、皮肤等感觉器官，通过传入神经到达大脑皮层的神经中枢，使我们形成对该西红柿的主观印象。

案例分析

牛奶香浓，丝般感受

德芙巧克力是美国跨国食品公司玛氏公司在中国推出的系列产品之一。作为历史悠久、风靡世界的美味、健康食品，德芙巧克力受到越来越多消费者的喜爱，同时它的经典广告语“牛奶香浓，丝般感受”也被大众熟识。

问题：请评价德芙巧克力的经典广告语“牛奶香浓，丝般感受”。

讨论分析：

个人：每位同学认真研读本案例内容，结合任务1内容。在学习本上写出对本问题的看法。

小组：请同学们每4人一个小组，1人为组长，1人记录，每个人陈述个人看法，然后共同讨论，形成小组意见，并推荐代表在班级交流。

全班：每个小组代表在班级陈述本组观点，班级其他同学进行点评。

教师：教师记录各组陈述观点的要点，最后做点评。

分析提示：

之所以够得上经典，在于“丝般感受”的心理体验。巧克力融合了香、甜、苦、涩的浓郁口感，享用者能够体验到，巧克力的细腻滑润恰似丝绸的光滑柔顺，用比喻和通感的手法，使口感与视觉、触感相通。语言富有诗意，给人联想。

2. 感觉的特征

感觉具有感受性、舒适性、敏感性、适应性、联觉性等特征。

（1）感受性。感受性即感觉的能力。不同的人对同等强度刺激物的感觉能力是不一样的，感受性高的人能感觉到的刺激，不一定能被感受性低的人感觉到。如有经验的染色工人能辨别出几十种不同的黑色，而一般人则很难分辨。

（2）舒适性。消费者都要求消费过程具有舒适性，可以说追求消费商品过程中的舒适是消费的一种原则。在购物过程中，面对赏心悦目的购物环境和热情细致的服务，消费者便会产生一种舒适感，而这种舒适感会对购物产生积极的作用。

（3）敏感性。感觉的敏感性是指对商品某一种属性进行辨别的能力。例如，喜欢绘画的消费者对商品的色彩就很敏感，而厨师则对辨别食物的气味比较在行。

（4）适应性。感觉的适应性是指人们的感觉随着时间的延长，敏感性逐渐下降的现象。例如，刚进浴池感到水热，泡一段时间就不再感觉那样热了；刚入暗室，什么也看不见，等一会就看清了；“入芝兰之室，久而不闻其香，入鲍鱼之肆，久而不闻其臭”，都是由于感觉具有适应性。

（5）联觉性。感觉的联觉性是指人体的各种感觉器官不是彼此隔绝的，而是相互影响，相互作用的。即一种感觉器官接受刺激产生感觉后，还会对其他感觉器官的产生影响。消费者在同时接受多种消费刺激时，经常会出现由感觉间相互作用而引起的联觉现象。如，在进餐时赏心悦目的各色菜肴会使人的味觉感受增强；冬天穿红色衣服使人感到温暖；夏天穿白色衣服则使人产生凉爽的感觉。

3. 感觉在营销中的作用

感觉是一切复杂心理活动的基础。消费者通过感觉获得对商品的第一印象，在消费者购物活动中有着很重要的先导作用。第一印象的好坏，直接影响着消费者购买的态度和行为。对于商品的生产商和销售商而言，任何营销手段，只有更好地诉诸于消费者的感觉才有可能达到预期目的。要有“先入为主”的意识和行为，对商品的色彩、大小、形状、质地、价格等方面精心策划，才能牢牢抓住消费者的感觉。如，给消费者创造优雅的购物环境，用令人舒适的灯光、音响、色彩、气味来刺激消费者，从而达到招徕顾客和促销的目的。

同步案例

都是色彩惹的祸

日本东京有个小茶馆，生意本来兴隆，店主人为进一步招揽顾客，特意将四壁装饰成浅绿色，并点缀了名人字画。不料，这个重新装饰过的茶馆，尽管也天天座无虚席，但是月末结账时收入却少了一半。后经人指点，老板才知道这“都是色彩惹的祸”。于是，老板又把房间涂成了暗红色，茶馆依旧门庭若市，收入也增加了。

问题：请分析该茶馆收入减少为何是色彩惹的祸？

分析：因为浅绿色的房间让顾客感到惬意、雅致，无意中起到了挽留顾客的作用，顾客周转慢，从而降低了卖座率。

（二）知觉

1. 知觉的含义

知觉是人的大脑对直接作用于感觉器官的客观事物的整体反映，是消费者在感觉的基础上对商品总体特性的反映。感觉是知觉的前提，没有感觉就没有知觉，但知觉并不是感觉的简单相加。感觉到的个别属性越丰富，对事物的知觉就越全面。例如，当消费者对某件衣服的色彩、大小、手感等个别属性有所反映时，可以说对这件衣服有了感觉。当他对这件衣服形成比较完整的印象时，衣服的色彩、大小、手感等属性在头脑中已经有了综合的反映，这一过程的心理活动就是消费者知觉过程。

2. 知觉的特征

知觉具有整体性、选择性、理解性和恒常性等特征。

（1）知觉的整体性。尽管知觉对象由许多个别属性组成，但人们并不会把对象感知为若干个相互独立的部分，而是趋向于把它感知为一个统一的整体。知觉的整体性反映在消费者的购买行为上，就是消费者总是把商品的质量、价格、款式、商标、包装等综合在一起，形成对商品的整体印象。

（2）知觉的选择性。知觉的选择性是指消费者在知觉商品时，不能知觉到商品的全部属性，而仅能够知觉到商品的一部分属性。人们知觉客观事物时，总是有选择地把某些事物作为知觉对象，而把另一些事物作为知觉的背景，知觉对象与知觉背景是相对而言的，此时的知觉对象也可以成为彼时的知觉背景，下面两个双关图（如图2－1、图2－2所示）就是一个知觉对象和知觉背景可以相互转换的例子。

图2－1 少女与老妇

图2－2 双面花瓶

知觉的选择性不仅与人的注意力的有限性、刺激物的特性有关，而且与消费者的兴趣、需要、消费习惯和消费动机等有关。比如，在茫茫人海中面对匆匆而过的人群，我们能一眼就认出自己所熟识的人，就源于知觉的选择性。知觉的选择性还表现在消费者能在众多的商品中把自己所需要的商品区分出来，或者在同一种商品的众多特性中，优先注意到某种特性。

（3）知觉的理解性。知觉的理解性是指消费者根据已有的知识和经验对知觉对象进行解释的过程。人们在感知一个对象或现象时，不仅直接反映它的整体形象，还会根据自己以前获得的知识和实践经验来解释和判断这一对象或现象。有丰富购买经验的消费者在挑选商品的时候，要比一般消费者知觉得更快、更细致、更全面。

（4）知觉的恒常性。知觉的恒常性是指当知觉的条件在一定范围内改变时，知觉的映象仍保持相对不变。在商品经营活动中，要特别注意培养消费者对商品和企业的良好知觉，这种良好的知觉一旦形成，即使商品出现偶然的失误，消费者也会给予谅解，否则，一旦形成消极的知觉则很难改变。

3. 知觉在营销中的作用

知觉在市场营销中对消费者行为的影响主要有以下几点：

（1）知觉的选择性有助于消费者确定购买目标。可使顾客在众多的信息和商品中能够快速找到符合自己既定购买目标的信息和商品，同时排除那些与既定购买目标不相符合的信息和商品。这就要求销售人员能够迅速的探索出顾客的兴趣点和利益点，将有效的信息传递给顾客，从而利用顾客知觉的选择性达成交易。

（2）利用知觉的理解性与整体性提高广告宣传效果。根据知觉的理解性这一特点，企业在广告中要针对购买对象的特性，在向顾客提供信息时，其方式、方法、内容、数量必须与信息接受人的文化水准和理解能力相吻合，保证信息被迅速、准确地理解。根据知觉整体性这一特点，在广告设计中，把着眼点放在与商品有关的整体上，使顾客获得充足的信息，形成一个整体的、协调的商品形象。

（3）利用知觉的恒常性促进商品销售。由于人们不愿放弃自己使用习惯的商品，所以知觉的恒常性可以成为消费者连续购买某种商品的一个重要因素。企业可以通过名牌商品带动其他商品的销售，或通过畅销的老商品带动新商品的销售。

相关链接

错　　觉

错觉是人们观察物体时，由于物体受到形、光、色的干扰，加上人们的生理、心理原因而误认物象，产生与实际不符的判断性的视觉误差。

我们利用空间错觉，丰富商品陈列，可以降低经营成本。在寸土寸金的商场中，如何陈列商品，直接关系到商品的销售效果。如果在商品的陈列中充分利用镜子、灯光之类的手段，不仅能使商品显得丰富多彩，而且能减少陈列商品的数量，降低商品损耗和经营成本。在一些空间较小的区域，利用镜子、灯光等手段使空间显得宽敞明亮，不仅能调节消费者的心情，也能使销售人员以更好的心情为消费者服务。

利用颜色对比错觉，还可以提高经济效益。日本三叶咖啡店老板发现不同颜色会使人产生不同的感觉，那么选用什么颜色的咖啡杯最好呢？他做了一个有趣的实验：邀请了三十多位顾客，每人各喝四杯浓度相同的咖啡，但四个咖啡杯分别是红色、咖啡色、黄色和青色。最后得出结论：几乎所有的人认为使用红色杯子的咖啡调的太浓了；使用咖啡色杯子认为太浓的人数约有三分之二；使用黄色杯子的感觉是浓度正好；而使用青色的杯子的都觉得太淡了。从此之后，三叶咖啡店一律改用红色杯子盛咖啡，既节约了成本，又使顾客对咖啡质量和品味感到满意。

小思考

为什么有时候感觉时间过得很快，而有时候又感觉时间过得很慢。甚至有时候你觉得时间过得很快，而旁边的人却感觉时间过得很慢？

二、记忆和思维

（一）记忆

1. 记忆的含义

记忆是指人们对过去感知过的事物、思考过的问题、体验过的情感，都能以经验的形式在头脑中保存，并在一定条件下能够重新反映和演示的心理活动过程。例如，消费者买了某种品牌的服装，使用后这种品牌的服装会给他留下一个整体的印象，一旦再购买这类商品，过去的印象便会重现出来，这种重现出来的记忆可以指导人们重新购买，成为选择商品与品牌的依据。

2. 记忆在营销中的作用

记忆对消费者的认识发展具有十分重要的作用。当消费者初步感知商品后，往往运用记忆把过去曾使用过的商品，体验过的情感、动作回想起来，进一步加深对商品的认识。因此，商品的命名、商标、包装、广告都是企业要注意加深消费者记忆的主要方面。

（二）思维

1. 思维的含义

思维是人脑对客观事物一般属性和事物内在联系概括的、间接的反映过程，是人的认识活动的最高阶段。也就是说，人们对客观事物的认识不会停留在感知和记忆的水平上，而总是利用已经感知和记忆的材料，进行分析、综合、比较、抽象、概括等一系列活动，把感性认识升华到理性认识阶段，把握事物的特征和规律。

2. 思维在营销中的作用

消费者在选购商品时，常常借助有关商品信息，对商品进行分析、比较、判断等思维过程来决定是否购买。例如，消费者对大屏幕彩电的内在质量往往不甚了解，但可以对大屏幕彩电感知表象：图像是否清晰，色彩是否逼真，音响是否优美，信号是否灵敏等，再借助已有的知识经验，间接地认识它的内在质量性能。消费者在购买过程中多次感知价格与质量的联系，从而得出“便宜无好货”的概括性结论。在消费行为过程中，消费者也往往会得出“大商场的东西要比街头拐角处购得的东西质量要可靠”的结论。因此，消费者要善于思考和总结，通过现象看本质，从而获得对商品内在性质的深刻认识。

三、想象和注意

（一）想象

1. 想象的含义

想象是人脑在原有感知的基础上创造出新形象的心理过程，是思维的创造性发展，使思维变得更高级、更复杂。没有想象，就没有创造。

2. 想象在营销中的作用

消费者在形成购买意识、选择商品、评价商品过程中都有想象力参加。如，消费者看到一件款式新颖的衣服，会想象到穿在自己身上如何高雅时髦；买一台空调，消费者会想象拥有它能给家庭带来四季如春的感受。通过想象，消费者就能深入认识商品的实用价值、欣赏价值和社会价值，其结果是能增强商品对消费者的诱惑，激发其购买欲望。在某些情况下，想象会导致消费者进行冲动性购买。商店利用模特展示时装，在销售现场模拟实用场景等，都是在诱发想象，促进销售。

优秀的营销人员能够利用想象帮消费者寻找最合适的商品，同时又利用自己的创造性想象设计出满足消费者心理要求的商品广告、商品包装以及商品陈列，扩大消费者的想象空间。

想象能提高消费者购买活动的自觉性和目的性，对引起情绪过程、完成意志过程起着重要的推动作用。

同步案例

图形与消费者的想象

某化妆品公司为了解男性和女性对化妆品包装图案象征意义的认识，做了一项实验。聘用数量相同的男性和女性消费者帮助做一些简单的工作，完成之后赠送一些化妆品以示感谢。赠送的所有化妆品的膏体完全相同，只是包装瓶盖上的图案略有不同，一种是圆形图案，一种是三角形图案。结果，男性都选择了三角形图案，女性都选择了圆形图案。

问题：试分析为什么会出现这种结果？

分析：商品包装上的图案往往给人以不同的想象，进而具有不同的象征意义，这项实验的目的是调查化妆品包装瓶盖上的图案是否具有性别象征意义，能否影响不同性别消费者对化妆品的选择，而聘用消费者帮助工作仅仅是一个借口，以使赠送化妆品显得顺理成章，使消费者能够以自然的心理接受和选择化妆品。可见，商品包装上的图案具有特定的性别象征意义，能够影响消费者的选择行为。

同步实训

提高想象力的训练

1. 训练目标

(1) 素质目标：培养同学们能够从身边的情景出发，展开丰富想象力。以认真的态度参与实训。

(2) 能力目标：通过认识到想象在营销中的重要作用，参与实训，展开想象，训练并提高自身的想象力。

(3) 知识目标：充分认识到想象的重要性，分组接龙故事。要求想象丰富，情节引人入胜。

2. 训练内容

以小组为单位把一组词语编进故事、续讲故事。

3. 训练操作

(1) 将学生分组每4人一组，并选出1名小组负责人。

(2) 每个小组围绕消费者消费过程中的某个环节确定出4个词语，每人依次讲故事。再出4个词语，续讲故事。想象力最丰富的小组将得到此次活动的最高分，被评分最低的小组成员表演节目。

(3) 对同学们在活动中产生的效果进行分析、总结。

4. 成果要求

(1) 每小组提交故事及续集，其中必须包括所给出的词语。

(2) 对各组将所编的故事及续集，老师作点评。

5. 实训评价（见表2-1）

表 2－1 提高想象力实训评价表

项目	评价标准	分值	小组个人自评（30）	小组成员互评（30）	教师评价（40）	小计
素养培养	参与实训的态度端正，积极性高，小组合作意识强，纪律性强。	10				
	工作作风细致、严谨，小组讨论积极踊跃，能主动为编故事出点子，参与实训时能提出自己的观点。	10				
	具有良好的语言组织能力、良好的成员间沟通与合作能力。	10				
能力提升	能将所学的知识运用到实训任务中，学以致用。	10				
	正确理解实训要求，整体实训活动安排有序。	10				
知识应用	在故事的编撰中正确合理地运用想象，想象丰富、合理。	10				
	每个人在发言和小组讨论中能准确陈述自己的想法，在实训中提高自己的想象力。	10				
项目成果展示	小组能够独立完成实训任务，完成实训任务及时、主动。	10				
	所编撰故事结构完整，情节引人入胜。	10				
	故事讲得绘声绘色、精彩生动，语速恰当，有感染力。	10				
合计	—	100				

（二）注意

1. 注意的含义

注意本身不是一种独立的心理活动，而是伴随着感觉、知觉、记忆、思维、想象同时产生的一种心理机能，是心理活动对客观事物的指向和集中。指向和集中是注意的基本特征。指向是指消费者心理活动有选择地反映特定事物，而离开其余事物。集中是指消费者心理活动反映事物达到一定的清晰和完善的程度。例如，消费者在选购商品时，其心理活动会指向某一商品并全神贯注于这一商品，同时又离开其他商品。这就是对这种商品发生了注意，从而对该商品获得清晰、准确的反映，并据此作出自己的购买决策。可见，注意是消费行为过程中必不可少的心理活动。没有注意，消费者对商品的认识活动就无法进行，更谈不上引起购买行为。

2. 注意在营销中的作用

发挥注意的心理功能，引发消费需求。正确地运用和发挥注意心理功能，从而引发消费需求。我国贵州茅台酒在1915年巴拿马世界博览会上获金奖，“注意”在这里立了头功。博览会开始阶段，各国评酒专家对其貌不扬、装潢简陋的茅台酒不屑一顾。博览会临近尾声的一天，中国酒商急中生智，故意将一瓶茅台酒摔碎在展厅地上，顿时酒香四溢，举座皆惊。从此，茅台酒名声大振，走向了世界。中国参展酒商的行为，符合了消费者需要强烈、新奇、鲜明的活动刺激，引起人们注意，因此在提高商品知名度、引发消费需求上取得了成功。

实践证明，在广告设计制作中巧妙地利用刺激物的大小、强度、色彩、位置和间隔等的对比及变化都可以增强消费者的注意力，收到事半功倍的效果。

同步案例

黑白对比卖“抱娃”[①]

日本有一个商人，曾把一种叫“抱娃”的玩具拿到百货公司去推销，可惜，这种玩具几乎无人问津。他只得从百货公司把这种黑皮肤的“抱娃”取回来堆放在仓库里。

商人的儿子注意到百货公司里一种身穿游泳衣的女模特模型有着一双雪白的手。他想：如果把这种黑色的“抱娃”放在女模特模型雪白的手腕上，那真是黑白分明，格外醒目。通过这样的鲜明对比，说不定顾客会喜欢“抱娃”。

做了一番说服工作之后，百货公司终于同意让女模特模型手持“抱娃”。这一招真灵！凡是走过女模特模型前的年轻姑娘都会情不自禁地打听：“这个‘抱娃’真好看，哪儿有卖?”原来无人问津的“抱娃”一时间成了抢手货。

后来，其子又想出一个办法。他请了几位皮肤白晰的女青年，身着夏装，手中各拿一个“抱娃”，在东京繁华热闹的街道上“招摇过市”。这样一来，不仅吸引了大量的过往行人，连新闻记者也纷纷前来采访。第二天，报纸上竞相刊登出照片和报道，东京因此掀起了一股“抱娃”热。

问题：该案例说明什么？

分析：利用黑白对比引起人们的注意，进而引发特定群体的消费需求。

任务2　消费者的情感过程

任务案例

“红豆”品牌，诗意盎然

中国的驰名商标“红豆”服饰，在国内外广受欢迎，其品牌名称采用了中国优秀传统文化的移情手法，将唐朝诗人王维的一首著名的爱情诗的情感意境转移到品牌创意之中。“红豆生南国，春来发几枝。愿君多采撷，此物最相思。”很多年轻人争相购买，送

---

① 彭石普．市场营销—理论、实务、案例、实训［M］．大连．东北财经大学出版社．2011.

给自己的爱人，传递着一种浓浓的爱意，感受到了中国丰厚的传统文化底蕴。在国外，“红豆”服装被翻译为“love seed”（爱的种子），象征着美好、吉祥和如意，向消费者表达着一份美好的情感：对爱情的忠贞、对亲人的相思、对团圆的期盼、对智慧的追求、对美好生活的向往。因此“红豆”服饰多年来在国内外广受欢迎，畅销不衰。

问题：“红豆”服饰一举成功的原因在哪里？

分析：“红豆”商标的成功得益于它适应了消费者的情感需求。

学习目标

素质目标：通过本任务的知识学习、案例分析和同步实训，认知消费者情感过程，培养学生依照职业道德和职业规范与标准，分析企业营销行为优劣的能力。

能力目标：通过本任务的案例分析和同步实训，能分析情感在消费者购物中的作用，弄清情感对消费者购买行为的影响。

知识目标：通过本任务知识学习，能准确叙述消费者情感过程，及影响消费者情感变化的因素等。

必备知识

消费者的消费活动过程，实际上是充满情感体验的活动过程。情感过程是消费者在购买活动中对商品或服务是否符合个人需要而形成的态度体验，对购买行为的实现有重要影响。

一、消费者情感过程的含义

消费者的情感过程是指消费者对于客观事物是否符合自己的需要而产生的一种主观体验。消费者的情感过程包括情绪和情感两个方面。

情绪是指短时间内的与生理需要和较低级的心理过程（感觉、知觉）相联系的内心体验，一般带有情景性、不稳定性和冲动性。例如，消费者在选购某品牌香水时，会对它的颜色、香型、造型等可以感知的外部特征产生积极的情绪体验。

情感是长时间内的与人的社会性需要（社交的需要、精神文化生活的需要等）和意识联系的心理体验，具有较强的深刻性、长期性和稳定性。情感是在情绪的基础上产生的更高级的心理体验。例如，道德感、荣誉感、集体感、理智感、美感等。对美感的评价标准和追求，会驱使消费者重复选择和购买符合其审美观的某一类商品而排斥其他商品。

情绪与情感是两个既有区别又有联系的概念，难以截然分开。一方面，消费者的情绪的各种变化一般都受已形成的情感所制约，另一方面，个人的情感又总是体现在他的情绪之中。在日常生活中，人们对情绪和情感并不做严格区分。情绪一般有较明显的外部表现，时间短，情感的外在表现很不明显，持续的时间相对较长。

案例分析

一位访问学者在美国的经历

一位访问学者讲述了他在美期间经历的一件事。一天，他推着采购车在美国一家超级商场挑选货物时，不小心将货架上的四瓶“杜康酒”碰落，酒洒了满地。他当时心想，这下麻烦了，于是主动找到售货员道歉，并表示愿意赔偿损失。那位售货员一边安慰他，一边用电话向经理通报事故，且检讨了因自己照顾不善而让顾客受惊。更出乎意料的是，经理出来满脸赔笑，说已经从闭路电视里看到了。经理不仅毫无责怪之意，反而向访问学者赔不是，还拿手帕为他拭去酒污。当他再次提到赔款时，经理谦恭地说：“是我的职员没把货架放稳，让您受惊，责任应在我。”并再度致歉，然后一直陪他将货物采购完，亲自送他出商场。这位学者说，他那次是倾其囊中所有，装了满满一车回家，并且以后每周一次的购物都要到该商场去。他粗估了一下，他花在该商场的钱较他弄翻酒瓶所造成的损失多出不止百倍。

问题：请评价此商场经理对顾客打翻酒瓶一事的处理方式。

讨论分析：

个人：每位同学认真研读本案例内容，结合任务2内容。在学习本上写出你对本问题的看法。

小组：请同学们每4人分为一个小组，1人为组长，1人记录，每个人陈述个人看法，然后共同讨论，形成小组意见，并推荐代表在班级交流。

全班：每个小组代表在班级陈述本组观点，班级其他同学进行点评。

教师：教师记录各组陈述观点的要点，最后做点评。

分析提示：

该商场经理不仅没有责怪顾客打翻酒瓶，反而向他赔不是，主动承担责任，深深感动了消费者，使其对该商场产生了感情上的信赖和支持，所以当时倾其囊中所有。顾客经常惠顾，对该商场不断地“投资”，成为该商场的忠实顾客，都是商场经理处理方式引发消费者积极情感起的作用。

二、影响消费者情感变化的因素

在社会实践活动中，人的情感是极其复杂的，但它最终的基本内心体验表现为积极性情感和消极性情感。企业营销应根据消费者情感变化的影响因素采取有效的方法激发消费者的积极情感，转化消极情感，促进营销活动的顺利实现。

（一）商品

消费者的各种需求大多是借助商品而满足的，商品的使用价值、外观和附加利益往往会使消费者的情感处于积极、消极或矛盾的状态中，商品的内在质量更是影响消费者情感的直接因素。有的商品质量虽好，但若是样式陈旧也不会受到欢迎。企业在营销活动中，不仅应注意商品的质量要符合消费者的时代要求，而且要加强商品包装的改进工作，尽量为消费者提供能充分满足其需要的整体产品，以唤起消费者积极的情感。

同步案例

产品设计给消费者带来的苦恼

空调遥控器菜单键一般选用黑白两色，或白底黑字或黑底白字，其中以白底黑字视觉清晰度最高。但是有的空调遥控器却是红黑对比，字体又不大，实在难为中老年人。

有消费者买空调时，专程找遥控器菜单键标识清楚的，跑了多家商场却无货。消费者反映：家中的电视遥控器是荧光菜单，无论何时都能看清楚；手机、座机键盘只要触及都有光亮，也很方便使用。而空调遥控器菜单键的设计完全忽视常识，忽视了消费者的使用需求。

问题：

1. 消费者的苦恼是自己的问题还是企业的问题？为什么？
2. 你还知道哪些产品设计上的问题会影响消费者的选购心理？应如何改进？

分析：商品的使用价值、外观和附加利益都是影响消费者情感的因素，在创新过程中尤其要注重符合消费需求的设计，并及时关注消费者的使用情况及满意程度，从而不断改进。

（二）服务

消费者不仅要通过购买来满足自己的物质需求和精神需求，而且要通过购买活动满足自己的心理需求。因此，除了商品因素外，影响消费者情感变化的因素还有服务。服务的影响主要包括两个方面：一方面是企业的服务质量，另一方面是销售人员的服务质量。一般来说，热情、细致、周到的服务可以使消费者感到受尊重，产生安全感、信任感，使消费者高兴而来，满意而去，高质量的服务能够提高企业和品牌的知名度和信誉度，产生比广告宣传更好的效果。这就要求企业要树立“一切以消费者为中心”的现代营销观念，做好售前、售中、售后等各项服务工作。要求销售人员以微笑服务、礼貌待客，善于揣摩消费者心理，在消费者不熟悉商品时能站在消费者的立场上当好参谋，为他们解决购买过程的困难，以博得消费者的好感，让他们购买到满意的商品。

同步案例

让顾客知道自己被重视的沃尔玛[①]

一位长者来到新开张的沃尔玛青岛店，结账时发生了一点小意外。由于分类装袋的原因，长者顺手将装有一条鱼和一块肉的塑料袋挂在收款台旁的柱子上，结完账却忘记带走。回家后他发现了自己的疏漏，却记不得把东西落在哪儿了，他试着给服务台打了个电话，卖场录像显示塑料袋中的商品被别人顺手拿走了。沃尔玛青岛店没有以是长者自己造

---

① 单凤儒．营销心理学［M］．北京．高等教育出版社．2005.

成的失误为由而一推了之，而是给那位长者准备了一份同样的商品。

一位下了班的深圳沃尔玛员工，在乘坐公交车回家的路上，看到一个手提沃尔玛购物袋的人上了车，很有礼貌地起身让座，并说："您是我们的顾客，顾客就是上帝，所以给您让座是应该的。"这位顾客感动不已。

在沃尔玛，你可以享受到这样的服务：当顾客询问某商品在什么架位时，他不仅可以得到明确的告知，而且会被引领到该商品的摆放处。沃尔玛对顾客的盛情服务，及有效的低成本运作方式改革了现代零售业，使其取得了世界500强之首的地位，而我们甚至看不到它的广告宣传。

问题：请分析沃尔玛的这种让顾客知道自己被重视的做法。

分析：沃尔玛人尊重顾客，处处为顾客着想，对顾客盛情服务的行为自然会引起消费者积极的情感。满意的顾客是企业的最大财富，他们不仅自己成为企业的忠实顾客，而且会把真实感受口口相传。沃尔玛取得的骄人业绩原因就在于此。

小思考

有优秀销售人员说："做销售首先要'卖'自己。"对此说法你如何理解？

（三）环境

心理学研究表明，情感不是自发产生的，而是由环境中的多种刺激因素引发的。宽敞的店堂、充足的商品、清新的空气、明快的色彩、宜人的温度、轻松的音乐、完美的服务、有序的管理等，都会使消费者处于舒畅、愉悦的情感状态中，增加购物享受的心理效应，容易激发其购物的欲望。所以，通过营造良好的购物环境，培养消费者的积极情感已成为商业企业竞争中的重要手段之一。

相关链接

情绪与消费

美国科学家进行过的一项心理研究证实，负面情绪确实会影响人们的消费行为。美国卡内基·梅隆大学的科学家们介绍说，研究中，他们首先让200名受试者观看不同类型的电影片段，唤起他们的"厌恶烦躁"或"悲伤忧愁"的情绪，而后对他们购买某一特定需要的物品的消费行为进行研究。研究人员介绍说，受试者在心理上当然都愿意以低廉的价格买到物品，但在实际试验中他们却发现：那些"厌恶烦躁"者掏钱"很小气"，总试图以更低的价格获得物品；而那些"悲伤忧愁"者却更加急于得到物品，在价格上不那么计较，即便是在价格略高的情况下也会购买。研究人员说，这表明与经济利益毫无联系的感情确实能够影响人们的消费心理。

同步实训

满足消费者情感的怀旧广告实训

1. 训练目标

（1）素质目标：培养同学们参与实训的积极态度，在日常消费过程中勤于观察、思考，深入企业体验、认知消费者的情感产生和变化过程及其影响因素，培养学生研究、解决实际问题的能力。

（2）能力目标：培养学生分析消费者在购买过程中心理活动的能力，和激发消费者积极情感从而开展营销的能力。

（3）知识目标：培养同学们在日常消费及生活中运用消费者的情感过程等相关知识分析讨论问题，并能清晰阐述自己的观点。

2. 训练内容

以小组为单位，分别查找出5则怀旧广告，分析每则广告的特点，说明广告是如何运用消费者情感理论的，并填写调查表（见表2-2）。

表2-2　满足消费者情感的怀旧广告调查表

序号	广告内容	广告特点	广告如何运用消费者情感理论
广告1			
广告2			
广告3			
广告4			
广告5			

3. 训练操作

（1）将学生分组每4人一组，并选出1名小组负责人。

（2）在网上或图书馆搜集相关广告并进行分析。

（3）运用表格形式整理相关内容。

（4）每个小组推荐1位代表在班级交流，老师最后作点评。

4. 成果要求

（1）每组编写“满足消费者情感的怀旧广告调查表”。

（2）根据每组同学填表的完整性，及各位成员完成任务情况，评定每位同学的实训成绩。

5. 实训评价（见表2-3）

表2－3　　满足消费者情感的怀旧广告实训评价表

项目	评价标准	分值	小组个人自评（30）	小组成员互评（30）	教师评价（40）	小计
素养培养	参与实训的态度端正，积极性高。	10				
	工作作风细致、严谨，能主动参与实训计划的制订，能提出关于实训中应注意的相关问题。	10				
	能够结合此次实训认识到消费者的情感过程对市场营销职业的影响。	10				
能力提升	能将所学的消费者情感过程的理论知识运用到认知实训任务中，学以致用。	10				
	能科学地开展满足消费者情感需求的怀旧广告实训活动，实训活动安排有序。	10				
知识应用	在实训分析报告编写中能正确运用消费者情感过程的相关知识进行分析，得出结论正确。	10				
	在小组发言中能准确陈述消费者情感过程的相关知识。	10				
项目成果展示	能够独立完成实训任务，完成实训任务及时、主动，并能主动提出问题，解决问题。	10				
	“满足消费者情感的怀旧广告调查表”结构完整，无错别字，分析正确。	10				
	“满足消费者情感的怀旧广告调查表”交流汇报内容新颖，语言规范流畅，语速恰当，有感染力。	10				
合计	—	100				

任务3　消费者的意志过程

任务案例

辛苦的球迷

2006年德国世界杯足球比赛的地点有12个，赛程从北京时间2006年6月10日至2006年7月9日，历时一个月。世界各地的球迷蜂拥而至，为了观看比赛，许多铁杆球迷放弃工作，克服语言不通和生活习惯的差异，甚至买高价票。而且，各参赛球队的球迷还要追随球队在比赛城市间辗转，更有甚者，到现场观看的巴西球迷为了省钱，从德国到波兰去住。这些球迷为了世界杯已经到了疯狂的地步，他们坚强的消费意志令人信服。

问题：通过该案例说明消费者意志有哪些特征？

分析：意志是指人们为了实现一定的目的和行为所做出的自觉的坚持不懈的努力。该案例中这些球迷们有明确的目标、主动克服困难、调节行为等特征。

学习目标

素质目标：通过本任务知识学习、案例分析和同步实训，认知消费者的意志过程，培养学生依照职业道德和职业规范与标准，分析企业营销行为优劣的能力。

能力目标：通过本任务的案例分析和同步实训，会使用消费者的意志过程对消费者的消费行为及消费心理进行分析研究。

知识目标：通过本任务知识学习，能准确叙述消费者的意志过程及其阶段等陈述性知识。

必备知识

消费者经历了认识过程和情感过程之后，最终是否采取购买行动，还有赖于消费者的意志过程。

一、消费者的意志过程

消费者不仅通过感知、记忆及思维等活动来认知商品，并伴随对商品的认识产生一定的情感和态度，而且，有赖于意志过程来确定购买目的，并排除各种主客观因素的影响，实现购买的目的。

意志是指人们为了实现一定的目的和行为所做出的自觉的坚持不懈的努力。在营销活动中，消费者意志过程就是消费者在购买活动中有目的地、自觉地支配和调节自己的行动，克服各种困难，实现既定的购买目标的心理过程。

二、消费者意志过程的基本特征

在消费者意志过程中包含以下三个基本特征。

（一）购买目的明确

消费者的意志行为与其目的性紧密联系。通常为了满足自己的需要，消费者总是经过思考后预先提出购买目标，然后，自觉地、有意识地、有计划地按照此购买目标去支配和调节自己的购买行动。如，几年来我国各大城市楼市价格居高不下，许多购房者为了购买自己中意的新房而数十年如一日地艰辛劳作、节衣缩食，把所有的积蓄拿出购房。

（二）主动克服困难

在消费者购买目的的实现过程中，通常会遇到各种各样的困难，这些困难既有与消费者思想方面的矛盾、冲突，也有外部的障碍和阻挠。消费者排除干扰、克服困难的过程就是意志行动过程。消费者在挑选商品时，面对几种自己都喜爱的商品，或遇到较高档的商品，但经济条件又不允许，就会考虑选择或重新物色购买目标，或者克服经济上的困难，去实现自己的购买目的。

（三）调节购买行为

消费者的意志对行为的调节，包括发动和制止两方面。发动表现为激发起消费者积极的情绪，推动消费者为达到既定目的而采取一系列的行动；制止则是指抑制消极的情绪，制止并达到既定目的的行动。两方面共同作用，使消费者得以控制购买行为的全过程。

案例分析

小王购买电脑的意志品质

小王是一名在校大学生，因为学习需要想买一台电脑。由于他对电脑不很了解，在翻阅了相关的书籍，上网查询了选购电脑的经验，并向同学、朋友征询了意见后，结合自己的经济状况和学习需要，初步确定购买意向。在商场，营业员极力向他推荐一款正在促销的电脑，配置较高，性能较好，而且还有赠品，但是价格高。

小王经过对比，认为自己购买电脑的主要目的是学习，虽然偶尔玩电脑游戏，但都比较简单，对电脑配置要求不高；另外电脑的升级换代很快，毕业后肯定还要更换。小王最终选择了一款配置简单、价格较低，且有品牌信誉的电脑。这样，既满足了自己的需求，又不会对生活产生大的影响。

问题：在这个实例中，小王购买电脑的过程中反映了消费者哪些意志品质？

讨论分析：

个人：每位同学认真研读本案例内容，结合任务3内容。在学习本上写出对本问题的看法。

小组：请同学们每4人分为一个小组，1人为组长，1人记录，每个人陈述个人看法，然后共同讨论，形成小组意见，并推荐代表在班级交流。

全班：每个小组代表在班级陈述本组观点，班级其他同学进行点评。

教师：教师记录各组陈述观点的要点，最后做点评。

分析提示：

小王在购买电脑过程中，首先有明确的购买目的——学习，在查询及问询的基础上有了自己的初步意向。虽然商场营业员的推荐形成了干扰因素，但小王经过认真比对，比较权衡，从自身需求考虑，结合自己的支付能力，最终排除干扰，作出最符合自己目的和意愿的购买决策，体现出了消费者素质品质。

三、消费者的意志过程的阶段

消费者的意志过程是一个极其复杂的过程，当消费者购买商品时，其意志过程包括以下三个阶段。

（一）作出决策阶段

作出决策阶段是意志过程的开始阶段，决定着意志行动的方向和行动计划。它包括购买目标的确定、购买动机的形成、购买方式的选择和购买计划的制定等一系列购前准备工作。消费者的购买动机是由对商品的需要激发的，其购买行为具有明确的目的性和有用性。在商品琳琅满目、品种多样、价格各异的情况下，消费者从自身需求考虑，根据自己的支付能力，广泛收集商品信息、比较权衡、排除干扰，要以意志的努力和理智的思维分清需要的主次、轻重、缓急，做出最符合自己目的和意愿的购买决定，即是否购买以及购买的顺序。

（二）执行决策阶段

执行决策阶段是消费者意志过程的高峰阶段，是将购买决策转化为实际的购买行动的过程。在执行过程中，不会是很顺利的，仍然会遇到种种困难和障碍。首先，商品质量、价格、式样等因素需要消费者进行比较和权衡，在对商品反复认识中重新修正原来的购买决策，不断优化购买决策后才执行购买。其次，在购买时还会出现各种障碍，如有时无货，或者有货，但消费者要进行货比三家，而交通、通信工具的不方便，造成劳累、繁琐、费时等。可见，执行决策阶段是真正表现意志的中心环节，它不仅要求消费者克服自身的困难，还要排除外部的障碍，为实现购买目的，付出一定的意志努力。

（三）购后评价阶段

购后评价阶段是消费者意志过程的最后阶段，是指消费者购买商品后在消费过程中的自我感觉和相关群体评价的过程。意志的这种购后评价是通过思维进行的，消费者通过对商品的使用及相关群体的评价，对商品的性能、质量、价格、外观等有了更为实际的认识，并以此检验、评判自己的购物行为是否明智，所购商品是否理想，这种对购买决策的检验和评判，直接影响到消费者今后的购买行为，或者是重复购买或者是回避对该商品的购买，或者是鼓动别人购买，或者是劝阻别人购物。因此，在销售活动中，要重视消费者的购后评价，随时调整自己的销售策略，做好售后服务工作，使消费者产生满意感。

小思考

有人说："意志品质是天生的，无需生活中磨炼"，此观点正确吗？

四、消费者心理活动过程的统一性

消费者心理活动在购买商品时所发生的认识过程、情感过程和意志过程，是消费者购买心理过程的统一的、密切联系的三个方面，在消费者购买心理活动中，认识、情感、意志这三个过程彼此渗透、互为作用，不可分割。情感依靠感知、记忆、联想、思维等活动，同时，情感又左右着认识活动。积极的情感可以促进消费者认识的发展，消极的情感可能抑制认识活动。认识活动是意志的基础，认识活动又离不开意志的努力，对待商品的情感可以左右意志，可以推动或者阻碍购买的意志和行为。意志又能够控制情绪，进行客观冷静的分析。认识过程、情感过程、意志过程三者之间互相制约、互相渗透、互相作用。当消费者对某一商品的购买完成之后，又将根据新的需要，进入新的认识过程、情感过程、意志过程，如此循环，以至无穷。

认识过程、情感过程、意志过程三者之间的关系如图2－3所示。

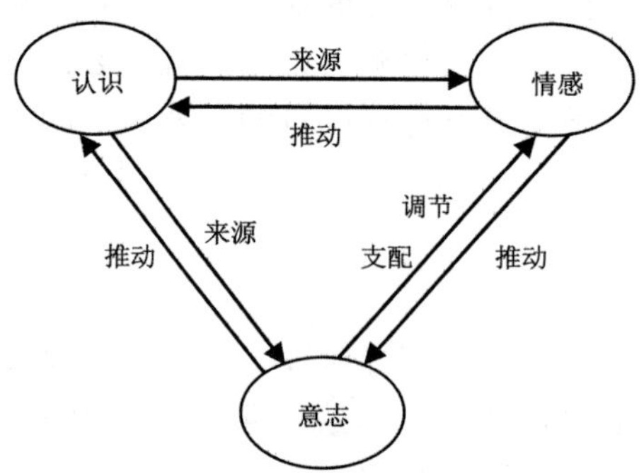

图2－3　认识过程、情感过程、意志过程三者间的关系

同步实训

消费者的意志过程认知实训

1. 训练目标

(1) 素质目标：培养同学们参与实训的积极态度，在日常消费过程中勤于观察、思考。深入企业体验，认知消费者的意志过程、特征及其阶段。培养学生研究、解决实际问题的积极性。

(2) 能力目标：培养学生分析消费者意志品质对消费者购买行为影响的能力。

(3) 知识目标：培养同学们在日常消费及生活中会运用消费者的意志过程等相关知识分析讨论问题，并能清晰阐述自己的观点的能力。

2. 训练内容

以小组为单位，分别访谈4位消费者最近一次比较大的消费活动，并分析消费者购买商品的意志过程，将访谈结果填入表2－4。

表2－4　　消费者意志过程访谈表

序号	最近一次比较大的消费活动	需要克服的困难	如何克服的困难	消费者的意志过程
消费者1				
消费者2				
消费者3				
消费者4				

3. 训练操作

(1) 每4个同学一组，选1人为组长，明确分工和具体责任。

(2) 通过书刊、网络等途径，了解有关消费者的意志过程的知识。

(3) 实地调查走访消费者，访谈消费者最近一次比较大的消费活动，在购买过程中遇到什么困难，如何克服，并分析消费者购买商品的意志过程。

(4) 运用表格形式整理相关内容。

(5) 每个小组推荐1位代表在班级交流，老师最后作点评。

4. 成果要求

(1) 每组填写一份“消费者意志过程访谈表”。

(2) 根据每组同学填表的完整性，及各位成员完成任务情况，评定每位同学的实训成绩。

5. 实训评价（见表2-5）

表2-5　消费者的意志过程认知实训评价表

项目	评价标准	分值	小组个人自评(30)	小组成员互评(30)	教师评价(40)	小计
素养培养	参与实训的态度端正，积极性高。	10				
	工作作风细致、严谨，能主动参与实训计划制订。提出关于实训中应注意的相关问题。	10				
	能够结合此次实训认识到消费者的意志过程对市场营销职业的影响。	10				
能力提升	能将所学的消费者的意志过程的理论知识运用到认知实训任务中，学以致用。	10				
	能科学地开展消费者意志过程认知实训活动，实训活动安排有序。	10				
知识应用	在访谈表填写中能正确运用消费者意志过程的相关知识进行分析，得出结论正确。	10				
	能准确陈述消费者意志过程的相关知识。	10				
项目成果展示	能够独立完成实训任务，完成实训任务及时、主动，并能主动提出问题，解决问题。	10				
	“消费者意志过程访谈表”结构完整，无错别字。	10				
	“消费者意志过程访谈表”交流汇报形式新颖，陈述语言规范流畅，语速恰当，有感染力。	10				
合计	—	100				

知识脉络

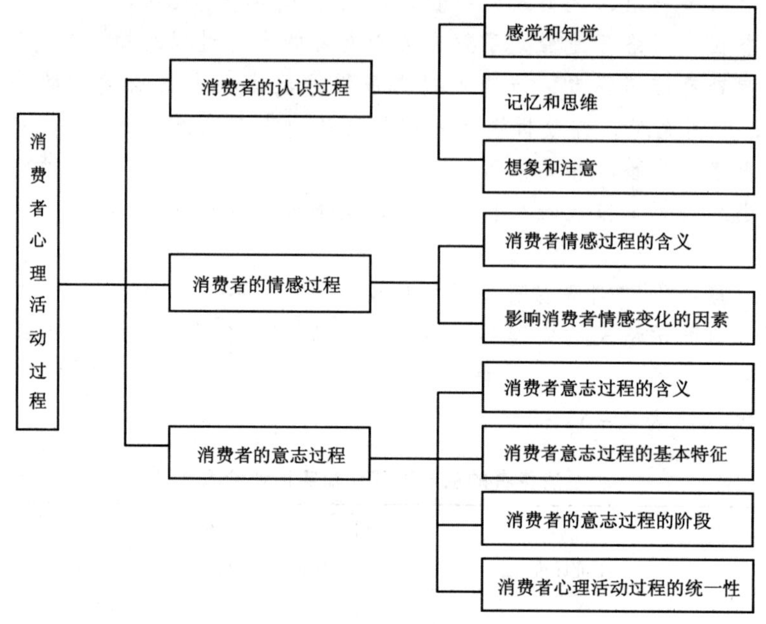

项目小结

消费者的心理活动过程是支配其购买行为的心理活动的发生和发展的全过程，是消费者不同的心理现象对客观现实的动态反映。消费者在购买活动中其心理活动都会经历对商品的认识过程、情感过程和意志过程。

消费者的认识过程是消费者通过感觉、知觉、记忆、思维、想象、注意等活动对商品的品质属性加以接收、整理、加工、存储，从而形成的综合反映过程。消费者的认识过程直接影响着消费者对消费需求的认识，以及消费者潜在需求是否能向现实需求进行转化。

消费者的情感过程是指消费者对于客观事物是否符合自己的需要而产生的一种主观体验。消费者的情感过程包括情绪和情感两个方面。

消费者意志过程就是消费者在购买活动中有目的地、自觉地支配和调节自己的行动，克服各种困难，实现既定的购买目标的心理过程。

思考与练习

1. 理论题

(1) 单选题

①中国有句俗语“久闻不知其臭”，说明了感觉的（　　）。

A. 感受性　　B. 敏感性

C. 联觉性　　D. 适应性

②人们在观看趣味性、娱乐性广告时，会出现（　　）现象。

A. 没有注意　　B. 无意注意
C. 有意注意　　D. 有意后注意
③盲目和冲动的消费行动是（　　）。
A. 由意志决定的行动　　B. 缺乏意志的行动
C. 有目的的行动　　D. 有计划的行动
④在消费条件相同的情况下，人们注意程度的高低与刺激强度之间是（　　）。
A. 正向关系　　B. 反向关系
C. 强关系　　D. 弱关系
⑤商场里的商品琳琅满目，但是消费者能够注意到一部分商品而对另一部分商品视而不见，这说明了知觉的（　　）。
A. 整体性　　B. 选择性
C. 理解性　　D. 恒常性
（2）多选题
①知觉的特征有（　　）。
A. 知觉的整体性　　B. 知觉的选择性
C. 知觉的理解性　　D. 知觉的恒常性
E. 知觉的协调性
②注意的种类有（　　）。
A. 无意注意　　B. 有意注意
C. 无注意　　D. 有意后注意
E. 有意不注意
③影响消费者情感的商品因素包括（　　）。
A. 商品质量　　B. 商品命名
C. 商品陈列　　D. 商品包装
E. 商品功能
④消费者在购买活动中的意志过程是分阶段的，这些阶段包括（　　）。
A. 购买决定阶段　　B. 作出决策阶段
C. 购买选择阶段　　D. 执行决策阶段
E. 购后评价阶段
⑤注意的基本特征有（　　）。
A. 心理性　　B. 集中性
C. 思维性　　D. 指向性
E. 行为性
（3）简答题
①感觉的基本特征是什么？
②在购买活动中，如何培养消费者的积极情感？
③消费者的意志过程有哪些基本阶段？

2. 实务训练题

案例分析

啤酒瓶爆炸事件后

某啤酒厂的啤酒瓶爆炸事件发生后，好多消费者和经销商纷纷打电话到当事公司询问事件的真相，却发现电话分别由不同的人员接听，回答的答案也莫衷一是，令人无所适从，未能有效地解除他们心中的疑虑与不安。当事公司只是站在厂商的立场上，辩称所有产品都经过了严格的质检程序，消费者协会的处置欠公允，以及同业者恶意中伤等。这些消费者与经销商在得不到满意答复后纷纷转向其他品牌，一来求得安心，二来以示对该公司的不满意。

问题：

(1) 消费者与经销商态度与情感转化的直接原因是什么？给企业造成的损失是什么？

(2) 如何才能做好这些消费者与经销商消极情感的转化工作？

项目三 消费者个性心理

导读案例

顾客空手而归

顾客站在柜台前，招呼到："对不起，麻烦你把那个拿给我看一下……"刚说完，突然眼睛一亮："咦，那边那个也不错，也看一下。"没多久，一歪头："啊，那个似乎也不错。"顾客三心二意，很难决定。店员一一照办："是啊，这种目前正打广告，销得很好。"

顾客面对柜台上已摆出的七八种商品东看看、西挑挑，哪种都觉得满意，又哪种都觉得有不足之处，"到底选哪一个好呢？哎呀，我都挑花眼了，还是不知道买哪个。这样吧，我明天再来看，麻烦你了。"于是，顾客空手而归。

面对这种类型的顾客，要记住对方第一次选择的商品，之后又浏览的是什么，根据其态度，留下几种适合他的，其余的则不动声色地拿开。若他再次拿起某种，销售人员可提供一定的参考意见，语言表达切忌模棱两可，应用自信的口吻说："我认为这种最适合您。"这通常会使顾客当场决定下来。若旁边还有其他顾客，也可征求第三方意见，这也是促使顾客做出决策的方法之一。一般情况下，被问及的其他顾客会予以合作，且赞同率往往高达82%。

提示：每位消费者的个性不同，个性心理特征和个性心理倾向都有很大差异，在商品购买过程中，不同的消费者会体现出不同的风格、独特的心理活动以及独特的行为表现。因此，要搞好营销工作，必须从消费者不同的个性心理出发，研究消费者个性心理特征。

在购买活动中我们经常会发现有的消费者缺乏主见，不是征求营销人员的意见就是咨询其他顾客的意见；而有的消费者则不用考虑别人的评价，营销人员的推荐在他们身上也很难发挥作用。这种现象，都是人的个性在发挥作用。

任务1　认知消费者个性

任务案例

“月光族”

公司经理小岳月收入五千多元，可她不仅“月月光”，而且还负债累累。为了追求时尚，彰显个性，她贷款买了一辆轿车，并且消费高级化妆品，到了月底，口袋已很紧了，可她又看上了一台新款电脑，没有钱只好厚着脸皮去找老妈借。像小岳一样的“单身负族”通常收入不菲，但仍然月初富裕，月底赤字，经常入不敷出。像她一样，我们身边的“新负翁”“月光族”“车奴”“房奴”“卡奴”也层出不穷。

问题：请简述小岳的个性特点。

分析：小岳有较稳定的收入，有知识、有头脑、有能力，花钱不仅表达了她对物质生活的热爱，更是她赚钱的动力。这同时也是“月光族”的特点，他们对父辈“勤俭节约”“会赚不如会省”的消费观念不以为然，他们的座右铭是“能花才更能赚”，喜欢追逐新潮，只要吃得开心，穿得漂亮，想买就买，根本不在乎钱财。

学习目标

素质目标：通过本任务的知识学习、案例分析和同步实训，激发学生了解消费者的个性心理、主动探索不同消费者的个性，从而提高自主学习消费者个性的兴趣。

能力目标：通过本任务的案例分析和同步实训等活动，培养同学们在日常生活中通过人们的行为表现分析不同消费者个性的能力。

知识目标：通过本任务知识学习，能够叙述个性的含义及其形成因素、个性的构成及个性的基本特征等陈述性知识。

必备知识

消费者的个性心理特征反映着人的个性倾向，研究消费者个性心理的形成和发展，有助于揭示构成不同消费行为的内部原因，从而预见和引导消费者的购买行为。

一、个性的含义及其形成因素

个性是指在先天素质的基础上，在社会条件的影响下，通过个人的活动而形成稳定的心理特征的总和。它反映出人的心理活动的经常而稳定的本质特点。

从生理学的角度看，人的个性是在生理素质的基础上，并在一定社会条件下，通过参与社会实践活动逐步形成和发展起来的。因此，个性是先天因素与后天因素共同作用的结果，两者相互联系和统一。

从消费者行为的角度看，个性可理解为消费者适应其生活环境的独特行为方式。消费者面对客观事物除了反映出他们的需要、动机和心理过程的一般共性之外，还会产生各种心理现象。在日常的生活中，每一个消费者都同其他的消费者有着差别。这种差别不仅是生理上的差别，而且也体现为行为上的差别。不同的消费者具有自身的特点，这是消费者个性心理特征作用的结果。

消费者个性心理特征，就是消费者在各自的实践活动中所经常表现出来的比较稳定的个性心理特征和特殊性。消费者个性心理特征的差异性，是通过不同的购买行为表现出来的。

二、个性的构成

个性包括个性心理倾向和个性心理特征两个方面。这两个方面错综复杂地交织为一体，构成了人们各不相同的个性。每个人通过各种社会活动在体验中逐步形成相对稳定的心理趋势，使个体心理活动带有经常的、稳定的性质。但每个人又有着不同的生活环境和社会经历，从而形成不同的性格、气质和能力特点。这两方面特点的结合形成个性心理特征的特殊性。

（一）个性心理倾向

个性心理倾向主要指个人的需要、动机、兴趣、理想等，它反映的是人对社会环境的态度和行为的积极特征，是个性发展的潜在动力。

（二）个性心理特征

个性心理特征包括气质、性格、能力等方面，是多种心理特点的一种独特的结合，它集中地反映了人的心理的独特性和个别性。气质、性格和能力三方面的个性心理特征在一个人身上的结合方式是因人而异的，这就形成了千差万别的个性。

三、消费者个性的基本特征

个性心理特征是人们通过各自社会活动得到不同的体验而逐渐形成的相对稳定的心理趋势，是一个人具有一定倾向性的心理特征的总和。每个个体都有区别于他人的特点。消费者的个性具有以下几个显著的特征。

（一）个性的稳定性

个性的稳定性是指消费者经常表现出来的某种心理倾向和心理特征具有稳定不变的倾向。偶尔一时表现出来的心理特点不能算是个性的特征。消费者个性的稳定性表现在消费者的购买风格的一致性和稳定性。在实际情况下，消费者个性随着现实的多样性和多变性会发生或大或小的变化，也就是说个性的稳定性是相对的。

（二）个性的整体性

个性的整体性是指消费者的各种心理倾向、心理特征以及心理过程错综复杂地交互联系、相互制约、相互协调地联系在一起。个性的各个侧面只有同个性的整体性联系起来，才能具有其确定的意义。

（三）个性的独特性

个性的独特性是指消费者所体现出来的个性心理特征都具有独特的个性倾向，独特性是个性最突出的特征之一，它与自身的生理活动、神经系统特点的影响有关系，同时也与消费者个体所接受的外界刺激的个别性有关。不同的社会生活经历与实践活动，就会形成不同的个性。

（四）个性的倾向性

个性的倾向性是指消费者在实践的活动中，对于客观事物所持有的一定的看法、态度和感情倾向。它可以体现出个体的需要、动机、兴趣、理想、价值观念等，而且又能体现出个体对特定事物的特定的选择以及特定的行为方式。个性的倾向性对于一个人个性的完善与改变有重要的影响。

（五）个性的可塑性

个性的可塑性是指个体随着生活经历的变化而发生不同程度的变化，从而在不同的年龄阶段呈现出不同的个性特征。稳定性和可塑性是对立的统一。年龄的增长或者客观环境的变化都会不同程度地影响或改变个性。

小思考

中国当代作家柏杨曾说："一个人的悲剧，往往是个性造成，一个家庭的悲剧，更往往是个性的产物。"对此，你是如何理解的？

案例分析

NIKE品牌的个性

NIKE有句经典的广告词"JUST DO IT"，它代表了一种轻松、自由、享受的运动态度和生活态度。NIKE体育营销强大的行动能力正是基于这种个性和理念。一种产品不可能满足所有消费者的需要，NIKE最大的成功之处就在于，能使消费者在最广泛的共性中突出个性，最大限度地满足了消费者的需要。

问题：(1) NIKE品牌的个性是如何与消费者心理相结合的？(2) NIKE的品牌个性对你有何启发？

讨论分析：

个人：每位同学认真研读本案例内容，结合任务1内容，在学习本上写出对本问题的看法。

小组：请同学们每4人一个小组，1人为组长，1人记录，在小组讨论中每个人陈述个人看法，然后共同讨论，形成小组意见，并推荐代表在班级交流。

全班：每个小组代表在班级陈述本组观点，班级其他同学进行点评。

教师：教师记录各组陈述观点的要点，最后做点评。

分析提示：

品牌具有激发消费者一致性反应的作用，即品牌个性可以成为人的个性特征的某种表现符号。品牌个性一旦形成就会与其他刺激因素共同作用于信息处理过程，使消费者得出“这一品牌适合我”或“不适合我”的结论。符合消费者个性特征的品牌自然会得到消费者更大程度的认同和偏爱。

同步实训

消费者个性认知的训练

1. 训练目标

(1) 素质目标：培养同学们参与实训的积极态度，在实训过程中勤于观察、认真思考，培养学生研究、解决实际问题的积极性。

(2) 能力目标：培养学生在认知个性的基础上有所思考，会分析消费者的个性，提高文字撰写及语言表达能力。

(3) 知识目标：培养同学们在自己的生活中会运用消费者的个性认知等相关知识分析讨论问题，能阐述自己的观点。

2. 训练内容

以小组为单位，每组成员从各自熟悉的名著中选择8个人物，分析其个性并填写表3-1。

表3-1 名著人物个性分析表

序号	名著名称	人物姓名	人物个性特点
人物1			
人物2			
人物3			
人物4			
人物5			
人物6			
人物7			
人物8			

3. 训练操作

(1) 每4个同学一组，选一人为组长，明确分工和具体责任。

(2) 通过书刊、网络等途径，了解有关消费者个性的知识。

(3) 每位小组成员挑选自己熟悉的名著中的2人物进行个性分析。

（4）运用表格形式整理相关内容。

（5）每个小组推荐一位代表在班级交流，老师最后作点评。

4. 成果要求

（1）每小组提交“名著人物个性分析表”。

（2）在全班组织交流座谈会，就每组的“名著人物个性分析表”在班级交流，老师要作点评。

5. 实训评价（见表3－2）

表3－2　消费者个性认知实训评价表

项目	评价标准	分值	小组个人自评（30）	小组成员互评（30）	教师评价（40）	小计
素养培养	参与实训的态度端正，积极性高，小组合作意识强，纪律性强。	10				
	工作作风细致、严谨，讨论积极踊跃，能主动收集信息，参与实训，并提出自己的分析内容。	10				
	具有良好的语言组织能力，良好的成员间沟通、合作能力。	10				
能力提升	能将所学的消费者个性知识运用到实训任务中，学以致用。	10				
	能正确理解实训要求，整体实训活动安排有序。	10				
知识应用	在实训中能正确合理地运用个性分析的技巧。	10				
	能准确陈述自己的想法，在实训中提高自己对个性的认知能力。	10				
项目成果展示	小组能够独立完成实训任务，完成实训任务及时、主动。	10				
	“名著人物个性分析表”结构完整，无错别字，观点正确。	10				
	“名著人物个性分析表”交流汇报形式新颖，陈述语言规范流畅，语速恰当，有感染力。	10				
合计	—	100				

任务2 消费者个性心理特征

任务案例

看电影迟到的人

心理学家以一个人去电影院看电影迟到为例，对人的几种典型的气质作了说明。假如电影已经放映了，门卫又不让迟到的人进去，不同气质类型的人会有不同的表现：

（1）第一种人匆匆赶来之后，对门卫十分热情，又是问好又是感谢，还会急中生智想出许多令人同情的理由，如果门卫坚持不让他进门，他也会笑哈哈地离开。

（2）第二种人赶来之后，对于自己的迟到带着怒气，想要进去看电影的心情十分迫切，向门卫解释迟到的原因时，让人感到有些生硬，如果门卫坚持不让他进门，也会带着怒气而去。

（3）第三种人来了之后，犹犹豫豫地想进去又怕门卫不让，微笑而又平静地向门卫解释迟到的原因，好像不在乎这电影早看一会儿或迟看一会儿，门卫一定不让他进去的话，也很平静地走开。

（4）第四种人来到的时候，首先可能看一看迟到的人能不能进去，如果看到别人能够进去，他也跟进去，如果门卫不让他进去，他也不愿意解释迟到的原因，默默地走开，最多只是责怪自己为什么不早一点来。

问题：上述四种人分别属于哪种典型的气质类型？

分析：根据上述四种人的行为表现，可以判断他们的气质类型分别为：多血质、胆汁质、黏液质、抑郁质。

学习目标

素质目标：通过本任务知识学习、案例分析和同步实训，认知消费者个性心理特征，培养学生依照职业道德和职业规范与标准，分析企业营销行为的优劣。

能力目标：通过本任务的案例分析和同步实训，学会分析消费者的个性心理特征，并知道在营销过程中对待不同个性心理特征的消费者的营销策略。

知识目标：通过本任务知识学习，能准确叙述消费者的气质类型及其特征、性格及性格类型、消费者的能力及购买类型等。

必备知识

一、消费者的气质

（一）气质的含义

气质从本质上讲，是人的心理特性之一，是个人心理活动的稳定的动力特征。它所表现的是人的心理活动的强度、速度、稳定性、灵活性和指向性等方面的差异。比如说，一个人反应速度的快慢、情绪的强弱、注意力集中时间的长短和转移的难易，以及心理活动倾向于外部世界还是内部世界等，虽然和外界环境有一定的联系，但是在很大程度上则与人的气质密切相关。

相关链接

气质类型

早在公元前5世纪，古希腊著名医生希波克拉底就观察到，不同的人有不同的气质。他认为人的体内有四种体液：血液、黄胆汁、黏液和黑胆汁。根据每种体液在人体内所占优势的情况，可以把人的气质分为不同的类型，即多血质、胆汁质、黏液质和抑郁质。四种体液各由温、冷、干、湿四种性质在体内进行不同配合而成：血液是温与湿的配合，因此多血质的人温而润，好似春天一般；黄胆汁是温与干的配合，因此胆汁质的人热而躁，其气质有如夏天；黏液是冷与湿的配合，因此黏液质的人比较冷酷，似冬天一样；黑胆汁是冷与干的配合，因此抑郁质的人冷而躁，就好像秋天一样。

（二）气质的特征

1. 先天性

气质是由生理机制决定的，每个人从呱呱坠地开始，就具有了与众不同的气质特点。在日常生活中可以发现，有的婴儿爱哭、爱闹、爱动，有的婴儿安静、怯生，这说明，先天的生理机制构成了个体气质的基础。

2. 稳定性和可塑性

气质一经形成，受先天遗传因素的影响会有一定的稳定性。当然，气质的这种稳定性是相对的，气质也具有一定的可塑性，在环境和教育的影响下，人的气质在一定程度上是可以改变的。

气质受先天因素的影响，各种气质类型并没有好坏之分，不能从社会道德意义上去评价。在影响气质变化的诸多因素中，人的主观世界对气质的自然表露有重要影响。不管一个人的气质类型如何，当他以积极的态度从事工作和生活时；都会表现出饱满的热情、充足的干劲，反之则意志消沉、情绪低落。

（三）消费者气质类型与基本特征

每个人都有自己独特的气质，也具有与其他人相同或相似的气质。国外心理学家通过长期观察与研究，把人的气质特征划分为四种类型。

1. 胆汁质

胆汁质气质类型的人，行为表现直率热情、精力旺盛、敏捷果断、反应迅速强烈；但性急暴躁、任性、容易冲动。例如《水浒传》中的李逵（见图3-1）就是典型的胆汁质。

这类消费者表情外露，心急口快，选购商品时言谈举止显得匆忙，一般对所接触到的第一件合意的商品就想买下，不愿意反复选择比较，因此往往是快速地、甚至是草率地做出购买决定。他们急于完成购买任务，如果等候时间稍长或营业员的工作速度慢、效率低，都会激起其烦躁情绪。他们在与营业员的接触中，其言行主要受感情支配，态度可能在短时间内发生剧烈变化，挑选商品时以直观感觉为主，不加以慎重考虑。

图 3－1　李逵

接待这类消费者要求营销服务人员动作要快捷、态度要耐心，应答要及时。可适当向他们介绍商品的有关性能，以引起他们的注意和兴趣。另外，还要注意语言友好，不要刺激对方。

2. 多血质

这种气质类型的人，行为表现活泼好动、反应迅速、思维敏锐、善于交际、适应性强、性格开朗、动作灵活；但往往粗心大意、情绪多变、兴趣易转移、轻率散慢。其显著特点是灵活性强、外倾明显。《红楼梦》中的王熙凤（见图 3－2）是典型的多血质。

图 3－2　王熙凤

这类消费者在购买过程中，容易受商品的外表、造型、颜色、命名的影响，注意力容易转移，兴趣忽高忽低，行为易受感情的影响。他们比较热情、开朗，在购买过程中，愿意与营业员交换意见或者与其他消费者攀谈；有的会主动告诉别人自己购买某种商品的原因和用途；喜欢向别人讲述自己的使用感受和经验；希望从别人那里了解到更多信息。另外，选购过程中，易受周围环境、购买现场的影响。

接待这类消费者，营销服务人员应主动介绍、与之交谈，注意与他们联络感情，以促使其购买；与他们“聊天”时，应给以指点，使他们专注于商品，缩短购买过程。

3. 黏液质

黏液质气质类型的人，行为表现安静稳重、耐心谨慎、自信心强、善于克制、沉默寡言、反应缓慢、情绪隐蔽；但往往固执、保守、精神怠惰、缺乏生气、动作迟缓。其显著特点是安静、内倾。例如《水浒传》中的林冲（见图 3－3）属典型的黏液质。

图 3－3　林冲

这类消费者挑选商品比较认真、冷静、慎重，信任文静、稳重的营业员。他们善于控制自己的感情，不容易受广告、商标、包装的干扰和影响。他们对各类商品，喜欢自己加以细心的比较、选择后才决定购买，给人慢悠悠的感觉，有时会引起服务人员和别的顾客的不满情绪。

接待这类消费者要避免过多的提示和热情，否则容易引起他们的反感；要允许他们有认真思考和挑选商品的时间，接待时更要有耐心。

4. 抑郁质

抑郁质气质类型的人行为表现孤僻、自卑、羞怯、动作迟缓、反应缓慢、敏感多疑、情绪隐蔽而体验深刻；但感受性高，善于观察到别人不易察觉的细节，富于同情心。其显著特点是敏感、孤僻、缺乏自信心、内倾。例如《红楼梦》中的林黛玉（见图3－4）是典型抑郁质。

图3－4 林黛玉

这类消费者选购商品时，表现得优柔寡断，显得千思万虑，从不仓促地作出决定；对营业员或其他人的介绍将信将疑、态度敏感，挑选商品小心谨慎、过于一丝不苟；还经常因犹豫不决而放弃购买。

接待这类消费者要注意态度和蔼、耐心；对他们可作些有关商品的介绍，以消除其疑虑，促成买卖；对他们的反复，应予以理解。

[自我心理测试]

气质类型测试题

指导语：下列共有60个题目，请你根据自己的情况逐题如实回答。每题共有5个档次分数，你认为符合自己情况的，请在□内记下数值2；较符合的记1；介于符合与不符合之间的记0；较不符合的记－1；完全不符合的记－2。

(1) 做事力求稳妥，一般不做无把握的事。□

(2) 遇到可气的事就怒不可遏，想把心里话全说出来才痛快。□

(3) 宁可一个人干事，不愿很多人在一起。□

(4) 到一个新环境很快就能适应。□

(5) 厌恶那些强烈的刺激，如尖叫、噪声、危险镜头等。□

(6) 和人争吵时，总是先发制人，喜欢挑衅。□

(7) 喜欢安静的环境。□

(8) 善于和人交往。□

(9) 羡慕那种善于克制自己感情的人。□

(10) 生活有规律，很少违背作息制度。□

(11) 在多数情况下情绪是乐观的。□

(12) 碰到陌生人觉得很拘束。□

(13) 遇到令人气愤的事，能很好地自我克制。□

(14) 做事总是有旺盛的精力。□

(15) 遇到问题常常举棋不定，优柔寡断。□

(16) 在人群中从不觉得过分拘束。□

(17) 情绪高昂时，觉得干什么都有趣；情绪低落时，又觉得干什么都没有意思。□

(18) 当注意力集中于一事物时，别的事很难使我分心。□

(19) 理解问题总比别人快。□

(20) 碰到危险情景时，常有一种极度的恐怖感。□

(21) 对学习、工作、事业怀有很高的热情。□

(22) 能够长时间做枯燥、单调的工作。□

(23) 符合兴趣的事情，干起来劲头十足，否则就不想干。□

(24) 一点小事就能引起情绪波动。□

(25) 讨厌那种需要耐心、细致的工作。□

(26) 与人交往不卑不亢。□

(27) 喜欢参加热烈的活动。□

(28) 爱看感情细腻、描写人物内心活动的文学作品。□

(29) 工作学习时间长了，常感到厌倦。□

(30) 不喜欢长时间谈论一个问题，愿意实际动手干。□

(31) 宁愿侃侃而谈，不愿窃窃私语。□

(32) 别人说我总是闷闷不乐。□

(33) 理解问题常比别人慢一些。□

(34) 疲倦时只需短暂的休息就能精神抖擞，重新投入工作。□

(35) 心里有话宁愿自己想，不愿说出来。□

(36) 认准一个目标就希望尽快实现，不达目的，誓不罢休。□

(37) 学习、工作同样一段时间后，常比别人更疲倦。□

(38) 做事有些莽撞，常常不考虑后果。□

(39) 老师或他人讲授新知识、技术时，总希望他讲得慢些，多重复几遍。□

(40) 能够很快地忘记那些不愉快的事情。□

(41) 做作业或完成一件工作总比别人花的时间多。□

(42) 喜欢运动量大的剧烈体育运动，或参加各种文艺活动。□

(43) 不能很快地将注意力从一件事情转移到另一件事情上去。□

(44) 接受一个任务后，就希望把它迅速解决。□

(45) 认为墨守成规比冒风险强些。□

(46) 能够同时注意几件事。□

(47) 当我闷闷不乐时，别人很难使我高兴起来。□

(48) 爱看情节跌宕起伏的激动人心的小说。□

(49) 对工作抱认真严谨、始终如一的态度。□

(50) 和周围人们的关系总是相处不好。□

(51) 喜欢复习学过的知识，重复已掌握的工作。□

（52）希望做变化大、花样多的工作。□
（53）小时候会背的诗歌，我似乎比别人记得清楚。□
（54）别人说我“出语伤人”，可我不觉得这样。□
（55）在体育活动中，常因反应慢而落后。□
（56）反应敏捷，头脑机智。□
（57）喜欢有条理而不甚麻烦的工作。□
（58）兴奋的事常使我失眠。□
（59）老师讲新概念，常常听不懂，但弄懂以后很难忘记。□
（60）假如工作枯燥无味，马上就会情绪低落。□

确定你属于哪种气质的办法如下：

1. 把每题得分按表 3－3 题号相加，并算出各栏的总分。

表 3－3　气质类型得分表

胆汁质		多血质		黏液质		抑郁质	
题号	得分	题号	得分	题号	得分	题号	得分
2		4		1		3	
6		8		7		5	
9		11		10		12	
14		16		13		15	
17		19		18		20	
21		23		22		24	
27		25		26		28	
31		29		30		32	
36		34		33		35	
38		40		39		37	
42		44		43		41	
48		46		45		47	
50		52		49		51	
54		56		55		53	
58		60		57		59	
总分		总分		总分		总分	

2. 如果多血质一栏得分超过 20，其他三栏得分较低，则为典型多血质；如这一栏在 20 以下、10 以上，其他三栏得分较低，则为一般多血质；如果有两栏的得分显著超过另两栏得分，而且分数比较接近，则为混合型气质，如胆汁—多血质混合形，多血—黏液质混合型，黏液—抑郁质混合型等等；如果一栏的得分很低，其他三栏都不高，但很接近，则为三种气质的混合型，如多血—胆汁—黏液质混合型或黏液—多血—抑郁混合型。其他栏判别方法类似。

多数人的气质是一般型气质或两种气质的混合型，典型气质和三种气质混合型的人较少。

案例分析

餐厅的服务策略

餐厅的服务人员应善于揣摩顾客的消费心理，根据不同的顾客类型采取不同的服务对策。

1. 多血质——活泼型：这一类顾客一般表现为活泼好动，善于交际，具有外倾性。对于这一类顾客，服务员应主动与之交谈，要多向他们提供新菜信息，但要让他们进行自主选择，遇到他们要求退菜的情况，也尽量满足他们的要求。

2. 黏液质——安静型：这一类型的顾客一般表现为安静、稳定、克制力强、很少发脾气、沉默寡言；他们不够灵活，不善于转移注意力，喜欢清静、熟悉的就餐环境，不易受服务员现场促销的影响，对各类菜肴喜欢细心比较，缓慢决定。服务对策：领位服务时，应尽量安排他们坐在较为僻静的地方，点菜服务时，尽量向他们提供一些熟悉的菜肴，还要顺其心愿，不要过早表述服务员自己的建议，给他们足够时间进行选择，不要过多催促，不要同他们进行太多交谈或表现出过多的热情，要把握好服务的"度"。

3. 胆汁质——兴奋型：这一类型的顾客一般表现为热情、开朗、直率、精力旺盛、容易冲动、性情急躁，具有很强的外倾性；他们点菜迅速，很少过多考虑，容易接受服务员的意见，喜欢品尝新菜；但比较粗心，容易遗失所带物品。相应的服务对策：点菜服务时，尽量推荐新菜，要主动进行现场促销，但不要与他们争执，万一出现矛盾应避其锋芒；在上菜、结账时尽量迅速，就餐后提醒他们不要遗忘所带物品。

4. 抑郁质——敏感型：这一类型的顾客一般沉默寡言，不善交际，对新环境、新事物难于适应；缺乏活力，情绪不够稳定；遇事敏感多疑，言行谨小慎微，内心复杂，较少外露。相应的服务对策：领位时尽量安排僻静处，如果临时需要调整座位，一定要讲清原因，以免引起他们的猜测和不满。服务时应注意尊重他们，服务语言要清楚明了，与他们谈话要恰到好处。在他们需要服务时，要热情相待。

问题：请分析这一服务策略的作用。

讨论分析：

个人：每位同学认真研读本案例内容，结合任务2内容。在固定的学习本上写出你对本问题的看法。

小组：请同学们每4人一个小组，1人为组长，1人记录。每个人陈述个人看法，然后共同讨论，形成小组意见，并推荐代表在班级交流。

全班：每个小组代表在班级陈述本组观点，班级其他同学进行点评。

教师：教师记录各组陈述观点的要点，最后做点评。

分析提示：

深入研究消费者的心理，针对不同消费者气质上的差异采取不同的服务，会取得良好的社会效益和经济效益。这一做法是将消费心理学的研究成果运用于营销实践的典范。

二、消费者的性格

在销售活动中，消费者个体性格的差异是形成各种独特的购买行为的另一重要的原因。消费者千差万别的性格特点，不仅表现在现实生活中，也往往表现在他们对商品购买活动中各种事物的态度和习惯化的购买方式上。营销人员应根据消费者的不同性格特点，开展不同的营销策略。

（一）性格的含义及其形成因素

性格是个性的重要方面。它是指一个人在个体生活中形成的，对现实的稳定态度和习惯化了的行为方式。它主要表现在人对现实的态度、语言和行为方式中。如，在待人处事中有的人表现出豪爽果断、有原则性、肯帮助人；有的人则懒惰，自私自利；有的人学习、工作拖延马虎、不负责任；有的人谦虚谨慎，有的人狂妄自大等等，所有这些特征都是人的性格差异的表现。性格标志着某个人的行为和其行为的结果，它可能有益于社会，也可能有害于社会，有着道德评价的意义。

人的性格不是天生的，人的实践和人的内部世界在每时每刻都制约着性格的发展，它的形成过程是主体与客体相互作用的过程。由此可见，任何性格特征都不是一朝一夕形成的，它是从儿童时期开始就不断受到社会环境的影响、教育的熏陶和自身的实践，经过长期塑造而成的。一个人的性格是较稳定的，同时又是可塑的。在新的生活环境和教育影响下，在社会新的要求影响下，通过实践活动，一个人的性格可以逐渐改变。

（二）消费者的性格类型

消费者千差万别的性格特点，往往表现在他们对消费活动的态度和习惯化的购买行为方式，以及个体活动的独立性程度上，从而构成千姿百态的消费性格。

1. 按消费态度分类

（1）节俭型。这类消费者勤俭节约、朴实无华、生活方式简单，认识事物，考虑问题比较现实。他们选购商品的标准是实用，不追求外观，不图名声。对于商品信息，容易接受说明商品内在质量的内容，购买中不喜欢营销人员人为地赋予商品过多的象征意义。

（2）自由型。这类消费者态度浪漫，生活方式比较随便，选择商品标准多样，既考虑质量，也讲求外观，但相比之下，质量不是最主要的。他们不拘泥于一定的市场信息，有时也受销售宣传的诱导，联想丰富，不能完全自觉地、有意识地控制自己的情绪。

（3）保守型。这类消费者态度严谨、固执，生活方式刻板，喜欢遵循传统消费习惯，对有关新产品的市场信息抱怀疑态度，有意无意地进行抵制；信奉传统商品，经常怀恋往昔。

（4）怪癖型。这类消费者态度傲慢，往往具有某种特殊的生活方式或思维方式。选购商品时往往不能接受别人的意见、建议；有时会向营销人员提出一些令人不解的问题和难以满足的要求，自尊心强而过于敏感，消费情绪不稳定。

（5）顺应型。这类消费者态度随和、生活方式大众化。他们一般不购买标新立异的商品，但也不固守传统。其行为受相关群体影响较大，和与自己相仿的消费者群体保持比较一致的消费水平，对社会时髦不积极也不反对；能够随着社会发展、时代变迁，不断调节、改变自己的消费方式和习惯。

2. 按心理活动的倾向分类

（1）外向型。外向型性格的消费者对外部事物比较关心，感情外露，活泼开朗，自由奔放，当机立断，独立性强，待人接物随和，不拘小节，善于交际，勇于进取，容易适应环境的变化，但有轻率的一面。在购买过程中，热情活泼，喜欢与营销人员交换意见，主动询问有关商品的质量、品种、使用方法等方面的问题，易受商品广告的感染，言语、动作、表情外露，这类消费者的购买决定比较果断，买与不买比较爽快。

（2）内向型。内向型性格的消费者一般表现为对外界事物反应较缓慢，感情深沉，处事谨慎，深思熟虑，沉静孤僻，缺乏决断能力，但一旦下定决心办某件事总能锲而不舍，交际面窄，适应环境不够灵活。在购买活动中沉默寡言，动作反应缓慢，不明显，面部表情变化不大，内心活动丰富而不露声色，不善于与营销人员交谈，挑选商品时不希望他人帮助，对商品广告冷淡，常凭自己的经验购买。

小思考

社会上有“外向的人更吃香，内向的人混不开”的评论，对此你有何见解？

［自我心理测试］

内外向性格类型测定

测验性格的内外向量表有很多种，现介绍日本淡元路治郎的向性检查卡。

该量表共50个测试题，每题作是、否或不定的回答。根据被试回答结果，求出外向性指数（V. Q），其公式为

V. Q＝（外向性反应总数＋1/2回答不定的总数）/25×100

公式中外向性反应总数是指所有作外向反应的题数。表3－4外向性题的编号是：2、4、5、8、10、11、12、18、20、21、24、25、26、28、29、34、36、37、38、40、41、46、48、49、50，其余25道题属于内向性题。若外向性指数大于115，则性格类型属于外向型；外向性指数小于95，则性格类型属于内向型；外向性指数在95～115，则属于中间型。

说明：请回答下列问题。如果问题内容适合于您的情况，就选“是”；如果不适合，就选“否”；介于适合和不适合之间，就选“不定”。回答时不要考虑应该怎样，而只回答你平时是怎样的。每个答案无所谓正确与错误，因而没有对你不利的题目。请尽快回答，不要在每道题上太多思索。

表3－4 测验性格的内外向量表

问题	选项
1. 对细小的事情也忧虑不已吗？	是○ 否○ 不定○
2. 能当机立断吗？	是○ 否○ 不定○
3. 处理重大的事情时费时吗？	是○ 否○ 不定○
4. 能中途改变决心吗？	是○ 否○ 不定○
5. 比起想，更喜欢做吗？	是○ 否○ 不定○
6. 忧郁吗？	是○ 否○ 不定○

续表

问　　题	选　　项
7. 对失败耿耿于怀吗？	是○　否○　不定○
8. 从容不迫吗？	是○　否○　不定○
9. 不爱说话吗？	是○　否○　不定○
10. 好动感情吗？	是○　否○　不定○
11. 喜欢热闹吗？	是○　否○　不定○
12. 情绪容易变化吗？	是○　否○　不定○
13. 热衷于事情吗？	是○　否○　不定○
14. 忍耐力强吗？	是○　否○　不定○
15. 爱讲小道理吗？	是○　否○　不定○
16. 议论问题容易过激吗？	是○　否○　不定○
17. 小心谨慎吗？	是○　否○　不定○
18. 动作敏捷吗？	是○　否○　不定○
19. 工作细致吗？	是○　否○　不定○
20. 喜欢干引人注目的事吗？	是○　否○　不定○
21. 不顾一切地工作吗？	是○　否○　不定○
22. 是空想家吗？	是○　否○　不定○
23. 过于洁癖吗？	是○　否○　不定○
24. 乱扔物品吗？	是○　否○　不定○
25. 浪费多吗？	是○　否○　不定○
26. 说话过多吗？	是○　否○　不定○
27. 性情不随和吗？	是○　否○　不定○
28. 喜欢开玩笑吗？	是○　否○　不定○
29. 容易受怂恿吗？	是○　否○　不定○
30. 固执吗？	是○　否○　不定○
31. 经常感到不满吗？	是○　否○　不定○
32. 担心对自己的评论吗？	是○　否○　不定○
33. 敢于批评别人吗？	是○　否○　不定○
34. 自己的事情能放心托别人办吗？	是○　否○　不定○
35. 不愿接受别人指导吗？	是○　否○　不定○
36. 居于人上能很好管理吗？	是○　否○　不定○
38. 机灵吗？	是○　否○　不定○
39. 好隐瞒吗？	是○　否○　不定○

续表

问　　题	选　　项
40. 同情别人吗？	是○　否○　不定○
41. 过于信任别人吗？	是○　否○　不定○
42. 不忘记怨恨吗？	是○　否○　不定○
43. 腼腆羞怯吗？	是○　否○　不定○
44. 喜欢孤独吗？	是○　否○　不定○
45. 交朋友尽心尽力吗？	是○　否○　不定○
46. 在别人面前能随便地说话吗？	是○　否○　不定○
47. 在惹人注目的地方退缩不前吗？	是○　否○　不定○
48. 和意见不同的人也能随便地交往吗？	是○　否○　不定○
49. 好管闲事吗？	是○　否○　不定○
50. 能慷慨地给别人东西吗？	是○　否○　不定○

3. 按消费者购买方式分类

（1）习惯型。这类消费者，当他们对某一厂牌、商标的商品有深刻体验后，便保持稳定的注意力，逐步形成习惯性的购买和消费，不轻易改变自己的信念，不受时尚和社会潮流的影响，购买中遵循惯例，长久不变。

（2）慎重型。这类消费者，在采取购买行为之前，要做周密考虑，广泛收集有关信息；在选购时，尽可能认真、详细地进行商品的比较，选择衡量各种利弊之后才作出购买决定。

（3）挑剔型。这类消费者，一般都具有一定的购买经验和商品知识。挑选商品主观性强，善于观察别人不易观察到的细微之处，检查商品极为小心仔细，有时甚至达到苛刻程度。

（4）被动型。这类消费者，往往是奉命购买或代人购买，没有购买经验，在选购商品时大多没有主见，表现出不知所措的言行，渴望得到营销人员的帮助。

4. 按消费者活动的独立程度分类

（1）独立型。这类消费者有主见，能独立自主地作判断和选择，不易受外界因素影响，他们是家庭购买决策的关键人物。

（2）顺从型。这类消费者易受暗示，购买时会犹豫不决。

同步案例

两个好朋友的消费

王青是小娜的大学同学，也是她的同寝室好友。得知王青来上海出差，小娜真是喜出望外。毕业之后，她们有好几年没有见面了。在约定的地点碰面后，王青提议去酒吧。于是她们来到附近的一家小酒吧。因为是白天，酒吧里人不多，很安静。当服务员问她们要什么饮料时，王青和往常一样要了一罐嘉士伯啤酒。她性格外向活泼，朋友很多，平时常和朋友一起去酒吧或打网球。小娜要了一杯果汁，她很少喝酒，也很少来这样的地方。她一向很文静，生活圈子很小，最喜欢看书、看电影和听音乐。有空的时候，她会呆在家里边看书边听音乐或租影碟看，她觉得这样的生活简单而快乐。

问题：小娜和王青具有截然不同的性格，这对她们在选择饮料时有什么影响？对她们的生活方式有什么影响？

分析：主要从两人的性格倾向性不同来分析。

同步实训

自我气质及内外向性格类型测定实训

1. 训练目标

(1) 素质目标：培养同学们参与实训的积极态度，在日常生活中勤于分析、思考；深入到生活中体验、认知自我及他人气质、性格类型对消费行为的影响，培养学生研究、解决实际问题的积极性。

(2) 能力目标：培养学生根据人们的行为分析其气质、性格类型的能力，具备针对不同气质、性格类型的消费者开展营销的能力。

(3) 知识目标：培养同学们在日常消费及生活中会运用消费者的气质及性格等相关知识，分析问题、讨论问题、解决问题，并阐述自己的观点的能力。

2. 训练内容

分别利用气质类型测试题和内外向性格类型测定表测试自己的气质类型和内外向性格类型，参考同学或朋友对自己的评价，得出自己的气质类型及性格类型。

3. 训练操作

(1) 教师说明训练内容及成果要求。

(2) 运用气质类型测试题自我测试气质类型。

(3) 运用内外向性格类型测试题自我测试内外向性格类型。

(4) 邀请一位最了解你的同学或朋友对你的气质类型及性格类型进行评价。

(5) 综合评价得出自己的气质类型及性格类型，并填入表3-5中。

表3-5　自我气质及内外向性格类型测定表

自我测试气质类型	同学或朋友对你的气质类型的评价	综合评价气质类型	自我测试性格类型	同学或朋友对你的性格类型的评价	综合评价性格类型

4. 成果要求

(1) 每人填写“自我气质及内外向性格类型测定表”。

(2) 每小组组织交流座谈会，就小组成员的气质及性格类型测定分析表在小组内进行交流。

5. 实训评价（见表3-6）

表3-6　自我气质及内外向性格类型测定实训评价表

项目	评价标准	分值	小组个人自评（30）	小组成员互评（30）	教师评价（40）	小计
素养培养	参与实训的态度端正，积极性高。	10				
	养成细致、严谨的工作作风，能主动参与实训计划制定。能提出关于实训中应注意的相关问题。	10				
	能够结合此次实训认识到了解自己的气质及性格类型对职业生涯的意义。	10				
能力提升	能将所学的消费者个性心理特征的理论知识运用到认知实训任务中，学以致用。	10				
	科学正确地开展自我气质及内外向性格类型测定实训活动内容，实训活动安排有序。	10				
知识应用	在测定分析报告撰写中能正确运用消费者个性心理特征的相关知识进行分析，得出结论正确。	10				
	在发言中能准确陈述消费者个性心理特征的相关知识。	10				
项目成果展示	能够独立完成实训任务，完成实训任务及时、主动，并能主动提出问题，解决问题。	10				
	“自我气质及内外向性格类型测定表”结构完整，无错别字。	10				
	“自我气质及内外向性格类型测定表”交流汇报形式新颖，陈述语言规范流畅，语速恰当。	10				
合计	—	100				

三、消费者的能力

在消费者的个性心理特征中，除了气质和性格以外，消费者的能力对消费者的消费行为也起着至关重要的影响。

（一）能力的含义

能力是指人们能够顺利完成某种活动所必备的并且直接影响活动效率的个性心理特征。

人的能力是在先天遗传因素的影响下，经过后天的环境影响（家庭、学校、社会等因素）和个人的努力逐步形成的。能力的发展和提高必须依靠知识、技能的学习；同时掌握知识和技能又必须以一定的能力为前提，能力的大小影响着掌握知识和技能水平的高低。

（二）消费者能力分析

消费者在购买商品的过程中，需要运用多种能力。消费者应具有的能力有：

1. 基本能力

（1）感知辨别商品的能力。感知辨别商品的能力与经验有关，比如在手感方面，有的消费者手感敏锐，摸一摸衣服的面料就能判断出这件衣服的面料和质量。该能力的差别还体现在识别方法上，一些重传统经验的消费者，识别方法比较简单，习惯于手摸、口尝、耳听。而受教育程度高、接受新事物较快的消费者识别方法既灵活也比较科学，他们不仅依靠自己的感官感觉商品，而且能利用各种形式，如商品说明书、产品质量鉴定书等收集有关商品的信息，鉴别商品性能，企业应采取各种手段提高消费者的辨别能力。

（2）分析评价商品的能力。分析评价商品能力是消费者能力中比较复杂的一种能力，反映在消费者收集商品信息、分析评价商品信息的来源、评价他人的消费行为、评价购物环境等方面。分析评价能力强的消费者收集商品信息时相对主动，对广告有比较全面而正确的认识，对购物环境中的促销手段有明确的判断力。

（3）购买决策能力。购买决策能力是指消费者在选择商品时能否正确地作出决策，购买到让自己满意的商品。在购买过程中，决策是购买意图转化为购买行动的关键环节，通过建立在理性认识基础上的果断决策，消费者的消费活动才能由潜在状态进入现实状态，购买行为也才能真正付诸实现，因此，消费者决策能力是消费者能力构成中一个十分重要的方面，它对消费者的购买活动起着决定性作用。

购买决策能力直接受消费者个人性格和气质的影响，有的消费者一见到新式样的商品就能立即做出购买的决定，决策能力很强。消费者的决策能力还受环境的影响，如在商品价格上涨、顾客出现大量抢购的情况下，平常决策速度快的消费者会及时地作出判断，以最快的速度加入到购买的队伍中；而平常犹豫不决的消费者则会产生更多的心理矛盾和冲突，导致错失良机，或盲目地加入到购物队伍。

2. 特殊能力

特殊能力是某种专门性活动所必需的知识和技能，它属于专业技术方面的能力。

特殊能力可以从两个方面来说明：一是在日用品消费方面，比如人人都有穿衣的消费需求，而有些消费者的“心眼多一些”，他们善于挑选衣服；二是在专业性商品的消费方面，这类商品需要特殊的专长才能消费，如高档照相器材、电脑等。无论哪一方面的特殊能力均与消费者自身所具备的专业知识有极大的相关性。

3. 保护消费权益的能力

我国目前的市场环境还不够成熟，由于法制不健全、市场运行不规范、企业诚信度低、自律性差，侵犯消费者权益的事屡有发生。解决这些问题一方面必须依靠更加完善的法律制度，另一方面还需要消费者增强自我保护的能力。

消费权益的保护能力首先取决于消费者本人对于正当的消费权益的正确认识。具体表现为对于消费者权益的认识程度、是否正确掌握有关法律知识、对于保护自我消费权益的评价标准。我国消费者在保护自己的消费权益时，意识上的落后是相当明显的，不善于运用法律的手段保护自己的消费权益；其次取决于消费者是否能运用各种有效的法律手段来保护自己的正当权益，在运用法律手段方面，能否正确地采取措施，比如保护好现场、保存好各种资料、采取正确的投诉渠道等。

相关链接

消费者的权利

1. 消费者在购买、使用商品和接受服务时享有人身、财产安全不受损害的权利。消费者有权要求经营者提供的商品和服务符合保障人身、财产安全的要求。

2. 消费者享有知悉其购买、使用的商品或接受的服务的真实情况的权利。

消费者有权根据商品或服务的不同情况，要求经营者提供商品的价格、产地、生产者、用途、性能、规格、等级、主要成分、生产日期、有效期限、检验合格证明、使用方法说明书，或服务的内容、规格、费用等有关情况。

3. 消费者享有自主选择商品或服务的权利。消费者有权自主选择提供商品或服务的经营者，自主选择商品品种或服务方式，自主决定购买或不购买任何一种商品、接受或不接受任何一项服务。

4. 消费者享有公平交易的权利。消费者在购买商品或接受服务时，有权获得质量保障、价格合理、计量正确等公平交易条件，有权拒绝经营者的强制交易行为。

5. 消费者因购买、使用商品或接受服务受到人身、财产损害的，享有依法获得赔偿的权利。

6. 消费者享有依法成立维护自身合法权益的社会团体的权利。

7. 消费者享有获得有关消费和消费者权益保护方面的知识的权利。消费者应当努力掌握所需商品或服务的知识和使用技能，正确使用商品，提高自我保护意识。

8. 消费者在购买、使用商品和接受服务时，享有其人格尊严、民族风俗习惯得到尊重的权利。

9. 消费者享有对商品和服务以及保护消费者权益工作进行监督的权利。消费者有权检举、控告侵害消费者权益的行为和国家机关及其工作人员在保护消费者权益工作中的违法失职行为，有权对保护消费者权益工作进行监督。

（三）消费者的能力类型及表现

消费者不同的能力决定了不同的购买类型，按消费者对商品的认识程度分类主要有：

1. 熟练型

熟练型消费者对于所购买的商品有较全面的能力，对商品的性能、价格、质量、生产情况等非常熟悉。他们有可能是特定商品的专家。

熟练型消费者注重商品的质量，注重商品的综合性能和自己亲身对商品性能的感受，能比较理智地对待商品广告的宣传或服务人员的推荐。他们选购商品时比较自信，有时会向营销人员提少量关键性问题。营销人员接待这类消费者时要尊重他们的意见，或提供一些技术性的专业资料，不必过多地解释和评论。

2. 略知型

略知型消费者掌握部分有关的商品知识和少量商品信息，自己没有消费经验或消费经验较少，主要是通过其他人的介绍、广告宣传及其他宣传途径来了解商品；了解程度不深。

略知型消费者进入购物环境之前，没有相应的购物准备或购物准备很少，购物动机可能不明确，甚至没有购物动机，经常在促销当中形成购买动机或行为。因为他们对商品了解不多，所以比较愿意听取营销员为他们介绍商品的各项特点，更希望有其他顾客现场购买，通过他人反映商品的特点，证实商品的品质，便于自己作出分析和评价。如果营销人员态度热情又诚恳，给他以信赖的感觉，那么他会很快形成购买动机；如果营销人员及购物环境给他留下的印象不好，那么他很可能不再有购买动机了。

3. 生疏型

生疏型消费者对某一具体商品的认知而言的。此类消费者缺乏有关的商品知识，没有购买和使用经验，挑选商品常常不得要领，犹豫不决，希望营业员多做介绍、详细解释。他们容易受广告、其他消费者或营业员的影响，买后容易产生“后悔”心理。因而营销人员要不怕麻烦，主动认真、实事求是地介绍商品。

以上三种分类只是个相对概念，每一位消费者可能在某一方面或某一类商品消费时表现为熟练型，而另一类商品的消费上又表现为生疏型。消费者的兴趣和主动培养消费能力的意识起着重要的作用。

知识脉络

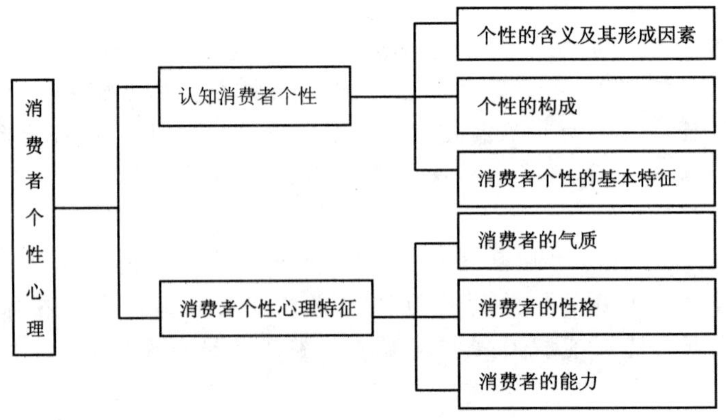

项目小结

个性是指在先天素质的基础上，在社会条件的影响下，通过个人的活动而形成稳定的心理特征的总和。它反映出人的心理活动的经常而稳定的本质特点。

个性包括个性心理倾向和个性心理特征两个方面。

气质是人的心理特性之一，是个人心理活动的稳定的动力特征。它所表现的是人的心理活动的强度、速度、稳定性、灵活性和指向性等方面的差异。消费者气质类型主要有：胆汁质、多血质、黏液质、抑郁质。

性格是个性的重要方面。它是指一个人在个体生活中形成的，对现实的稳定态度和习惯化了的行为方式。

能力是指人们能够顺利完成某种活动所必备的并且直接影响活动效率的个性心理特征。

思考与练习

1. 理论题

(1) 单选题

①活泼好动，反应敏捷，善于交际，但注意力分散，是（　　）气质的特征。

A. 多血质　　B. 胆汁质

C. 黏液质　　D. 抑郁质

②下列属于个性心理特征的是（　　）。

A. 意志　　B. 性格

C. 动机　　D. 兴趣

③决定人的气质的主要因素是（　　）。

A. 职业因素　　B. 性别因素

C. 先天因素　　D. 社会因素

④个性心理的重要特征是（　　）。

A. 稳定性　　B. 变化性

C. 强制性　　D. 规范性

⑤按照气质类型的划分，你认为“桃园三结义”里脾气暴躁的张飞属于（　　）气质。

A. 多血质　　B. 胆汁质

C. 黏液质　　D. 抑郁质

(2) 多选题

①消费者个性形成的影响因素包括（　　）。

A. 先天素质　　B. 社会环境

C. 个性倾向　　D. 经济条件

E. 社会经历

②性格按心理活动的倾向可分为（　　）。

A. 顺从型　　B. 独立型

C. 外倾型　　D. 内倾型

E. 被动型

③按对商品的认识程度进行划分，消费者的能力类型可划分为（　　）。

A. 确定型　　B. 盲目型

C. 生疏型　　D. 熟练型

E. 略知型

④按购买方式进行划分，消费者的性格类型可划分为（　　）。

A. 习惯型　　B. 慎重型

C. 情感型　　D. 挑剔型

E. 被动型

⑤消费者的个性心理特征主要有（　　）。

A. 气质　　B. 需要

C. 动机　　D. 性格

E. 能力

（3）简答题

①消费者个性有什么特征？

②简述气质与性格的区别和联系。

③简述消费者的能力有哪些。

2. 实务训练题

案例分析

某女士的购物过程

一位女士在某商场的购物过程如下：因为原有的手机丢失，先到通讯器材柜通过营业员介绍买了一款新推出的手机；然后到摄照器材柜准备挑选一部数码相机，虽经营业员详细讲解，但因为没有使用经验，还是决定下次找个懂行的朋友一起来购买；最后在日用品自选超市买了某种著名品牌的洗发水。

问题：

（1）从对商品的认识程度分类，这位女士在三次购买过程中分别属于什么能力类型的消费者？

（2）上述三次不同的购买过程中的消费行为分别具有什么特点？

项目四
消费者购买心理

导读案例

最贵的不一定是最好的

有位顾客讲述了他的一番购买经历。

日前我到一著名老茶庄买茶叶。虽然我喝茶已有十几年的历史，其实对茶叶的鉴别并不在行。唯一的概念就是“越贵的一定越好”。

一进店内，我就向店东说：“老板，买斤茶叶，要最贵的。”

店东望了一望我说：“最贵的不一定是最好的，我倒三杯请您尝尝。”说完，他倒了三杯不同的茶请我品尝，然后问我哪一种最合意。我告诉他中间的那一杯最香口。于是我买了中间那一种清茶，1 斤 800 元。

店东在结账时告诉我：“贵，并不一定是最好的，我店中的清茶最贵的是 1 斤 1000 元，也就是您品尝的第一杯。茶的好坏要由顾客自己去细细品味。您认为最合口味，那就是最好的，哪怕 1 斤只卖 500 元。”

提示：在消费者的购买过程中，其购买行为能否发生，如何进行，都受到消费需求和购买动机等心理活动的影响，企业要想顺利地进行市场营销，就必须准确地把握消费者需求，激发消费者的购买动机完成购买行为。

在影响消费者行为的诸多心理因素中，需要和动机占有重要的地位，并与消费行为的产生有着密切的联系。这是由于人们的任何消费行为都是有目的的活动，这些目的的实质是为满足人们的某种需要或欲望。需要是消费者行为的最初原动力，动机则是消费者行为的直接驱动力。本项目对消费者需要与动机的内容、特征及消费者心理与消费行为的内在规律等进行研究。

任务1　消费者需要心理

任务案例

老太太买李子

一条街上有三个水果店。一天，有位老太太来到第一家店里问："有李子卖吗？"店主见有生意，马上迎上前说："我这李子又大又甜，刚进的货，很新鲜！"没想到老太太一听，竟扭头走了。店主很纳闷：奇怪啊，我哪里得罪老太太了？

老太太接着来到第二家水果店。店主马上迎上前说："老太太，您要买李子啊？我这里的李子有酸的也有甜的，您是想买哪一种？""酸的"。于是老太太买了一斤酸李子回去了。

第二天，老太太又来买李子。第三家水果店的店主看见了，主动迎了过去，"老太太，又要买酸李子吗？我这里有又酸又大的，您要多少？""我想买一斤"老太太说。第三位店主一边称李子，一边搭讪："一般人都喜欢甜李子，可您为什么要买酸的呢？"老太太回答说："儿媳妇怀上小孙子啦，特别喜欢吃酸的。""恭喜您老人家了！您儿媳妇有这样的好婆婆真是福气。不过孕期的营养很关键，适合经常吃一些维生素含量高的水果，比如猕猴桃，对宝宝会更好！"

这样，老太太不仅买了李子，又买了一斤进口猕猴桃，而且以后经常来这家店里买各种水果。

问题：这则故事说明了什么问题？

分析：这则故事中，第一位店主一味地告诉消费者自己的产品如何好，都不了解消费者的需要是什么；第二位店主懂得通过简单的提问满足消费者的一般需要；第三位店主不仅了解和满足消费者的一般需要，而且还挖掘和创造了消费者的新需要，引导消费者产生了持久的购买欲望。

学习目标

素质目标：通过本任务的必备知识学习、案例分析和同步实训，激发同学们学习消费者需要心理学等相关知识的兴趣和积极性。

能力目标：培养同学们认知消费者需要、分析需要对消费者心理影响的基本能力。

知识目标：能够陈述消费者需要的含义、消费者需要分类的基本内容、需要对消费者心理的影响等陈述性知识。

必备知识

一、消费者需要的含义和特征

（一）消费者需要的含义

需要是人们在一定的生活条件下，为延续和发展生命而产生的对客观事物的渴求或欲望。消费者需要，是指消费者某种生理或心理体验的缺乏状态，并直接表现为消费者对获取以商品或劳务形式存在的消费对象的要求和欲望。

为了满足形形色色的需要，消费者努力采取相应的消费行为，而原有的需要满足之后，消费者又会产生新的需要，新的需要推动新的消费行为发生，如此循环往复，形成延续无尽的消费行为。需要、动机、行为之间的关系如图 4－1 所示。

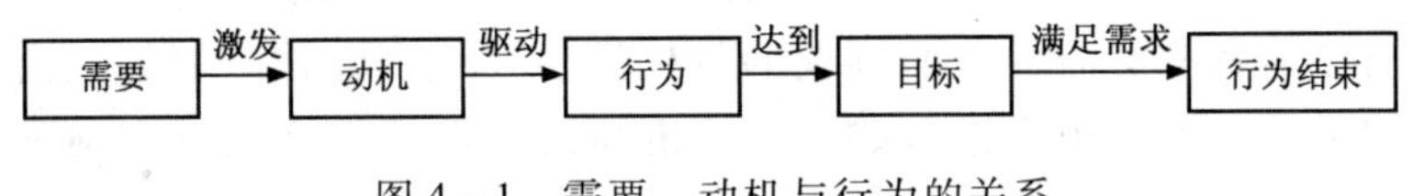

图 4－1　需要、动机与行为的关系

（二）消费者需要的特征

1. 消费需要的多样性和差异性

首先，由于消费者性别、年龄、职业、民族、文化程度、收入水平、社会阶层、生活方式、个性特征等主客观条件的千差万别，形成了多种多样的消费需要。其次，就同一消费者而言，需要也是多方面的，消费者不仅需要吃、穿、用、住，还需要娱乐消遣、参加各种活动等，这都要求具有特定功能的商品或劳务与之相适应。不仅如此，同一消费者对某一特定消费对象常常同时兼有多方面的要求，如既要求商品质量好，又要求其外观新颖美观，具有时代感。

2. 消费需要的层次性和发展性

消费者的需要是有层次的。按照不同的划分办法，可以把消费者的需要划分为高低不同的层次，例如，充饥、御寒属于较低层次的需要；受人尊重、实现人生的自我价值属于较高层次的需要。

就发展性而言，消费者的需要与社会生产及自身情况紧密相关，是一个由低级向高级、由简单向复杂、由物质到精神不断发展的过程。特别是在现代社会，科学技术和生产力更加发达和先进，物质产品极大的丰富，新的消费领域新的消费方式也不断涌现，人们的消费需求在内容、层次上不断更新和发展，如吃要营养可口、穿要时尚、漂亮，还要求通过各种有形、无形产品的消费满足社交、尊重、情感、审美、求知、实现自我价值等多方面的高层次的需求。

3. 消费需要的伸缩性和周期性

伸缩性又称需求弹性，是指消费者对某种商品的需求会因某些因素，如支付能力、价格、储蓄利率等影响而发生一定程度的变化。如消费者在购买商品时会在数量、品种等方面随收入和商品价格的变化而变化。一般来说，生活必需品的伸缩性较小，而像高档耐用品、奢侈品等，消费需要的伸缩性就较大。

人类的消费是一个无止境的活动过程，而消费需要的满足是相对的，当某些需要得到满足以后，在一段时间内可能不再发生，但随着时间的推移，已经消退的需要又会重新出现，并周而复始，呈现周期性，当然重新出现的需要不是对原来需要的简单重复，而是在内容、形式上有所变化和更新。例如，食品的需要周期间距短、循环快、重复性高，服装的需要周期受气候变化的影响，表现出明显的季节性。

4. 消费需要的可变性和可诱导性

消费者需要直接受到所处环境状况的影响和制约，因此，一定阶段社会政治经济制度的变革，伦理道德观念的更新，生活和工作环境的变迁，社会交往的启示，广告宣传的诱导以及生态环境的变化等，都可能改变消费者需要的具体内容，使某一种需要转变为另一种需要，潜在的需要转变为显现的需要，微弱的需要转变为强烈的需要。这说明消费需求不是一成不变的，无论何种内容、层次的需要都会因社会环境的变化而发生改变。也正由于此，消费者需要也具有可诱导性，可以通过人为地、有意识地给予外部诱因或改变环境状况，诱使和引导消费者的需要按照预期的目标发生变化和转移。例如，由于新产品的上市或广告宣传的影响，人们由不准备购买或不准备现在购买，转为具有强烈的购买冲动。

5. 消费需要的互补性和互替性

各种消费需要之间不是孤立的，消费者对一种商品的需要常常与对另一种商品的需要密切相关。如对电脑的需要带动了外围设备和多种耗材的需要，对摄影机的需要带动了对数码存储卡和电池的消费，这是互补性，即一种消费需要会促使另一种消费需要产生和扩大。再比如空调的使用降低了对电风扇的需求，人们对鱼的食用减少了对其他肉类的食用，这是互替性，即一种消费需要抑制了另一种消费需要。

二、消费者需要的分类

（一）根据需要的对象，可以分为物质需要和精神需要

1. 物质需要

物质需要是指对与衣、食、住、行有关的物品的需要。在生产力水平较低的社会条件下，人们购买物质产品，在很大程度上是为了满足其生理性需要。但随着社会的发展和进步，人们越来越多地运用物质产品体现自己的个性、成就和地位，因此，物质需要不能简单地对应于前面所介绍的生理性需要，它已日益渗透进社会性需要的内容。

2. 精神需要

精神需要主要是指认知、审美、交往、道德、创造等方面的需要。这类需要不来自生理，而是由心理上的匮乏感所引起的。

小思考

心理学家威廉·詹姆士曾说："人类本性最深的企图之一是期望被人赞美。"为什么？

案例分析

双处方

某中医院除了给每位就诊的患者开出必要的药物处方外，还要开出一张“无药处方”。如给一位老年患者的“无药处方”上写道：多吃蔬菜、水果，食用低盐、低脂、低糖食品，按时服药、测量血压，多参加运动……这种医疗服务深受患者欢迎。

问题：这种“双处方”的医疗服务为什么受到患者的欢迎？

讨论分析：

个人：每位同学结合本案例内容，在学习本上写出你的看法。

小组：请同学们每4人一个小组，1人为组长，1人记录，在小组每个人陈述个人看法，然后共同讨论，形成小组意见，并推荐一名代表在班级交流。

全班：每个小组代表在班级陈述本组观点，本组其他同学进行补充。

教师：教师记录各组陈述观点的要点，最后做点评。

分析提示：

医生给病人开出药物处方是为了治疗疾病，保证患者的生命健康，这是病人最基本的需要；而开出的“无药处方”，虽无药却有情，指导患者的生活起居，普及科学医疗知识，并给人以精神的慰藉，满足了患者的心理需要。因而这种医疗服务满足了患者对物质及精神的双需要。

（二）按由低级到高级的顺序，可以分为五个层次的需要

美国人本主义心理学家马斯洛将人类需要按由低级到高级的顺序分成五个层次或五种基本类型。

1. 生理需要

生理需要是维持个体生存和人类繁衍而产生的需要，如对食物、氧气、水、睡眠等的需要。

2. 安全需要

安全需要即在生理及心理方面免受伤害，获得保护、照顾和安全感的需要，如要求人身的健康，安全、有序的环境，稳定的职业和有保障的生活等。

3. 归属和爱的需要

归属和爱的需要即希望给予或接受他人的友谊、关怀和爱护，得到某些群体的承认、接纳和重视的需要。如乐于结识朋友，交流情感，表达和接受爱情，融入某些社会团体并参加他们的活动等等。

4. 尊重的需要

尊重的需要即对其自尊心、荣誉感和受人尊重及其在社会获得一定地位的需要。它涉及独立、自信、自由、地位、名誉、被尊重等多方面内容。

5. 自我实现的需要

自我实现的需要即希望充分发挥自己的潜能，实现自己的理想和抱负的需要。自我实现是人类最高级的需要，它涉及求知、审美、创造、成就等内容。

（三）按照需要的形式，可以分为三个层次的需要

1. 生存需要

生存需要是指人们为维持机体生产而产生的对基本生活用品的欲望和要求，如对粮食、服装、住房等的需要。生存需求是人类最基本的需要。

2. 享受需要

享受需要是指人们为增添生活情趣，实现感官和精神愉悦而产生的各种欲望和要求，如对手机、彩电、冰箱、高档衣料等供娱乐、休闲用的各种消费品及服务的需要。享受需要不是人类生存所必须的基本生活需求，但是随着生产力水平的提高和科学技术的进步，其在人类各种需要中所占的地位变得越来越重要。

3. 发展需要

发展需要是指人们为发展智力和体力，提高个人才能，实现人生价值而产生的欲望和要求，如对书籍、学习机、电脑、滋补品等的需求。当人们的生存需要、享受需要得到基本满足之后，发展需要就显得突出了。

三、需要对消费者心理的影响

需要直接影响消费者的心理和生理活动，需要对消费者心理的影响主要表现在以下几个方面：

（一）需要对消费者情感的影响

人们一旦产生某种需要就要力求获得满足，而人们的需要是否能够满足，满足的程度以及满足的方式与手段的不同，都可以直接影响消费者的情绪或情感的变化。凡是能满足人们需要的事物与现象，都能使人产生满意、高兴、愉快等正面情绪，如优良的产品性能、新颖别致的商品设计、热情周到的服务等。反之，就会使人产生不满意、抵触、沮丧、愤怒等负面情绪，情绪的变化又会直接影响人们态度的变化，如支持、漠然、反对、厌恶等。

（二）需要对消费者意志的影响

消费者在满足某种需要的过程中，往往需要克服各种困难，需要付出极大的意志和能力。也就是说，有了需要，才会确定满足需要的目标，然后靠意志努力去实现这一目标。因此，人们在为满足需要而进行努力的同时，意志也得到了锻炼和发展。

（三）需要对消费者能力的影响

需要被满足的过程，就是人们对遇到的各种事物进行分析研究，并探寻各种可能的途径、方案的过程，所以需要对人们的认识与实践活动起着重要的影响作用。在购买活动中，消费者需要具备多种能力，正是有了需要，才使这些能力得到培养和提高。

同步实训

消费者需要调研

1. 训练目标

(1) 素质目标：培养同学们积极深入社会调研，认真参与调研的态度。提升同学们积极深入社会研究消费者需要等实际问题兴趣。培养同学们与人合作和沟通的能力。

(2) 能力目标：运用所学的消费者需要相关知识，准确地设计消费者需要调研问题，有效的组织实施调研。

(3) 知识目标：培养同学们在小组发言、小组讨论、实施调研过程中，会运用消费者需要等相关知识分析讨论问题，并阐述自己的观点的能力。

2. 训练内容

以小组为单位，分别调查5位男同学和5位女同学，将调查结果填入表4－1。

表4－1　　消费者需要调研表

序号	购物地点	最近一次购物的名称	单价	生存需要	享受需要	发展需要	说明理由
男生1							
男生2							
男生3							
男生4							
男生5							
女生1							
女生2							
女生3							
女生4							
女生5							

3. 训练操作

(1) 每4个同学一组，选一人为组长，明确分工和具体责任（按上表完成调查内容，对属于什么需要做出判断并说明理由）。

(2) 通过书刊、网络等途径，了解有关消费者需要的知识。

(3) 实地调查走访消费者，通过了解购买商品的地点、商品名称、价格，分析判断消费者的需要类型。

(4) 用表格形式整理相关内容。

(5) 每个小组推荐一位代表在班级交流，老师最后作点评。

4. 成果要求

（1）每组填写一份“消费者需要调研表”。

（2）根据每组同学填表的完整性、各位成员完成任务情况，评定每位同学的实训成绩。

5. 实训评价（见表4－2）

表4－2 消费者需要调研实训评价表

项目	评价标准	分值	小组个人自评（30）	小组成员互评（30）	教师评价（40）	小计
素养培养	参与需要调研实训的态度端正，积极性高，分工明确，小组合作意识强。	10				
	做事有计划，完成调研及时，小组讨论积极踊跃。	10				
	能够在消费者需要调研中与消费者心平气和地沟通，调研收集资料完整。	10				
能力提升	能将所学的消费者需要的心理知识运用到消费者需要调研活动中，学以致用。	10				
	根据实训要求实施调研，会运用信息化手段整理相关资料。	10				
知识应用	能基本理解消费者需要的内涵、消费者需要的分类、需要对消费者心理的影响等内容。	10				
	能完整陈述消费者需要的内涵、消费者需要的分类、需要对消费者心理的影响等知识。	10				
项目成果展示	能够独立完成调研实训任务，并能主动提出问题，解决问题。	10				
	“消费者需要调研表”结构完整，理由分析比较准确，报告无错别字。	10				
	“消费者需要调研表”展示形式新颖，陈述语言规范流畅，语速恰当，有感染力。	10				
合计		100				

任务2 消费者购买动机心理

任务案例

速溶咖啡为何受冷落

20世纪40年代，当速溶咖啡这个新产品刚刚投放市场时，厂家自信它会很快取代传统的豆制咖啡而获得成功，因为它的味道和营养成分与豆制咖啡相同但饮用方便，不必再花长时间去煮，也不要再为洗刷煮咖啡的器具而耗费很多的时间。出乎意料的是，速溶咖啡刚面市时却受到了市场的冷落。为此，心理学家们对消费者进行了问卷调查，请被试者回答不喜欢速溶咖啡的原因和理由。很多人一致回答是因为不喜欢它的味道，这显然不是真正的原因。为了深入了解消费者拒绝使用速溶咖啡的潜在动机，心理学家们改用间接的方法对消费者真实的动机进行了调查和研究。他们编制了两种购物单，这两种购物单上的项目，除一张上写的是速溶咖啡，另一张写的是豆制咖啡这一项不同之处，其他各项均相同。把两种购物单分别发给两组妇女，请她们描写按购物单买东西的家庭主妇是什么样的妇女。结果表明，两组妇女所描写的想象中的两个家庭主妇形象是截然不同的。看速溶咖啡购物单的那组妇女几乎有一半人说，按这张购物单购物的家庭主妇是个懒惰的、邋遢的、生活没有计划的女人；有12%的人把她说成是个挥霍浪费的女人；还有10%的人说她不是一位好妻子。另一组妇女则把按豆制咖啡购货的妇女描绘成节俭的、讲究生活的、有经验的和喜欢煮调的主妇。这说明，当时的美国妇女有一种带有偏见的自我意识；作为家庭主妇，担负繁重的家务劳动乃是一种天职，而逃避这种劳动则是偷懒的、值得谴责的行为。速溶咖啡的广告强调的正是速溶咖啡的省时、省力的特点，因而并没有给人以好的形象，反而被理解为它帮助了懒人。由此可见，速溶咖啡开始时被人们拒绝，并不是由于它的本身，而是由于人们的动机，即都希望做一名勤劳的、称职的家庭主妇，而不愿做被人和自己所谴责的懒惰、失职的主妇，这就是当时人们的一种潜在的购买动机，这也正是速溶咖啡被拒绝的真正原因。谜底揭开之后，厂家对产品的包装作了相应的修改，除去了使人产生消极心理的因素。广告不再宣传又快又方便的特点，而是宣传它具有新鲜咖啡所具有的美味、芳香和质地醇厚等特点；在包装上，使产品密封十分牢固，开启时十分费力，这就在一定程度上打消顾客因用新产品省力而造成的心理压力。结果，速溶咖啡的销量大增，很快成了西方世界最受欢迎的咖啡。

问题：这个案例说明了什么问题？

分析：消费者的购买动机具有内隐性，有时人们真正的购买动机并不愿意向别人讲明。雀巢咖啡正是洞察了消费者背后真正的购买动机，然后改变广告宣传的重点，由过去诉求方便、快捷、省时、省力的优点，转而表达美味、芳香、质地醇厚的特点，并对产品的包装进行了改进。迎合了消费者的真正需要，制定了正确的营销方案，所以销量大增。

学习目标

素质目标：通过本任务必备知识学习、案例分析和同步实训，认同营销活动中引导和激励消费者购买动机心理应遵循的营销伦理与营销职业道德、法律法规的基本要求的内容。

能力目标：通过本任务的案例分析和同步实训，会对消费者购买动机类型、消费者购买动机与购买行为的关系问题进行分析。

知识目标：通过本任务必备知识学习，能准确陈述消费者购买动机、购买动机的类型、购买动机与购买行为的关系。

必备知识

一、消费者购买动机的概念和特征

（一）购买动机的概念

动机是引起行为的内在动力。心理学中往往把引起个体活动，维持已引起的活动，并促使活动朝向某一目标进行的内部心理倾向和动力称为动机。动机在需要的基础上产生，是指向行为的直接动力，是一种内在的、主动的力量。正常人只要在头脑清醒的时候，采取的任何行动都要由动机引起和支配的，因此人类的行为实质上是一种动机性行为。

当人的各种需要必须通过购买行为才能获得满足时，便产生了对商品的购买动机。消费者购买动机，是指能够引起消费者购买某一商品或选择某一目标的内在动力。它是购买行为的原因和条件。

（二）购买动机的特征

1. 原发性

动机是消费者受外界条件刺激或影响，以及个体主观需要所形成的心理倾向。不论引起动机的原因是什么，都是主体由于需要而产生的欲望。这种主体欲望与现实世界的具体对象建立了心理联系，即成为动机。无论外界刺激如何变化，如果没有消费者主体的心理活动，则无所谓动机。这就是动机的原发性特征。

2. 内隐性

消费者的行为是外显的，但支配其行为的动机并不总是显露无遗的。消费者的真实动机经常处于内隐状态，难以从外部直接观察到。正如弗洛伊德所说，动机犹如一座海中的冰山，显现在海面上的只是很小一部分，大部分隐藏在看不见的水下。人的心理活动是极为复杂的。现实中，消费者经常出于某种原因而不愿意让他人知道自己的真实动机。如某消费者购买钢琴，当别人问起时，他总说是为儿子学钢琴用，但真正的主要动机可能是显示自己的富有。

3. 冲突性

当消费者同时具有两种以上的动机且共同发生作用时，动机之间就会发生矛盾和冲突。这种矛盾和冲突可能是由于动机之间的指向相悖或相互抵触，也可能是出于各种消费条件的限制。人们的欲望是无止境的，而拥有的时间、金钱和精力却是有限的。当多重动机不可能同时实现时，动机之间的冲突就是不可避免的，而冲突的本质是消费者在各种动机实现所带来的利害结果中进行权衡比较和选择。

4. 实践性

动机不是意向，它经常与一定的作用对象建立了心理上的联系。所以，动机一旦形成，必将引起行为，这就是动机的实践性。因此，动机是消费者活动的推动者，有动机产生，就有人的行为活动。

5. 可引导性

通过外界的刺激和影响，消费者的购买动机是可以发生变化的，这就是动机的可引导性。例如，消费者原不打算购买或不想很快购买某种商品，但由于受广告的影响，于是就产生了购买动机及购买行为。因此，生产者和销售者不仅应当满足消费者的需要，还应当引导和调节消费者的需要，使之产生购买动机。

二、消费者购买动机的类型

消费者的需求和欲望是多方面的，其消费动机也是多种多样的。就购买活动而言，消费者的购买动机往往十分具体，表现形式复杂多样。一般情况下，将购买动机分为以下几类。

（一）生理性购买动机

生理购买动机，是由人类生理本能引起的购买动机。为了保持和延续人的生命，人类都具有吃饭、穿衣、休息、繁衍后代等生存本能。因而由这种生理本能需要所引起的购买动机，称生理性购买动机。

（二）心理性购买动机

由于人们的认识、感情和意志等心理活动而引起的动机，称心理性购买动机。它是消费者为了满足社交、友谊、娱乐、享受和事业发展而产生的购买动机。

（三）个性购买动机

由于消费者各自的需要，兴趣、爱好、性格和价值观的不同，在具体购买商品时的心理活动要错综复杂得多。

1. 追求实用的购买动机

这是以追求商品的使用价值为主要目的的购买动机。具有这种购买动机的消费者比较注重商品的功能和质量，要求商品具有明确的使用价值，讲求经济实惠，经久耐用，而不过多强调商品的品牌、包装、装潢和新颖性。如果商品的使用价值不明确，甚至徒有虚名毫不实用，消费者便会放弃购买。这种购买动机并不一定与消费者的收入水平有必然联系，而主要决定于个人的价值观念和消费态度。

2. 追求廉价的购买动机

这是以注重商品价格低廉，希望以较少支出获得较多利益为特征的购买动机。出于这种购买动机的消费者，选购商品时会对商品的价格进行仔细比较，在不同品牌或外观质量相似的同类商品中，会尽量选择价格较低的品种。同时喜欢购买优惠品、折价品或处理品，有时甚至因价格有利而降低对商品质量的要求。求廉的动机固然与收入水平较低有关，但对于大多数消费者来说，以较少的支出获取较大的收益是一种带有普遍性的动机。

3. 追求新奇的购买动机

这是以追求商品的新颖、奇特、时髦为主要目的的购买动机。具有这种动机的消费者往往富于想象，渴望变化，喜欢创新，有强烈的好奇心。他们在购买过程中，特别重视商品的款式是否新颖独特，符合时尚，对造型奇特、不为大众熟悉的新产品情有独钟，而不大注意商品是否实用和价格高低。这类消费者在求新、求奇动机以及好奇心的驱动下，经常凭一时兴趣或好奇，进行冲动式购买。

4. 追求美感的购买动机

追求美的动机是消费者在挑选商品时，特别重视商品的外观造型、色彩和艺术品味，希望通过购买格调高雅、色彩精美的商品获得美的体验和享受。同时注重商品对人体和环境的美化作用，以及对精神生活的陶冶作用。

5. 追求名望的购买动机

这是因为仰慕产品品牌或企业名望而产生的购买动机。持有这种动机的消费者在购买前即将名牌产品确定为购买目标；在购买过程中，面对众多同类产品，仍会将注意力直接指向名牌产品。求名购买动机不仅可以满足消费者追求名望的心理需要，而且能够降低购买风险，加快商品选择过程。

小思考

VIP 即贵宾，是商家的一种营销手段。客户都想成为 VIP。为什么？

6. 追求安全、健康的购买动机

现代消费者越来越注重自身的生命安全和生理健康，并且把保障安全和健康作为消费支出的重要内容。持有这种动机的消费者通常把商品的安全性能和是否有益于身心健康作为购买与否的首要标准。就安全性能而言，消费者不仅要求商品在使用过程中各种安全性能可靠，如家用电器不出现意外事故，化妆品不含有毒物质，而且刻意选购各种防卫保安性用品和服务，如保险等。与此同时，追求健康的动机日益成为消费者的主导性动机。在这一动机的驱动下，选购医药品、营养品、保健品、健身产品已经成为现代消费者经常性的购买行为。

7. 好胜攀比的购买动机

这是一种因好胜心、与他人攀比不甘落后而形成的购买动机。抱有这种动机的消费者，购买某种商品往往不是出于实际需要，而是为了争强好是胜，赶上他人超过他人，借以求得心理上的平衡和满足。这种购买动机具有偶然性和浓厚的感情色彩，购买行为带有一定的冲动性和盲目性。在社会生活水平迅速上升、贫富差距较大的时期，攀比性动机表现得较为普遍和强烈。

8. 模仿或从众动机

模仿或从众动机是指消费者在购买商品时自觉不自觉地模仿他人的购买行为而形成的购买动机。模仿是一种很普遍的社会现象，其形成的原因多种多样。有出于仰慕、钦佩和获得认同而产生的模仿；有由于惧怕风险、保守而产生的模仿；有缺乏主见，随大流或随波逐流而产生的模仿。不管缘于何种原由，有模仿动机的消费者，其购买行为受他人影响比较大。一般而言，普通消费者的模仿对象多是社会名流或其所崇拜、仰慕的偶像。

9. 追求便利的购买动机

追求便利是现代消费者提高生活质量的重要内容。受这一动机的驱动，人们把购买目标指向可以降低家务劳动强度的各种商品和劳务，如洗衣机、洗碗机、方便食品、家政服务等，以求最大限度地减轻家务劳动负担。为了方便购买，节约购买时间，越来越多的消费者采用送货上门、直销服务、电视购物、网络购物等现代购物方式。随着社会生活节奏的加快，消费者追求便利的动机也日趋强烈。

10. 满足嗜好的购买动机

这是以满足个人特殊偏好为目的的购买动机。许多消费者由于生活习惯和业余爱好，而特别偏爱某一类商品，如集邮、摄影、花鸟鱼虫、古玩字画、音响器材等。这些嗜好往往与消费者的职业特点、知识领域、生活情趣有关，因而其购买动机也比较理智，购买指向也比较稳定和集中，具有经常性和持续性的特点。

11. 自我表现的购买动机

这是以显示自己的身份、地位、威望以及财富为主要目的的购买动机。具有这种购买动机的消费者在选择商品时不太注重商品的使用价值，而是特别重视商品所代表的社会象征意义，喜欢购买名贵商品、稀有商品、某些极品商品，以及价格惊人的特殊商品，以显示其生活的富有、地位的特殊或能力的超群，达到宣扬自我、炫耀自我的目的。

同步案例

不许偷看

一家泰国酒吧的主人在门口放了一只大酒桶，很长时间也没有引起人们的关注。后来有一天，酒桶的外面蒙上一块布，上面写了几个字："不许偷看"。说来很奇怪，过往的行人见此纷纷驻足，非要打开布看个究竟。只见里面是香气扑鼻的陈酒，酒水下面还有一行字："本店美酒与众不同，请享用"。顾客们先是会心一笑，然后就寻着酒香走进酒吧了。

问题：这利用了消费者什么样的购买动机?

分析：这利用了消费者的好奇动机。人人都有好奇心，所以企业可以根据消费者的好奇心理，制定营销对策。而且人的动机是多种多样的，善于利用消费者的购买可以收到意想不到的效果。

三、消费者购买动机与行为的关系

当消费动机实现为消费行为的时候，有些消费动机直接促成了一种消费行为，而有些动机要促成多种消费行为的实现，也有可能在多种动机的支配下才促成一种消费行为，因此动机与消费行为之间不完全是一一对应的关系。

人们在饥饿、口渴等状态下，主导动机一般只有一个，即尽快地摄取食物和水分，满足充饥与解渴的生理需要，所促成的消费行为即直接购买食品或饮料。在这种情况下，消费动机与消费行为之间一般表现为一一对应的关系。而稍微复杂一点的消费行为，动机与行为之间会出现多重关系。比如对喜爱音乐的消费者的而言，由于爱好高品质音响的动机，他可能首先购买一套顶尖的音响器材，然后购买特殊的电线、专用插头、插线板等。

在消费动机向行为转化的过程中，任何影响、干扰、阻碍、限制消费动机向前发展的因素都称为消费阻力。消费阻力主要分为内、外两大部分：内部阻力是指消费者自身对动机实现的压制，比如信息太少可能产生的风险知觉，以及收入水平低、购买力不足等经济原因产生的动机压抑、消费回避等心理因素；外部阻力是指商品、服务及相关因素不符合消费者的期望，或商品与服务本身假冒伪劣，消费者自我阻止了行为的发生。

对于销售人员来说，研究消费阻力如同研究消费动机一样重要，消费阻力研究与消费动机研究是紧密联系在一起的。一些主要的消费阻力，如表4－3所示。

表4－3　主要的消费阻力表

内部消费阻力		外部消费阻力	
消费信息不足	没有任何信息、没有消费经验、没有参照群体等	购买困难	铺货不均、物流不畅、供不应求等
风险知觉	支出风险、社会风险、形象风险等	商品质量	质量不稳定、质量无法检验、售后服务跟不上等
动机压抑与回避	动机冲突、消费回避、社会禁忌等	商品形象	商品形象低劣、形象代言人选择不当等
动机演变	动机发生变化、心理厌弃等	商品衰退	功能不全、式样老化、商品进入衰退期等
个性方面	消极态度与偏见、原有习惯稳定、价值观不认同等	商品价格	价格过高、价格偏低等
生理性因素	生理性排斥、没有生理需要与基础等	营业环境	环境布置差、服务质量差、相关设置不配套等
互动因素	情绪波动、流行过期等	互动因素	群体规范、社会禁忌等
收入方面	收入过低、支出有限等		

案例分析

洞察消费者的真正动机

雀巢咖啡在中国大陆市场的销量远远高于麦斯威尔咖啡，其广告语是“好东西要和好朋友一起分享”。雀巢咖啡是如何在大陆市场上击败麦氏咖啡的呢？

在20世纪80年代，麦氏和雀巢共同进入中国市场的时候，两家公司委托了不同公司做市场调查。麦氏调查的结果是，向往西方文化的知识分子才会尝试喝咖啡，因为咖啡是舶来品。于是麦氏的广告语非常文雅：“滴滴香浓，意犹未尽”。而雀巢咖啡通过市场调查，明确地知道目标消费者绝不是大学教授、知识分子，因为当时大学教授一个月的工资才一百多元，而一杯雀巢咖啡的价格是二十多元。并且发现一个特殊的现象：喝完雀巢咖啡的人都会把雀巢的罐子带到办公室当茶杯用，几个月过后罐子上雀巢的标志还会保持得非常好。雀巢咖啡洞察到消费者想炫耀高档饮品的内心想法，所以雀巢咖啡的广告语非常简单：“味道好极了！”其实咖啡对于以茶为主饮的中国人来说并不适口，但是它的广告语天天暗示“味道好极了！”在人脑海中进行灌输和心理暗示，人们自然就认为雀巢咖啡味道好。麦氏咖啡没有找准目标消费者内心对咖啡品牌的真正需求是什么，只能屈居于雀巢咖啡之下。其广告语“滴滴香浓，意犹未尽”播了半年还有很多人认为是卖香油的。

问题：消费者对雀巢咖啡真正的购买动机是什么？

讨论分析：

个人：每位同学结合本案例内容认真思考，把结果写在学习本上。

小组：请同学们每4人一个小组，1人为组长，1人记录，在小组讨论中每个人陈述看法，然后共同讨论，整理形成小组意见，并推荐一名代表在班级交流。

全班：每个小组代表在班级陈述本组观点，本组其他同学进行补充。

教师：教师记录各组陈述观点的要点，最后做点评。

分析提示：

当初消费者对雀巢咖啡的真正购买动机是求名动机，其基本心理就是显名和炫耀。因此，唯有真正了解到目标消费者的内心对此品牌的真实想法和感受，才能抢占市场先机，稳坐翘楚地位。

同步实训

消费者购买动机认知实训

1. 训练目标

(1) 素质目标：培养同学们积极深入企业调研，认真参与实训的态度。提升同学们积极深入企业研究消费者购买动机等实际问题的兴趣。培养同学们与他人合作和沟通的能力。

(2) 能力目标：运用所学的消费者购买动机的知识，能较准确地填写消费者购买动机分析表。

(3) 知识目标：培养同学们在小组发言、小组讨论、认知实训表的填写中，会运用消费者购买动机等相关知识分析讨论问题，阐述自己的观点的能力。

2. 训练内容

以小组为单位进行调研，了解光顾企业的消费者的购买中的情感动机、理智动机和惠顾动机，填入表4－4。

表4－4 消费者购买动机认知实训表

顾客	购物地点	商品名称	单价	情感动机	理智动机	惠顾动机	理由
1							
2							
3							
4							
5							
6							
7							
8							
9							
10							

3. 训练操作

（1）每4个同学一组，选1人为组长，明确分工和具体责任。

（2）通过书刊、网络等途径，了解有关消费者购买动机的知识和实例。

（3）实地调查走访2家以上商场或超市，调查了解消费者，判断其购买动机。

（4）采用表格形式整理相关内容（包括购物地点、商品名称、单价、购买动机的类型、判断理由等内容）。

（5）每个小组推荐代表在班级交流，老师最后作点评。

4. 成果要求

（1）每组填写一份“消费者购买动机认知实训表”。

（2）根据每组同学的报告质量，各位成员完成任务的情况，评定每位同学的实训成绩。

5. 实训评价（见表4－5）

表4－5　消费者购买动机认知实训评价表

项目	评价标准	分值	小组个人自评（30）	小组成员互评（30）	教师评价（40）	小计
素养培养	参与实训的态度端正，积极性高，小组分工明确，成员合作意识强，小组讨论积极踊跃。	10				
	养成做事有计划的工作作风，能主动提出关于调查工作中的相关问题。	10				
	能够在消费者购买动机调研中与营销人员和消费者心平气和地沟通。	10				
能力提升	能将所学的消费者购买动机知识运用到调研实训中，学以致用。	10				
	根据实训要求实施调研，会运用信息化手段整理信息。	10				
知识应用	能基本理解消费者购买动机涵义、购买动机的类型、购买动机与购买行为的关系等内容。	10				
	能完整陈述消费者购买动机含义、购买动机的类型、购买动机与购买行为的关系等等知识。	10				
项目成果展示	能够独立完成实训任务，完成实训任务及时、主动，并能主动提出问题、解决问题	10				
	“消费者购买动机认知实训表”结构完整，表中无错别字，理由分析准确。	10				
	“消费者购买动机认知实训表”展示汇报形式新颖，陈述语言规范流畅，语速恰当，有感染力。	10				
合计		100				

任务3　消费者购买决策和购买行为心理

任务案例

一位女大学生的购物经历

天气渐凉，女大学生上官同学准备购买一件衣服。星期天她与同伴逛街，一件西装吸引了她的目光，于是让售货员取下试穿，两个同伴均用赞赏的口气说："你穿上这件西装给人焕然一新的感觉，而且有几分淡淡的高贵和成熟。"上官也觉得这件衣服让她显得端庄和稳重，这正是她长久以来所希望和追求的形象。按捺住内心的兴奋与冲动，她问售货员价格如何。而售货员的报价远远超出她的预算，要599元人民币，而她口袋里仅有150元，同伴凑在一起也只有200元。迟疑之下，售货员说：有会员卡可以享受九折优惠，上官为难地说："打九折后我还是无法接受啊！"

上官带着几分遗憾离开了这家商店，走了几步突然想起方才在路上曾遇到了几位同班同学，心想"向他们借钱不就可以买下了吗？征求同伴意见，她们说："的确贵了点，但如果真心喜欢不会后悔的话就值。"于是上官拨通了同班同学的电话，几分钟后，同学应邀赶来。大家一起来到店里，再一次的试穿后坚定了上官购买的念头。她用同学帮助凑足的钱买下了这件西装。

一行人告别服装店后，想着心爱的西装已属于自己，上官同学心中的满足之情油然而生……

事后评价这次购买经验时，她说："当时有几分冲动，现在有点悔意，毕竟是贵了，超出自己的经济能力。但知道这种职业西装对今后参加工作仍有价值，便不再遗憾和抱怨了。"

问题：结合消费者购买决策过程的内容，请对上官同学的购买过程进行分析，说明她是哪种类型的消费者。

分析：对照购买决策过程的五个步骤，对上官同学的购买决策进行分析。

学习目标

素质目标：通过本任务必备知识学习、案例分析和同步实训，认同消费者购买决策和购买行为心理策略运用中遵循的营销伦理与营销职业道德、法律法规的基本要求的内容。

能力目标：通过本任务的案例分析和同步实训，会结合消费者购买商品活动对消费者购买决策和购买行为进行分析。

知识目标：通过本任务必备知识学习，能准确叙述消费者购买决策的过程，及消费者购买行为分析等陈述性知识。

必备知识

一、消费者购买决策的过程

决策是指为了达到某一预定目标，在两种以上备选方案中选择满意方案的过程。消费者的购买决策就是在特定的心理动机驱动下，按照一定程序发生的心理与行为活动过程。购买决策在消费者购买行为中占有极为重要的地位。

（一）消费者购买决策的内容

消费者购买决策的内容，因人、因条件及所处环境不同而不同，但所有消费者购买决策都离不开以下几个方面的内容：

1. 为什么购买

为什么购买即确定购买动机。消费者的购买动机是多种多样的。同样购买手表，有人是为了看时间，有人则是为了显示富有和身份。

2. 购买什么

购买什么即确定购买对象，这是决策的核心和首要问题。决定购买目标不只是停留在一般类别上，而是要确定具体的对象及具体的内容，包括商品的名称、品牌、款式、规格和价格等。

3. 购买多少

购买多少即确定购买数量。购买数量一般取决于实际需要、支付能力及市场供应情况。如果市场供应充足，消费者既不急于购买，买的数量也不会很多；如果市场供应紧张，即使不是目前急需或支付能力不足，也会负债购买。

4. 在哪里购买

在哪里购买即确定购买地点。购买地点是由多种因素决定的，如距离的远近、交通条件、可挑选的品种数量、价格以及服务等。它既和消费者的惠顾动机有关，也和消费者的求廉动机、求速动机等有关。

5. 什么时候购买

什么时候购买即购买时间的确定。这也是购买决策的重要内容，它与主导购买动机的迫切性有关。在消费者的多种动机中，往往由需要强度高的动机来决定购买时间的先后缓急；同时，购买时间也和市场供应状况、营业时间、交通状况和消费者可供支配的闲暇时间有关。

6. 如何购买

如何购买即确定购买方式。购买方式是现场购买还是邮购、预购或网络购物，是现金支付、微信支付、信用卡支付、开具支票，还是分期付款。

（二）消费者购买决策的过程

消费者购买决策过程，就是消费者为实现满足需求的特定目标，在购买过程中对商品或服务进行评价、选择、判断、决定的过程。这一过程包括若干前后相继的程序或阶段，消费者购买决策的运行规律蕴涵于这些程序之中。如图 4－2 所示。

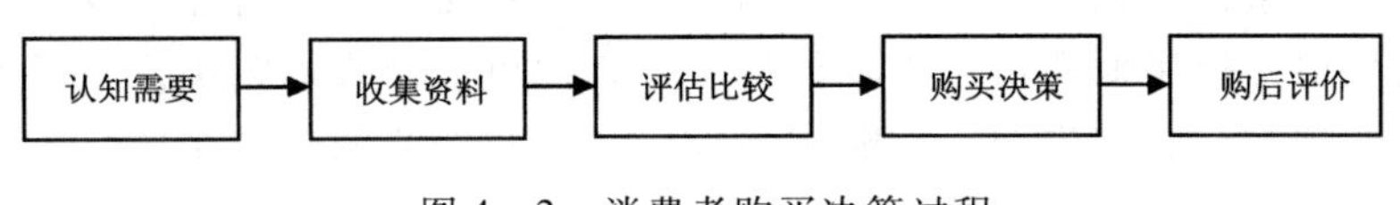

图 4－2　消费者购买决策过程

1. 认知需要

消费者对某类商品的购买需要来源于消费者自身的生理或心理需要。当某种需要未得到满足时，消费者内心即产生一种不平衡感，促使消费者发现需要的所在，认知需要的内容，进而产生寻找满足需要的方法、途径的动机。引起消费者认知需要可以来自个体内部未满足的需要，也可以来自外部环境，如广告、流行的时尚、他人的评价等。经内外刺激引起的消费者对自身需要的正确认知，为决策限定范围、明确指向，是有效决策的前提。

2. 收集资料

如果消费者的动机强烈，可供满足的产品能很方便地得到，那么他就很可能会购买该产品。在这种动机的驱使下，消费者将会广泛收集有关信息，包括能够满足需要的商品种类、规格、型号、价格、质量、维修服务、具体使用情况等。消费者信息来源途径有：社会来源，即从家庭、亲戚、朋友、同事和其他熟人以及大众媒体报道和消费者团体评价得到的信息；商业来源，即从广告、营销人员介绍、商品陈列、商品包装、商品说明书、商品展览以及 DM 传单等得到的信息；经验来源，即以往的购买和消费经验以及通过体验和学习所获得的信息。

一般说来，消费者最多的信息来源是商业来源，最有效的是社会来源和经验来源。

3. 分析评价

在这一阶段中，消费者将根据所掌握的信息，对选择范围内的各种品牌的商品进行评估和比较，从中选择和确定他所偏好的品牌，形成购买意向。这里的主要问题是了解消费者如何评价选择范围内各个品牌的商品，以及如何选择某企业的商品。由于分析评价的标准因消费者价值观念的不同而不同，如有的人以价格低廉作为基本尺度；有的人以追求时尚作为选择标准；有的人要求外观新颖；有的人希望结实耐用；有的人追求个性化，求新求异；有的人宁可从众，与所属社会群体趋同等等。因此，不同的消费者会做出不同的评价，其取舍的结果也迥然相异。

小思考

有的家长一听到游戏软件立刻会心生抵触、害怕自己家孩子玩上瘾，影响学习和身心健康。你想想怎样才能转变客户的态度。

4. 购买决策

消费者对各种方案进行比较评估后，便可确定最满意的方案，作出购买决策。所谓最优方案就是花费最少、所得最多、能够最大限度满足消费者需要的方案。但购买决策并不等于购买行为，是否产生购买行为还要受其他一些因素的影响：一是他人的态度，这取决于他人否定态度的强度、他人与消费者关系的密切程度、他人的权威性等。二是预期环境因素，消费者购买决策要受到预算收入、商品预期价格、预期服务、预期质量等因素的影响，如果这些预期条件受到一些意外因素的影响发生变化，就有可能改变其购买决策。如某人决定购买住房，但房地产市场出现价格波动，他可能会推迟购买。三是非预期环境因素，如营销人员的态度、广告促销、购买条件等，它与企业的营销手段有关。

5. 购后评价

完成购买决策，消费者实际购买产品，并不意味着决策活动的结束。为验证自己的决策是否是最优，所得的利益是否为最大，消费者还需进行购后评价。

购后评价集中指向所购商品，评价标准也以产品效用为主要内容。评价可以由消费者个人进行，也可以征求亲友、同事的意见，观察社会反映。评价时间可以发生在买后即时，也可以在使用一段时间以后再进行评价。评价结果表现为很满意、基本满意和不满意以及很不满意等几种情况。消费者根据自己从卖主、朋友以及其他来源所获得的信息来形成产品期望，如果卖主夸大其产品的优点，消费者将会感受到不能证实的期望，这种不能证实的期望会导致消费者的不满意感。当他们感到十分不满意时，肯定不会再买这种产品，甚至有可能退货 、劝阻他人购买这种产品。所以，卖主应使其产品真正体现出其可觉察性能，以便使购买者感到满意。事实上，那些有保留地宣传其产品优点的企业，反倒使消费者产生了高于期望的满意感，并树立起良好的产品形象和企业形象。

由上述决策过程可以看出，消费者购买决策是一个完整的过程，它始于购买之前，结束于购买之后。只有向消费者提供更详细的商品信息，加深其对企业及商品的良好印象，才能促使消费者做出购买本企业商品的决策。

相关链接

购买决策过程中面临的主要问题

认知需要：

1. 产品的购买与使用，能够满足哪些需求或动机（消费者追求哪些利益)？
2. 消费者的这些需求是潜在需求还是现实需求？

收集资料：

1. 哪些产品或品牌的信息储存在潜在消费者的记忆里？
2. 消费者是否具有搜寻外部信息的动机或意图？
3. 消费者搜寻有关购买信息时利用了哪些信息来源？
4. 消费者所要获得的是产品哪些属性方面的信息？

分析评价：

1. 消费者评价或比较购买方案的努力程度如何？
2. 在消费者评价对象中包括哪些品牌？
3. 消费者评价的标准是什么？哪些评价标准最重要？
4. 评价的复杂程度如何？

购买决策：

1. 消费者为所选的方案是否付出时间或努力？
2. 消费者有无与购买地点有关的其他决策？

3. 消费者倾向哪些类型的商店？

购后评价：

1. 消费者对购买决策是否满意，满意程度如何？
2. 消费者有无满意或不满意的特殊理由？
3. 其他消费者是否也有类似满意或不满意的评价？
4. 消费者如何对待或解决不满意？
5. 消费者有无再购买的意图？如果没有，理由是什么？
6. 如果有，是否反映品牌的忠诚度或消费者的购买习惯？

案例分析

购后感受

王同学是一家服装店的老客户。周一一大早她穿着新买的一件毛衫走进教室，同学们都眼前一亮，"哇，真漂亮"。王同学心里美滋滋的，因为这件毛衫价格不贵，式样、颜色又是她中意的。洗过一次后，不褪色、不变形。在她的影响下，同宿舍的其他同学也开始对这家服装店感兴趣了，她成了这家店免费的广告宣传员。

问题：如何理解"满意的顾客是最好的广告"这句话的含义？

讨论分析：

个人：每位同学结合本案例内容，在学习本上写出看法。

小组：每4个同学一组，1人为组长，1人记录，在小组讨论中每个人陈述看法，然后共同讨论，形成小组意见，并推荐代表在班级交流。

全班：每个小组代表在班级陈述本组观点，班级其他同学进行点评。

教师：教师记录各组陈述观点的要点，最后做点评。

分析提示：

消费者对其购买产品的满意度，将影响到后期的购买行为。如果对产品满意，则在下一次购买中可能继续购买该产品，并向其他人宣传该产品的优点。所以企业应采取有效措施尽量减少消费者买后不满意的程度，并通过加强售后服务、保持与顾客联系、提供使他们从积极方面认识产品的特性等方式，以增加消费者的满意度。

同步实训

购买决策过程体验实训

1. 训练目标

（1）素质目标：培养同学们认真参与实训的态度。提升同学们积极研究消费者购买决策过程等实际问题的兴趣。

（2）能力目标：运用所学的消费者购买决策等知识，较准确地填写消费者购买决策分析表。培养同学们自主学习的能力和信息的收集、整理、分析能力。

（3）知识目标：培养同学们在小组发言、小组讨论、实训分析表填写中，能运用消费者购买决策等相关知识分析讨论问题，并阐述自己的观点的能力。

2. 训练内容

根据自己最近所购买的商品（有一定价值的一件商品或一次服务），描述从你开始思考购买，到实际购买的全过程，记录购买过程中的购买决策特点。

3. 训练操作

（1）结合自己最近的一次购买行为，详细记录购买决策过程。

（2）说明购买该商品的最初动机，你是从哪里找到可做决策的信息的，你考虑了多少种不同的选择？影响你最终决策的主要因素是什么？你是否满意自己的决策？

（3）把以上内容填入表4-6，与本班两位以上同学交流，听取他们的意见，在此基础上修改完善，每个同学填写一份实训表。

表4-6　购买决策过程体验实训表

购买决策过程	自己的决策内容	营销人员应注意什么
认知需要		
收集资料		
评估比较		
购买决策		
购后评价		

（4）根据同学们完成实训的情况，每组推荐一名同学在班级交流，其他同学进行点评。

4. 成果要求

（1）根据购买的过程，每人填写出一份“购买决策过程体验实训表”，重点说明每一阶段企业营销人员应注意什么。要求结合自己真实的感受和想法认真填写，从而加深对购买决策过程和购买行为的理解。

（2）老师从理论与实践的结合及知识的灵活运用程度，评定每位同学的实训成绩。

5. 实训评价（见表4-7）

表4-7　购买决策过程体验实训评价表

项目	评价标准	分值	小组个人自评（30）	小组成员互评（30）	教师评价（40）	小计
素养培养	参与实训的态度端正，积极性高，积极与同学沟通，小组讨论积极踊跃。	10				
	能认真学习购买决策相关知识，资料整理细致。	10				
	能够虚心向其他同学学习，虚心请教问题。	10				

续表

项目	评价标准	分值	小组个人自评（30）	小组成员互评（30）	教师评价（40）	小计
能力提升	能将所学的消费者购买决策的知识运用到购买决策的体验实训中，学以致用。	10				
	根据实训要求收集信息，会运用信息化手段整理信息。	10				
知识应用	能基本理解消费者购买决策过程等内容。	10				
	能完整陈述消费者购买决策等知识。	10				
项目成果展示	能够独立完成实训任务，完成实训任务及时、主动，并能主动提出问题，解决问题。	10				
	“购买决策过程体验实训表”结构完整，表中无错别字，观点正确。	10				
	“购买决策过程体验实训表”展示形式新颖，陈述语言规范流畅，语速恰当，有感染力。	10				
合计		100				

二、消费者购买行为分析

（一）消费者购买行为模式

消费者购买行为，是指消费者为满足自身需要而购买商品和劳务的行为。消费者购买行为的形成过程是十分复杂的，既有共性的一面，又有差异性的一面，即由于经济条件、生活水平、社会环境等方面的差异和不同，消费者的购买行为表现出来的差异性是很大的。

心理学认为，人的行为是大脑对刺激物的反应，在这个过程中，人的心理活动支配着人的行为。消费者购买行为的一般模式如图 4－3 所示。

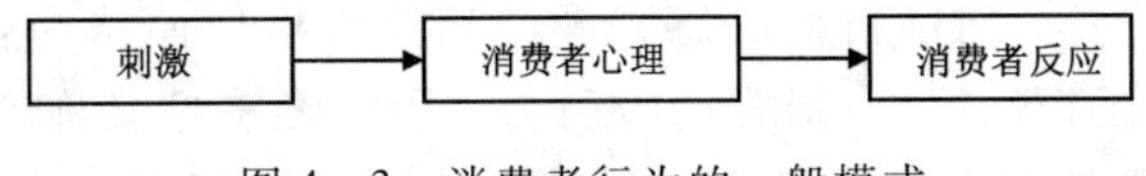

图 4－3　消费者行为的一般模式

将这一模式应用到消费者的购买行为之中，可以发现营销要素和营销环境的刺激，进入购买者的黑箱后，购买者的特征和决策过程导致了购买行为。所以，购买行为的模式即市场营销刺激与消费者反应之间关系的模式，如图 4－4 所示。

图 4－4 表明，所有消费者的购买行为都是由刺激引起，这种刺激既来自消费者本身的生理和心理因素，也可来自外界环境，一类是企业可控制的营销刺激，如产品、价格、地点和促销；另一类是企业不可控制的环境刺激，包括经济、技术、政治和文化等因素的

图4-4 消费者购买行为模式

刺激。这些外界刺激，通过一定的心理过程，消费者就会做出各种反应，如产品选择、品牌选择、经销商选择、购买时间选择和购买数量选择等。外部刺激和消费者反应，往往是有形的，看得见摸得着，而消费者如何消化各种外部刺激，从而形成各有特色的某种反应，则常常难以揣摩，所以也称“消费者黑箱”。

企业的管理者和市场营销人员，必须千方百计调查研究和了解购买者的心理反应过程，以便采取相应的对策。

（二）消费者购买行为的类型

在购买活动中，每个消费者的购买行为都与他人存在差异，可以分为不同的类型。通过对消费者购买行为的分类，可以从不同的侧面全面认识消费者的行为特点，这也是分析研究消费者购买心理的重要途径。

1. 按消费者购买态度与要求分类

（1）习惯型。这类消费者一般依靠过去的购买经验和消费习惯采取购买行为，他们或长期惠顾某商店，或长期使用某品牌的商品。环境变化、年龄增减等都不会改变这类消费者的购买习惯。他们在购买商品时，成交果断，不受时尚流行的影响，购买行为表现出很强的目的性。

（2）理智型。这类消费者善于观察、分析、比较。他们在购买前已经广泛收集所需要商品的信息，了解市场行情，并经过慎重权衡利弊之后才做出购买决定；购买时又表现得理智慎重，不受他人及广告宣传的影响；挑选商品仔细认真、很有耐心。在整个购买过程中保持高度的自主，并始终由理智来支配行动。

（3）经济型。这类消费者对商品的价格非常敏感。以价格高低评价商品优劣的消费者往往在价格和商品质量之间追求一种均衡。一部分认为价格高的商品质量高，价格越高越要买；另一部分消费者则对廉价商品感兴趣，只要价格低便认为合算，打折、优惠价、处理价的商品对这部分消费者具有极强的吸引力。因此经济型又称“价格型”。

（4）冲动型。这类消费者对外界刺激敏感，心理反映活跃，在外界商品广告、销售人员、他人影响的刺激下，不去进行分析比较，以直观感觉为依据快速购买，新产品、时尚产品对他们的吸引力最大。

（5）感情型。这类消费者感情丰富，善于联想，因而在购买时容易受感情支配，也易受到外界环境的感染诱导，对商品的外观、造型、颜色、命名都较重视。他们购买商品时，往往把商品命名、商标、图案与自己的向往和理想联系起来，例如，“松鹤”——联想到健康长寿，“双喜”——联想到幸福等。

（6）疑虑型。这类消费者性格内向、言行谨慎、多疑，存在戒备的购买行为。在选择商品时顾虑重重，对售货员介绍和宣传的商品持怀疑态度。

（7）随意型。这类消费者或缺乏经验、或缺乏主见，在选购时大多表现得优柔寡断，一般都希望销售人员的提示和帮助。有的消费者在生活上不苛求、不挑剔，表现在购买行为上也比较随便。此类消费者也属随意型。

2. 按消费者购买现场的情感反应分类

（1）沉静型。这类消费者感情稳定，反应沉着冷静，购买动机一经确定，就不轻易改变，购买过程中不易受广告宣传和营业员态度的影响，交易适度，但不很随和。

（2）温顺型。这类消费者态度随和，但内心却又体验深刻，能够安静地、耐心地倾听营业人员的介绍，选购商品时愿意接受营业员的推荐意见，做出购买决定比较快。

（3）活泼型。这类消费者性格活泼，善于适应各种环境，兴趣广泛，但易于变化。在购买过程中，显得健谈、活泼，挑选商品时，愿意与人接近、攀谈，主动与营业员交流。

（4）反抗型。这类消费者性格倔强，感情固执，自主性强，个性心理有较高的敏感性。在实际购买过程中，主观意志较强，不喜欢听取别人的意见，对营业员的介绍怀疑、反感。

（5）傲慢型。这类消费者性格高傲，对营业员抱着一种盛气凌人的傲慢心理，在购买行为上表现出不善于思考，傲气十足，对商品和营销人员的要求有时不近情理。

总之，在购买活动中，受购买时间、地点、环境、个性心理及购买对象等多方面因素的影响，不同的消费者会呈现出多种不同的购买行为类型。为此，要用动态的、差异化的观点对消费者的行为加以观察、判断，有针对性地提供适当的服务。

相关链接

消费者购买决策类型

美国营销大师菲利普·科特勒曾经以消费者购买行为的介入度和各品牌间的差异程度为基础，把消费者的购买行为划分为四类：

1. 习惯性购买行为

消费者有时购买某一商品，并不是因为特别偏爱某一品牌，而是出于习惯，习惯性的购买行为经常发生在产品介入程度低，而且竞争产品之间差异又很小的情况下。

2. 减少失调购买行为

当消费者高度介入某项产品的购买，但又看不出各品牌有何差异时，对所购产品往往产生失调感。为了追求心理的平衡，消费者会广泛地收集各种对已购产品的有利信息，以证明自己购买决定的正确性。

3. 复杂性购买行为

当消费者选购的产品价格昂贵、购买频次低，或隐藏的风险较大时，为慎重起见，往往需要广泛地收集信息，并经过认真比较，产生对这一产品和品牌的信任态度，从而慎重地做出购买决策。

4. 多样性购买行为

如果一个消费者购买的产品品牌间差异虽大，但可供选择的品牌很多、产品低值、购买频率高，他们不会花太多的时间选择品牌，而且也不会专注于某一产品，会经常变换品种。多样性的购买行为多发生在低介入度的购买。这种品牌的更换并非是消费者对上次购买的产品不满，而是想寻找新奇。

知识脉络

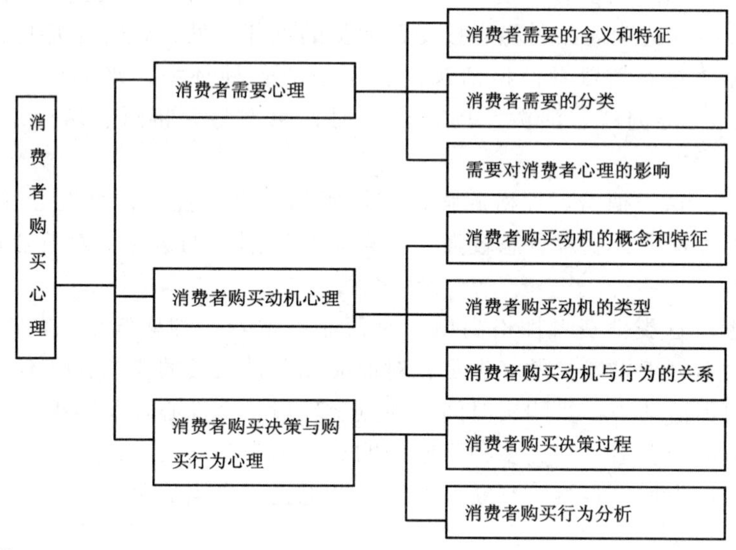

项目小结

消费者需要反映了消费者某种生理或心理体验的缺乏状态，并直接表现为消费者对获取以商品或劳务形式存在的消费对象的要求和欲望。

动机是引起行为的内在动力。动机在需要的基础上产生，是指向行为的直接动力，是一种内在的、主动的力量。消费者购买动机，是指能够引起消费者购买某一商品或选择某一目标的内在动力。它是购买行为的原因和条件。

消费者的购买决策就是在特定的心理动机驱动下，按照一定程序发生的心理与行为活动过程。购买决策在消费者购买行为中占有极为重要的地位。

消费者购买决策的过程有：认知需要、收集资料、评估比较、购买决策和购后评价。

在购买活动中，每个消费者的购买行为都与他人存在差异。通过对消费者购买行为的分类，可以从不同的侧面全面认识消费者的行为特点，这也是分析研究消费者购买心理的重要途径。

思考与练习

1. 理论题

(1) 单选题

①按马斯洛的需要层次论，最高层次的需要是（　　）。

A. 安全需要　　B. 自我实现需要

C. 社会需要　　D. 自尊需要

②（　　）是消费者购买决策的起点。

A. 收集信息　　B. 唤起需求

C. 外部刺激　　D. 比较评判

③消费者购买动机的基本模式是（　　）。

A. 需要——→行为——→动机　　B. 需要——→动机——→行为

C. 动机——→需要——→行为　　D. 动机——→行为——→需要

④当消费者同时具有两种以上的动机且同时发挥作用时，就是动机的（　　）。

A. 内隐性　　B. 实践性

C. 冲突性　　D. 原发性

⑤某夫妇携刚上小学的儿子上街。经过鞋城时，儿子要求购买在电视广告中经常出现的1300元一双的“彪马”运动鞋，后经夫妇商量并说服儿子，买了一双350元的“四驱兄弟”运动鞋。这种购买行为属于（　　）。

A. 经济型购买　　B. 理智型购买

C. 情感型购买　　D. 冲动型购买

(2) 多选题

①在下列需要中，（　　）是人类所特有的。

A. 生理需要　　B. 社会需要

C. 物质需要　　D. 精神需要

②消费者心理性购买动机包括（　　）。

A. 情感动机　　B. 理智动机

C. 嗜好动机　　D. 惠顾动机

③购买动机的功能有（　　）。

A. 始发和终止功能　　B. 维持功能

C. 引导功能　　D. 强化功能

④消费者信息的来源主要有（　　）。

A. 商业来源　　B. 社会来源

C. 经验来源　　D. 其他来源

(3) 简答题

①现代消费需要的基本特征有哪些？举例说明据此应如何制定营销对策。

②简述消费者个性购买动机，并举例说明。

③消费者购买决策过程分哪几个阶段，在各阶段营销者应注意什么？

2. 实务训练题

案例分析

消费者购买心理变化的新特点

我国消费市场在激烈竞争中稳步发展，消费者的消费观念和消费心理日趋成熟，购买行为呈现出层次性、个性化的趋势。这种现象使得商家感到现在的“上帝”越来越难以满足了！当今人们的购买心理和购买决策，表现出以下心理特点：

（1）买涨不买落。有经验的购买者，要先看行情，货比三家。价格趋涨，争先购买，唯恐继续上涨；价格趋落，等待观望，寄望再落，直至看准最佳时机、最佳价格再购买。

（2）就高不就低。当今城市的“上帝”选购商品时，有高档不购中档，有中档不购低档，有进口不购国产，有名牌不购杂牌，有新品不购旧货，这已成为一种时尚。

（3）求便不求廉。商品价廉物美还不足取，更要质量可靠、方便实用。现在几乎没有自己做鞋子的，都是买鞋子穿；服装也是如此，有80%以上的市民购买成衣，只有少数老年人或特异体形的人才去量体裁衣。买成品或半成品食物，回家简单加工一下就食用的现象也越来越多了。

（4）进大不进小。大型综合性商场更能招揽顾客，这是因为大商场品种齐全、环境舒适、管理规范、服务周到，不仅实行“三包”，还送货上门。消费者不仅能购得满意的商品，同时还能获得精神上的享受。

（5）购少不购多。在商品货源极大丰富的今天，只要有钱，什么商品都能买得到，“用多少、买多少”已成为购物的口头禅，而那些储备购物、保值购物的行为已成为过去。

（6）购近不购远。新商品、新品种、新款式层出不穷，日新月异。与其早早买个“过时货”，不如将来用时再买“时髦货”。所以，年轻人临到婚礼时，才去购买彩电、冰箱；有的人则到了夏至，才去购买空调。

（7）储币不存物。花钱买一些一时用不着的东西搁“死”在那里，不如把钱存在银行或买国库券、参与投资等更实惠、更灵活。

（8）投机不投需。近年来，有奖销售活动以及各类彩票风行，撩拨了不少人“中大奖”的投机欲望，许多人都情不自禁地大把大把掏出钱去购买那些可买可不买的商品，追求精神上的刺激。

（9）青睐于宣传。消费者更青睐于各种媒体反复宣传的名、特、优、新商品和企业形象。

问题：

（1）除了以上消费者购买心理变化的新特点，你还有哪些补充？

（2）针对消费者购买心理变化的新特点，经营者应采取哪些营销对策，以满足人们购买需求？

（3）请就我国当前空调（或其他家电）消费市场的购买特点做归纳分析，并提出相应的营销对策。

项目五 消费者群体与消费心理

导读案例

“孩之宝”的成功之道

美国玩具行业的“孩之宝”是一家大型跨国公司，其生产的玩具变形金刚，曾在美国市场上非常走俏。在赚了13亿美元之后，“孩之宝”公司将目光瞄准了中国市场。他们认为，目前中国人均收入水平较低，但是独生子女政策的普遍实行使家庭对子女智力开发和教育非常重视，其玩具产品在中国的市场潜力巨大。

为了扩大其主打产品变形金刚玩具在中国的销售量，他们没有采取通常的营销方法，而是首先将一套名为“变形金刚”的儿童动画片无偿赠送给广州、上海及北京等几个大城市的电视台播放。半年之后，等我国广大少年儿童对动画片中的“威震天”“擎天柱”耳熟能详、津津乐道时，他们便不失时机地将变形金刚玩具大规模推向中国市场，摆放到各大商场的柜台上。眼看自己梦寐以求的大大小小的各种变形金刚玩具呈现在眼前，孩子们兴奋异常，家长们爱子心切，纷纷慷慨解囊，一时间，变形金刚玩具风靡中国各大城市。

美国玩具商“孩之宝”公司深谙中国人爱子心切，对独生子女舍得投资、百依百顺的心理，先以一部动画片赢得儿童的心，再去赚其父母的钱，这种文化先行的体验战略，不失为谋略高超之举。由此可见，在对少儿的营销活动中，为其创造心理上的体验非常重要。

提示：不同的消费群体有不同的消费心理与消费行为，每个消费群体的购买决策又受相关群体、外部环境与家庭因素影响。营销人员要分析群体对消费者心理的影响，家庭生命周期对消费心理的影响，社会阶层对消费者心理和行为的影响，以便开展有针对性的营销活动，提高营销效率。

人是社会化的人，任何人不仅不能脱离社会群体而存在，而且在社会群体中受各种各样的影响，比如家庭、社会阶层、不同年龄、不同性别的群体等，从而形成了不同的消费心理和行为。群体如何对消费者的行为产生影响，不同消费群体各有什么样的行为特点？本项目将就这些内容展开论述。

任务1　认知消费者群体心理

任务案例

“90后”消费特征[①]

1. 强调独立性，个性张扬，与众不同

“90后”成员多敢于在任何时刻任何场所表达自己的意愿和观点。在团队或团体中，永远希望自己成为焦点，其他人都要以其为中心。

2. “重娱乐”——获取信息与娱乐自己是他们生活的核心诉求

“90后”是娱乐能力超强的一代，相比任何一代人，他们都更加希望在娱乐中生活，也在娱乐中学习和成长，热爱追星，热爱娱乐八卦，但在娱乐的背后，他们有着自己的目的，比如企业微博和名人微博就对“90后”影响较大。

3. “宅娱乐”——宅文化，宅娱乐在90后身上发扬光大

网络依赖在“90后”身上逐渐演变成为一种生活习惯。“90后”在家里玩网游，聊QQ，看电视等娱乐几乎占据了他们大部分的时间。他们不仅形成了“宅文化”而且还将其发扬光大，如玩自拍并把照片发到网上分享，为自己的博客赚人气，或者在家里从事网络销售等，娱乐自己的同时还可以赚钱。

4. “低权威”——亲身体会过的，圈子内的人体验后传播的才是可信的

成长在权威不断被挑战、被推翻的年代，专家学者、社会权威部门的信息和指导对“90后”无法达到理想的说明或教育效果。他们更愿意通过自己的体验去验证结果，或选择性追随有故事、有亲身体验的人的说法与做法；并且对于所了解到的信息进行自我分析，加入自己的思想和观点，从不盲目轻信。原始权威在“90后”的眼中越来越淡化，反之平民化的权威跃然凸显。

5. “小众化”——外形装扮独特，行为非主流，在大众潮流中发展自己的特色

“90后”不愿与人相同，不爱追潮流，喜欢成为人群的异类，获得众人投去的目光。另类的服装打扮，色彩浓重的妆容，让人难以理解的行为，让人们觉得他们与现实的价值观格格不入；但是随着这些非主流文化的发展，“90后”会不断地让这些非主流的文化扩大，再逐步演变为主流。

问题：“90后”的这些消费特征受到哪些因素影响？

分析：“90后”是一个新兴的消费群体，他们的购买行为既受年轻人自身心理因素的影响，又受所属群体（青年消费者群）的影响，从而使他们具有共同的心理特征和消费行为。这个处于20岁左右的年龄段、覆盖了从高校到职场的年轻一代，他们的消费能力、消费意识、消费活动、消费话语权正在影响着许多企业的营销策略。

---

① 梁旭朗．中国营销资源在线 http：//www.21cmo.net/article/view/19224，2011-11-07.

学习目标

素质目标：通过本任务的必备知识学习、案例分析和同步实训，激发同学们学习消费者群体、群体对消费者心理的影响等相关知识的兴趣和积极性。

能力目标：通过本任务的同步案例和同步实训等活动，培养同学们分析群体对消费心理的影响、决定群体影响力的因素的基本能力。

知识目标：通过本任务必备知识学习，能够完整陈述消费者群体、群体对消费者心理的影响、决定群体影响力的因素等概念。

必备知识

一、消费者群体的概念和类型

群体或社会群体是指两人或两人以上的社会成员在长期社会交往过程中，在相互作用与相互依存的基础上，形成的集合体。群体的规模可以比较大，如几十人组成的班级，也可以比较小，如经常一起逛街购物的两个好朋友。群体人员之间一般有较经常的接触和互动，从而能够互相影响。

消费者群体的概念是从社会群体的概念中引申而来的。消费者群体是指具有某些共同消费特征的消费者所组成的群体。消费者群体的共同特征，包括消费者的收入、职业、年龄、性别、居住分布、消费习惯、消费爱好、购买选择、品牌忠诚等因素。同一消费者群体在消费心理、消费行为、消费习惯等方面具有明显的共同之处。

1. 消费者群体的形成

（1）内在因素。内在因素主要有性别、年龄、性格、生活方式、兴趣爱好等生理、心理方面的特质。由于具有某种相同的心理特质，消费者之间容易建立彼此的社会角色认同感和群体归属感，容易形成共同的生活目标和消费意向，能够保持比较经常的互动联系，并产生行为动机的一致性，即所谓的“物以类聚，人以群分”。例如，由于年龄的差异，形成了儿童消费者群体、青年消费者群体、老年消费者群体；由于性别的差异，形成了男性消费者群体、女性消费者群体等。

（2）外在因素。外在因素主要包括地理位置、气候条件等自然环境，以及生产力发展水平、生活环境、文化背景、宗教信仰、民族等社会文化方面的因素。外在因素一般会通过内在因素对消费者施加影响。例如，不同职业的消费者，由于劳动环境、工作性质、工作内容和能力素质不同，心理特点也有差异，这种差异必然要反映到消费习惯、购买行为上来，所以便形成了以职业划分的工人消费者群体、农民消费者群体、教师消费者群体等。

2. 消费者群体的分类

（1）正式群体和非正式群体。正式群体，是指以确定的加入程序方可取得成员资格的群体，有固定的组织形式、明确的组织结构、完备的组织章程、经常性的群体活动等，成员的角色与地位、权利与义务，都是明显界定的。如公司、行业协会，合法成立的社团等。

非正式群体，是指那些无正式规定的、自发产生的、结构松散的，一般为完成某项或临时性任务，或兴趣相同的人组成的群体。如旅游团、参观团、考察团，以某种共同的兴趣爱好所组成的协会或不固定的组织等。

（2）自觉群体和回避群体。自觉群体，是指消费者按年龄、性别、民族、职业等因素自动划分的群体。这类群体在生活中并非客观存在，往往是为了统计或分析的需要而划分的，但它对消费者有很大的影响，个人会意识到同类群体的特征，约束自己的消费行为，以达到心理上的趋同。如“老三届”群体、80后或90后群体等。自觉群体对增强消费者的趋同心理和从众心理具有明显的影响，能够促成消费者行为的统一化和规范化。

回避群体，是指消费者极力避免归属的、认为与自己不相符的群体。有两种情形：一种是虽拥有群体成员的资格，但因不同意群体的价值观或行为标准，从而表现出与群体消费行为的偏离；第二种是不具有群体成员的资格，也不同意群体的行为标准和价值观，从而极力排斥群体对自己的影响。消费者对于回避群体的消费行为持反对态度，且极力排斥其对自身的影响。

（3）所属群体与参照群体。所属群体，是指一个人实际参加或归属的群体。这种群体既可以是正式群体，也可以是非正式群体。所属群体对消费者的影响是直接的、显现的和稳定的。例如，60岁以上的人，无论其自身的心理状态如何，年龄因素使其成为老年人群体中的一员。在现实生活中，家庭是最基本、最重要的所属群体，学校、工厂、商场等均是重要的所属群体。

参照群体，是指消费者做出购买决策时的比较群体，或是个人心理向往的群体，也称渴望群体。参照群体的标准和规范会成为消费者的行动指南或努力达到的目标，对消费者的行为具有很强的示范作用，使其产生模仿行为。

（4）首要群体与次要群体。首要群体，也称主要群体或主导群体，是指由关系极为密切的消费者组成的群体。首要群体对其成员的消费心理和消费行为都有十分重要的制约作用。如家庭、亲戚朋友、单位同事等就属于首要群体。

次要群体，也称次级群体或辅助群体，是指对成员的消费心理和消费行为影响相对较小的群体，通常是具有某种共同兴趣、需要或追求的消费者组合而成的。

相关链接

相关群体的重要性

从消费者行为分析角度研究相关群体的影响至关重要。

首先，群体成员在接触和互动过程中，通过心理和行为的相互影响与学习，会产生一些共同的信念、态度和规范，它们对消费者的行为将产生潜移默化的影响。

其次，群体规范和压力会促使消费者自觉或不自觉地与群体的期待保持一致。即使是那些个人主义色彩很重、独立性很强的人，也无法摆脱群体的影响。

最后，很多产品的购买和消费是与群体的存在和发展密不可分的。比如，加入某一球迷俱乐部，不仅要参加该俱乐部的活动，而且还要购买与该俱乐部的形象相一致的产品，如印有某种标志或某个球星头像的球衣、球帽、旗帜等等。

二、群体对消费者心理的影响

1. 为消费者展示新的行为和可供选择的消费方式

消费者个人总是生活在一定的群体之中，与众多的群体成员在一起生活，随时传递各种信息，进行相互沟通与交往，必然会产生一种相互感染、相互影响的集体心理现象。集体心理现象的存在就会使每个成员趋向于某种共同的追求和目标，形成具有群体特征的生活方式。既然是群体所认可的生活方式，该群体成员一般会自觉遵守，并且对新加入成员具有明确的示范作用。

2. 可引起消费者的模仿欲望，影响消费态度

具有较强影响力的消费者群体或消费者自我归属意识十分强烈的消费者群体，会对其成员的消费态度与习惯起诱导作用。以作为某群体成员而自豪的消费者，都愿意按群体的消费习惯做事，以表明自己作为某群体成员的特征。

3. 促使成员购买行为的一致化

共同的心理特征必然产生行为的一致化。作为某个群体的成员，消费者在大多数情况下都会自觉采取与群体成员一致的消费行为。这是由于不同的群体有不同的内部规范，消费者对商品的评价、选择、购买、使用都会受到群体内大多数成员的影响。尽管随着社会经济的发展，消费者的行为正向着个性化、独特化发展，但群体成员消费行为的趋同仍然表现得十分普遍。

小思考

放学了，孩子回到家对妈妈说：“妈妈，我也想要一件××穿的那样的衣服。”这是一种什么消费心理？

案例分析

飞人乔丹

美国著名篮球明星迈克尔·乔丹高超的技术和令人振奋的体育精神，使他成为全世界青少年心目中的英雄，耐克公司请乔丹作为其代言人，设计以“飞人乔丹”命名的篮球鞋，还在商店设立乔丹专柜，“飞人乔丹”上市第一年即创下1亿美元的销售佳绩，耐克很快成了高档篮球鞋的主导产品。

问题：耐克公司成功的主要原因是什么？

讨论分析：

个人：每位同学结合本案例内容，在学习本上写出看法。

小组：请同学们每4人一个小组，1人为组长，1人记录，在小组讨论中陈述个人看法，然后共同讨论，形成小组意见，并推荐一名代表在班级交流。

全班：每个小组代表在班级陈述本组观点，本组其他同学进行补充。

教师：教师记录各组陈述观点的要点，最后做点评。

分析提示：

这是利用了对相关群体的模仿心理。模仿是一种最普遍的社会心理现象，但模仿要有对象，即我们通常所说的偶像。模仿的偶像越具有代表性、权威性，就越能激起人们的模仿欲望，模仿的行为也就越具有普遍性。由于飞人乔丹是青少年心目中的英雄，他所使用的产品是青少年认同的，愿意模仿和接受，所以利用他的示范效应，可以达到促进销售的目的。这也是为什么很多企业请明星做品牌代言人的原因之一。

三、决定群体影响力的因素

尽管群体对消费者有重要的影响，但不会对消费者所有的行为都产生影响，而且不同消费者受相关群体的影响程度也是不同的。群体对消费者影响程度的大小主要取决于以下因素。

1. 商品的特性

对不同商品，群体对消费者选择品牌和品种的影响力不同。这种不同的影响与商品的两种属性有关：一是商品的必需程度，商品的必需程度越低，参照群体的影响越大，反之亦然。比如，对于食品、日常生活必需品，消费者比较熟悉，而且很多情况下已经形成了习惯性购买，此时群体的影响相对较小。相反，对于非必需品或奢侈品，如高档汽车、时装等产品，购买时受群体的影响较大。二是他人对这种产品的认知程度，即这种商品是公众的还是私人的。商品的公众性越强，使用时的可见性越高，群体的影响力就越大。

2. 消费者对群体的忠诚程度

个体对群体越忠诚，它就越可能遵守群体的规范。比如，当某人参加一个渴望群体的晚宴时，在衣服的选择上，他可能更多地考虑群体的希望，而参加无关紧要的群体晚宴时，这种考虑可能就少得多。

3. 群体特征

群体特征包括群体的权威性、合法性、强制性、回报性等。通常情况下，规模较大的、正式的、长期的群体权威性较强，群体的影响力较大。

4. 消费者的个体特征

消费者个人由于生活经历、知识经验等方面的差异性，其在群体中的地位有所不同，对群体规范的认识与遵从程度也会表现出差异性。一般而言，性格外向的、依赖性强的、缺乏自信心的、领导能力弱的消费者，越容易受群体的影响和制约。

同步实训

群体对消费者心理影响调查分析

1. 训练目标

（1）素质目标：培养同学们认真参与实训的态度。提升同学们积极研究消费者群体心理等实际问题的兴趣。

（2）能力目标：运用所学的消费者群体心理知识，较准确地填写群体对消费者心理影响分析表。培养同学们与他人合作和沟通的能力。

（3）知识目标：培养同学们在小组发言、小组讨论和分析表填写中，会运用消费者群体心理等相关知识分析讨论问题，阐述自己的观点。

2. 训练内容

以你及家庭或者邻居、亲戚家购买一件价值为1000元以上的商品的购买过程为例，分析群体对消费者心理的影响。

3. 训练操作

（1）学生个人独立完成实训任务。

（2）明确自己和家庭购买的具体产品，认真分析本次购买群体对你及家庭成员心理的影响。

（3）将分析的结果按表5－1要求进行填写。

表5－1　群体对消费者心理影响分析表

	所属群体	参照群体
自己购买商品（服务）		
群体影响分析		
家庭购买商品（服务）		
群体影响分析		

（4）每组推荐一份有特点的分析表在班级交流，并由老师点评。

4. 成果要求

每人填写一份"群体对消费者心理影响分析表"。

5. 实训评价（见表5－2）

表5－2　群体对消费者心理影响分析实训评价表

项目	评价标准	分值	小组个人自评（30）	小组成员互评（30）	教师评价（40）	小计
素养培养	参与实训的态度端正，积极性高。	10				
	能够虚心向其他同学学习，虚心请教问题。	10				
	能认真学习消费者群体心理相关知识，认真细致地整理资料。	10				
能力提升	能将所学的消费者群体心理的知识运用到消费者群体心理分析中，学以致用。	10				
	根据实训要求整理资料，会运用信息化手段整理汇总资料。	10				

续表

项目	评价标准	分值	小组个人自评（30）	小组成员互评（30）	教师评价（40）	小计
知识应用	能基本理解消费者群体内涵，群体对消费者心理的影响等内容。	10				
	能完整陈述消费者群体内涵，群体对消费者心理的影响等知识。	10				
项目成果展示	能够独立完成实训任务，完成实训任务及时、主动，并能主动提出问题，解决问题。	10				
	“群体对消费者心理影响分析表”结构完整，表中无错别字，观点正确。	10				
	“群体对消费者心理影响分析表”展示形式新颖，陈述语言文字规范流畅，有感染力。	10				
合计		100				

任务2 家庭与消费心理

任务案例

儿童玩具的购买

某儿童玩具厂为了在暑期增加一款智力玩具的销量，煞费苦心地在产品上捆绑了一种时下在小学生中非常流行的飞镖玩具，以期博得他们的青睐。但结果令他们非常失望——销售额还不如以前。他们通过调查发现销量的下降是因为许多家长认为这种飞镖玩具的安全性存在问题。

问题：捆绑策略为什么失败了？

分析：除产品的安全问题以外，还有一个原因是忽略了消费决策者的作用。因为使用玩具的是儿童，但做出购买决策的是家长。

学习目标

素质目标：通过本任务必备知识学习、案例分析和同步实训，认同家庭与消费心理活动分析中应遵循的营销伦理与营销职业道德等基本要求内容。

能力目标：通过本任务的案例分析和同步实训，会对家庭生命周期与消费心理、家庭购买决策与消费心理等进行分析。

知识目标：通过本任务必备知识学习，能准确陈述家庭结构和家庭消费的基本特征、家庭生命周期与消费心理、家庭购买决策与消费心理等概念。

必备知识

家庭是指以婚姻关系、血缘关系或有继承关系的成员为基础组成的一种社会生活组织或基本的社会单位。家庭是消费者参与的第一个社会群体，家庭是社会生活的“细胞”，也是消费的基本单位，父母、子女是家庭的最基本成员。人的一生大都是在家庭中度过的，家庭对个体性格和价值观的形成、对个体的需要与决策都会产生重要的影响。

一、家庭结构和家庭消费的基本特征

（一）家庭结构

家庭结构大致有这样几种：一是主干家庭，即已婚夫妇与子女、父母组成的家庭，小型的为两代或三代同堂，大型的有四代或多代同堂，这是我国传统的家庭组成形式；二是核心家庭，即已婚夫妇与子女同住的家庭，这是一种典型的为现代社会所普遍接受的家庭类型；三是单身家庭，即一个人独立生活的家庭；四是单亲家庭，即父母一方加子女组成的家庭；五是丁克家庭，即高收入、无子女的夫妇组成的家庭等。

目前，我国家庭结构具有两个显著的特点：一是家庭规模趋于小型化，“三口之家”的家庭模式十分普遍；二是具有现代社会特色的丁克家庭、单亲家庭、单身家庭等所占的比例在逐步提高。这些不同的家庭结构，会对其购买行为产生深刻的影响。

（二）家庭消费的基本特征

1. 广泛性

在人们购买的商品中，绝大多数都与家庭生活有关，家庭消费几乎涉及生活消费品的各个方面，如从最常见的日用品到高档耐用的消费品（家电、轿车等），都是以家庭为中心进行购买的。

2. 阶段性

现代家庭呈现着明显的发展阶段性，大致可划分为单身阶段、新婚阶段、少子女阶段、多子女阶段、子女成年阶段、老年阶段等不同的时期。处于不同发展阶段的家庭在消费活动方面存在明显的差异，并且表现出一定的规律性。

3. 稳定性

家庭消费的稳定性是指我国大多数家庭的收入一般是相对固定的，而用于日常消费支出及其他各项支出间的比例关系也是相对稳定、均衡的。同时，我国传统道德观念使大多数家庭能够维系一种紧密、融洽、安定的家庭婚姻关系，社会政治、经济、法律等环境都促成家庭关系的稳定，也促成家庭消费的相对稳定。

4. 传承性

由于每一个家庭都可以归属于不同的群体和社会阶层，具有不同的价值观念，并受一定经济条件的制约，因此形成了不同的家庭消费特色、消费习惯和消费观念等。这些具有家庭特色的消费习惯和观念，对家庭成员的日常消费行为具有潜移默化的影响。如当子女脱离原生家庭并组建自己的家庭时，必然带有原生家庭消费特征的某些痕迹。

二、家庭生命周期与消费心理

家庭生命周期是指一个以家长代表的家庭，按年龄、婚姻和子女状况划分的家庭发展阶段。一个家庭一般要经历以下七个阶段。在不同的阶段，家庭购买力、家庭人员的消费心理和对商品的兴趣与偏好也会有较大的差别。

（一）单身阶段

年轻的单身，几乎没有经济负担，是新消费观念的带头人，倾向于娱乐导向型购买。这一阶段的消费者通常收入不高，但由于没有什么经济负担，因此对其消费支出具有高度的自主性，消费心理多以自我为中心。收入的大部分被用于支付房租、日常生活支出、购买个人护理用品与基本的家用器具，以及用于交通、娱乐和约会交友的支出。这一群体比较关心时尚，崇尚娱乐和休闲，消费内容有着明显的娱乐导向。

（二）新婚阶段

年轻夫妻、无子女的家庭在经济上一般比较独立，无过重的家庭负担，购买力强。一般家庭在组建之初会有大规模的突击性消费，如购置住房，室内装修，购买成套家具、家用电器、室内用品等，因而对耐用品、大件商品、高档服装等的欲望要求强烈。

（三）少子女阶段

年轻夫妻、有6岁以下子女的家庭是家庭用品购买的主力。他们常不满足于现有的经济状况，注意储蓄，倾向购买较多的儿童用品。在这一时期，家庭消费多是以子女的一般生活花费、教育、保健为主，且教育投资的比重逐年加大。夫妻对自身消费表现出务实的消费心理。培养子女望子成龙的强烈愿望使围绕孩子产生的消费较多，而家长的消费水平由于经济原因往往很难提高，有时甚至下降。

（四）多子女阶段

年轻夫妻、有6岁以上未成年子女的家庭往往经济状况较好。购买趋向理智型，受广告及其他市场营销刺激的影响相对减少，注重档次较高的商品及子女的教育投资。他们关注子女未来的自主生活能力，开始为子女的预期消费做更充分的准备，如婚嫁、出国深造等。这一时期，家庭消费开始逐步由比较紧张转向宽松，家庭日常消费最突出的特点是求实，而预防性储蓄意识的增强也是这一时期最明显的特点。

（五）子女成年阶段

年长的夫妇与尚未独立的成年子女同住的家庭经济状况仍然较好，父母和子女皆有工作，已届中年的父母也基本上事业有成，收入颇丰，总体消费水平很高，注重储蓄，购买时冷静、理智。家庭消费主要用于两个方面：一是满足整个家庭成员的消费需要；二是为子女结婚而进行的家庭储蓄。

（六）老年阶段

这一阶段，子女均已建立了自己的小家庭并独立生活，夫妻也已近老年。这时的家庭经济状况一般较好，其消费观念往往表现为两种类型：一类是继续以子女甚至子女下一代为消费的着眼点，但实际支出比例大为下降；另一类则基本上与子女无过多经济来往，较为重视自身的存在价值，消费也趋向以营养、保健、舒适为主，注重健康导向，对自我教育方面的消费也很感兴趣，更多地体现自我的消费情趣。随着人口老龄化的加剧，老年家庭将急剧增加，他们对社会服务的消费需求也将大为增加。

（七）鳏寡阶段

单身老人独居的家庭中，单身老人的生活方式会发生新的变化。他们消费内容单一，观念保守，消费多用于保健、医疗、劳务方面，特别注重情感及安全保障。

三、家庭购买决策与消费心理

（一）家庭消费角色分工

每个家庭成员在家庭消费中扮演的角色是不同的，因而所起的作用也不同。一般来说，家庭成员在购买过程中扮演的角色可以分为以下五种。

1. 倡议者

倡议者也叫倡导者或发起者，是指首先提出或想要购买某一商品或服务的家庭成员。

2. 影响者

影响者即对最终购买决策有直接或间接影响的家庭成员。

3. 决策者

决策者即最终决策是否买、为何买、如何买、买什么、买多少、哪里买的家庭成员。

4. 购买者

购买者即实际实施采购的家庭成员。

5. 使用者

使用者即实际使用或消费商品的家庭成员。

这种角色的分工是典型理论意义上的划分，在企业的营销中，它对于分析家庭消费行为与心理并从中找出规律。但在实际生活中，某一家庭成员既可是某一角色的“扮演者”，同时又可以是两个、三个甚至全面角色的“扮演者”。例如，某家庭中夫妻二人共同商议决定，并亲自去挑选和购买一台 LED 液晶电视，这一行为又得到家庭全体成员的支持，那么全体成员又都是 LED 液晶电视的使用者。

 小思考

保险员最初接触并说服全职太太买保险，但丈夫不同意。后来保险员发现这对夫妇非常孝顺，尤其丈夫是一个孝子。于是找机会与这家的老人拉近了关系，赢得了老太太的心。结

果老太太一句话，这家一下子买了百万元的保险。请分析家庭角色对购买行为的影响。

（二）影响家庭购买决策的因素

1. 家庭购买力

一般情况下，家庭购买力越强，共同决策的观念越淡漠，一个成员的决策更容易为家庭其他成员所接受；反之，购买力弱的家庭，其购买决策往往由家庭成员共同参与制定。

2. 家庭的民主气氛

民主气氛浓厚的家庭，其成员经常共同参与决策；在专制的家庭中，往往由其中的一人决定。

3. 家庭分工

家庭成员分工有粗有细，如丈夫负责买米、买电器、日用五金等，妻子负责买菜、买衣服及纺织品等，而购买其他相关商品的决策则视其家庭分工而定。

4. 所购商品价值的大小

购买价值较低的生活用品时，无需进行家庭决策，各自做主；购买高档耐用消费品或对全家具有重要意义或涉及全家人利益时，多数情况由家庭成员共同协商确定。

5. 所购商品风险的大小

购买对家庭成员比较陌生、缺乏足够的市场信息、没有充足把握的风险较大的商品时，家庭成员共同决策的情况较多；风险小则较多地自主决策。

案例分析

家庭消费女性当家作主

有人把女性称为“消费的生物”。一项全国性的网上调查结果给这种说法提供了一定的根据。调查结果显示，不管女性的社会地位如何，在家庭消费上女性可谓绝对地当家作主。

网上调查显示：在家庭消费中，女性完全掌握支配权的占51.6%，与家人协商做一半“主”的占44.5%，二者合计达96.1%，女性不做主的仅为3.9%。调查还显示，女性个人的消费支出主要集中在化妆、服装、生活日用品等方面。

根据这项调查，女性除了自身的消费外，父母、子女、丈夫等家人生活需求也大多由她们来安排，她们为家人购买的商品主要是保健用品、玩具、书籍和衣物。女性在购物时，首先考虑的是实用，其次为价格、品位和品牌。

在两千多名参与调查的女性中，年龄在18～40岁的占多数，其中崇尚“能挣会花”观念的占36%，讲求“花钱要有计划”的为39.5%，表示随时消费的占21%以上。

问题：家庭消费中女性当家对商家有什么启示？

讨论分析：

个人：每位同学结合本案例内容认真思考，把结果写在学习本上。

小组：请同学们每4人一个小组，1人为组长，1人记录，在小组讨论中陈述个人看法，然后共同讨论，形成小组意见，并推荐一名代表在班级交流。

全班：每个小组代表在班级陈述本组观点，本组其他同学进行补充。

教师：教师记录各组陈述观点的要点，最后做点评。

分析提示：

家庭消费中女性当家说明女性在家庭购买决策中的地位不断提高。女性是消费人群中最活跃的部分，只有深入研究和探讨女性的消费心理、消费习惯和消费需求、消费行为，才能更好地在市场营销中占据主动地位。

同步实训

家庭购买决策过程调查分析

1. 训练目标

（1）素质目标：培养同学们积极认真参与实训的态度。提升同学们积极研究家庭与消费者心理等实际问题的兴趣。

（2）能力目标：运用所学的家庭与消费者心理知识，能较准确地填写家庭消费角色分工分析表。

（3）知识目标：培养同学们在小组发言、小组讨论及分析表填写中，会运用家庭与消费心理等相关知识分析讨论问题，并阐述自己观点的能力。

2. 训练内容

就你家购买一件价值2000元以上商品或一次金额较大的服务购买过程，对家庭消费角色分工进行分析。

3. 训练操作

（1）学生每人独立完成实训任务。

（2）明确家庭购买商品和服务的内容。

（3）将分析结果按家庭消费者分工、家庭成员在购买该商品和服务中扮演的角色、整个决策过程和决策行为进行整理分析后填入表5-3中。

4. 成果要求

（1）每人填写一份“家庭消费角色分工分析表”

（2）老师根据个人分析表填写的质量评定其实训成绩。

5. 实训评价（见表5-4）

表5-3　家庭消费角色分工分析表

家庭消费角色类型	购买商品时角色	对营销工作的启示	购买服务时角色	对营销工作的启示
倡议者				
影响者				
决策者				
购买者				
使用者				

表5-4　家庭消费角色分工分析评价表

项目	评价标准	分值	小组个人自评（30）	小组成员互评（30）	教师评价（40）	小计
素养培养	参与实训的态度端正，积极性高。	10				
	能够虚心向其他同学学习，虚心请教问题。	10				
	能认真学习家庭与消费心理相关知识，认真细致地整理资料。	10				
能力提升	能将所学的家庭与消费心理的知识运用到家庭消费角色分工分析中，学以致用。	10				
	根据实训要求整理资料，会运用信息化手段整理汇总资料。	10				
知识应用	能基本理解家庭与消费心理的内涵、家庭购买决策与消费心理等内容。	10				
	能完整陈述家庭与消费心理的内涵、家庭购买决策与消费心理等知识。	10				
项目成果展示	能够独立完成实训任务，完成实训任务及时、主动，并能主动提出问题，解决问题。	10				
	“家庭消费角色分工分析表”结构完整，表中无错别字，观点正确。	10				
	“家庭消费角色分工分析表”展示形式新颖，陈述语言文字规范流畅，有感染力。	10				
合计		100				

任务3　社会阶层与消费心理

任务案例

社会阶层对个人住宅选择的影响

假如现在有三个家庭，他们的收入都一样（如年收入都是10万元）。但这三个家庭的社会阶层不一样：第一家是中上阶层的家庭，男主人是一个年轻的律师；第二家为中下阶层的家庭，男主人是一个推销员；最后一家是下层的家庭，男主人是一位农民。

问题：现在这三个家庭都要买房子，那么他们分别会在什么样的地方买什么样的房子呢？

分析：第一个家庭可能愿意在比较有名气的小区里边买比较贵的房子，也倾向于买贵的家具，而且邻居大多是名流；第二家可能愿意在一般的小区里买较好的房子，会买很多实用的家具但不太注重品质，也不太注重邻居的社会地位；第三家不会买太大的房子，而且不注重什么小区或邻居之类，但更愿意拥有较多昂贵的家具及最新式的家电等。

学习目标

素质目标：通过本任务必备知识学习、案例分析和同步实训，认同在社会阶层对消费者心理和行为的影响等分析活动中应遵循的营销伦理与营销职业道德、法律法规的基本要求等内容。

能力目标：通过本任务的案例分析和同步实训，会对社会阶层对消费者心理和行为的影响等进行分析。

知识目标：通过本任务必备知识学习，能准确陈叙社会阶层含义、社会阶层的划分、社会阶层对消费者心理和行为的影响等概念。

必备知识

一、社会阶层的含义和特征

（一）社会阶层的含义

社会阶层是指某一社会中根据社会地位或受尊重的程度的不同而划分的社会等级，是由具有相同或类似的社会地位的社会成员组成的相对稳定的群体。每一个体都会在社会中占据一定的位置，有的人占据非常显赫的位置，有的人占据一般的或较低的位置，这种社会地位的差别，形成高低有序的社会层次或阶层。社会阶层是一种普遍存在的社会现象。

从消费心理学的角度研究社会阶层，就是要了解不同阶层的消费者在购买、消费、沟通、个人偏好等方面具有哪些独特性，哪些行为是社会各阶层成员所共同的，哪些行为可以被排除在某一特定阶层的行为之外。

（二）社会阶层的特征

1. 等级性

社会阶层存在着从高到低的等级差别，一个人的社会阶层与其特定的社会地位相联系，处于较高社会阶层的人，一般拥有较多的社会资源，在社会生活中具有较高的社会地位。人们可能并不清楚划分这些等级的相关依据，但都知道这种等级的存在，并确定自己处于哪个社会等级，同时通过对别人所处社会等级的认知来决定与其交往的方式。

2. 约束性

社会阶层对社会成员的行为具有约束作用。在同一社会阶层内，人们在价值观、态度和行为模式等方面存在着一定的一致性，而在不同的社会阶层之间则有着明显的差异。因此，在现实生活中，社会交往较多地发生在同一社会阶层之内，而不是不同社会阶层之间。因为相同阶层的人交往时会感到很自在，处于不同层次的人交往时会感到拘谨甚至不安。

3. 多维性

社会阶层并不是单纯由某一个因素决定的，而是由多个因素决定的。这些因素包括受教育程度、职业、经济收入、家庭背景、社会技能甚至住房档次以及居住的地理位置等，其中受教育程度、职业和经济收入最为重要。当然，在不同的社会里，上述各因素的相对重要性可能有差异。比如，对中国来说，经济收入和父母的社会地位相对比较重要。

4. 同质性

社会阶层的同质性是指同一阶层的社会成员在价值观和行为模式上有共同点和类似性。这种同质性很大程度上是由他们的共同的社会地位所决定，同时也和他们彼此之间更频繁的互动有关。对营销者来说，同质性意味着处于同一社会阶层的消费者会订阅相同或类似的报纸、观看类似的电视节目、购买类似的产品、到类似的商店购物，这为企业根据社会阶层进行市场细分提供了依据和基础。

5. 动态性

随着时间的推移，一个人的社会阶层会发生变化，可能从原来所处的阶层跃升到更高的阶层，也可能跌入较低的阶层。社会越开放，社会阶层的动态性表现得越明显；反之，则个体从一个阶层升入另一个阶层的机会就越小。个人的努力程度和社会条件的变化是促使社会成员在不同阶层之间流动的主要原因。比如，由于个人的努力或自甘堕落，或社会制度的变革改变了人们的生活方式或价值观念，或由于违法犯罪等原因剥夺了某些人的权利等。

二、社会阶层的划分

（一）影响社会阶层划分的因素

1. 经济变量

经济变量主要包括职业、收入和财富积累等，是决定社会阶层的重要变量。

职业是社会阶层划分中普遍使用的一个变量，也是社会阶层划分中首要的、必备的变量。人们总是从事着某一种职业活动，从而获得劳动收入，形成收入水平，并以此构成某人或某家庭的经济背景，如教师、医生、司机、炼钢工人等。一般来说，职业声望越高，职业地位越高，社会名声越大，所处的社会阶层越高。

收入一直被用来衡量人们的购买力和社会地位，因为没有收入就谈不上消费。收入与人们的消费方式、生活习惯等有着密切的关系。一般来说，收入高的人比收入低的人社会地位高。因此，很多人认为应该按收入来划分社会阶层，但也有很多人不同意这种观点。因为，收入与社会地位之间的关系有时并不一致。

随着职业收入的合理化，受教育的程度在划分社会阶层中所起的作用也越来越大。人的受教育程度直接影响他的职业能力、知识水平、技术水平、价值观、审美观等，一般情况下，一个人所受的教育越高，他的社会地位就越高。

2. 社会变量

社会变量包括个人声望、社会联系和社会化。

3. 政治变量

政治变量包括权利、阶层意识和流动性。

（二）社会阶层的划分

根据上述不同的影响因素，可以划分为不同的社会阶层。目前国际上比较流行的划分方法是把社会分为三大阶层，即上层、中层和下层，每一阶层又被分为两层，这样就总共划分为六层，即上上层、上下层、中上层、中下层、下上层和下下层。

相关链接

我国社会阶层的划分

结合我国现阶段的实际，根据职业、收入、财产、受教育的程度等不同所形成的差别，我国的社会阶层可以做如下划分：

1. 按职业划分的社会阶层

农民阶层、工人及企事业单位中的普通职工阶层、知识分子阶层。

2. 按消费水平划分的阶层

（1）富有阶层。所占比例很小，但消费能力强，是豪华汽车、别墅的主要消费者，常表现出明显的炫耀性消费。这一阶层主要有民营企业家、合资企业老板、著名演员、体育明星、知名律师、艺术家或暴发户。

（2）富裕阶层。所占比例较小，有很强的消费能力，消费特点是讲排场、追求高档时髦服装、用品，他们一般拥有高级轿车、高级住宅等。主要是外企金领、公司经理、演艺界的一些明星，还有高级专家、民营企业主、律师等。

（3）小康阶层，主要包括公司中的高级职员、公务员、收入较高的教师、技术人员等，主要靠较高的工资收入。大多数城市家庭及沿海等地较为发达的农村地区的农民，也已步入小康阶层。其消费特点是追求高档家用电器、家具等，文娱、旅游等消费的比重逐步提高，餐饮方面所占的比重逐步下降至40%以下。

（4）温饱阶层。所占比例较大，一般包括技术工人、职员、服务员、营业员等，大部分的农村地区、部分城市居民属于这一消费层次。在其消费构成中，食品消费仍占有相当大的比重。

（5）贫困阶层。所占比例小，主要包括国有企业下岗职工、城市失业人员、未脱贫致富的农民。这一阶层由于经济收入低，消费水平也低，只能购买最基本的生活必需品，他们是当前的弱势群体，是必须关注的社会阶层，也是国家关注和扶持的对象。

小思考

请你分析一下，工薪阶层的消费心理。

三、社会阶层对消费者心理和行为的影响

在社会生活中，每个人都归属于一定的社会阶层，他们的消费观念、生活方式必然要

受到所属社会阶层的影响和制约，因为同一社会阶层的消费者在消费心理与行为上会有许多相似之处，而不同社会阶层的消费者则表现出明显的差异。这种心理的差异直接影响消费者的行为选择。具体表现在以下几个方面。

（一）对支出模式的影响

消费者在选择和使用产品时，尤其是在住宅、服装和家具等能显示身份和地位的商品的购买上，不同阶层消费者的差距非常明显。例如，在美国，上层消费者的住宅区环境幽雅，室内装修豪华，购买高档的家具和服装。中层消费者住宅也相当不错，但他们对内部装修则不是特别讲究，高档的服装、家具数量不多。下层消费者的住宅周围环境较差，服装和家具上投资较少。此外，下层消费者的支出行为在某种意义上带有“补偿”性质：一方面，由于缺乏自信和对未来并不乐观，他们十分看重眼前的消费；另一方面，教育水平普遍较低使他们容易产生冲动性购买。

（二）对休闲活动的影响

虽然不同阶层之间，用于休闲的支出占家庭总支出的比重可能相差不大，但休闲活动的类型却差别很大。上层社会成员所从事的职业，身体一般较少活动，作为补偿，他们大都从事游泳、打网球等个人性或双人性的运动。中层消费者则是商业性休闲和诸如公共泳池、公园、博物馆等公共设施的主要使用者。下层社会成员倾向于从事团体性体育活动，甚至一些较耗费时间的活动如钓鱼、踢足球等。

（三）对购物方式的影响

不同社会阶层的消费者在对购物场所的选择上存在差异。高阶层的消费者重视购物环境和商品品质，对服务的要求很高，乐于到环境优雅、品质和服务上乘的商店去购物，因为在这种环境里购物会使他们产生优越感和自信感，得到一种心理上的满足。中层消费者比较谨慎，对购物环境有较高的要求，但也经常在折扣商店购物。而低阶层的消费者在高档购物场所则容易产生自卑、不自信和不自在的感觉，因而他们通常选择去大众化、廉价商店购物。

（四）对信息接收和处理的影响

随着社会阶层的上升，消费者获得信息的渠道会随之增多。低层的消费者在购买过程中可能更多地依赖亲友提供的信息，中层消费者则比较多地从媒体上获取信息。不仅如此，特定媒体和信息对不同阶层消费者的吸引力和影响力也有很大的不同。电视媒体对越高层的消费者影响越小，印刷媒体则正好相反。

尽管同属一个社会阶层的消费者，在价值观念、生活方式及消费习惯等方面都表现出基本的相似性，但由于各个消费者在经济收入、兴趣爱好和文化程度上存在差别，因而在消费活动中也会表现出不同程度的差异性。区分同一阶层消费者的差异，可以使企业的市场细分更加细致有效，营销策略更具有针对性。

案例分析

一个真实的故事

一个北京人，1984 年为了圆出国的梦，卖了鼓楼大街上一个四合院的房子，凑了 30 万元人民币去了意大利。

在意大利他艰辛节俭地度过了 30 年，终于攒下 100 万欧元（折合人民币 768 万元），准备回国安享晚年。

回到北京，他去了原来的老房子看了看，发现当年被卖掉的四合院正在中介挂牌 8000 万元出售，他刹那间崩溃了……

故事告诉我们，选择和分析信息的能力有时比努力更重要。所以有人戏称决定我们现在生活质量的就在于 10 年前有没有选择买一套房。

即便是中产阶级也缺乏安全感，而房子能带给人一定的安全感。

一旦在一线城市有套房子，就很容易成为中产阶级了。

问题：以上案例中的现象说明了什么？

讨论分析：

个人：每位同学结合本案例内容，收集相关资料，在学习本上写出看法。

小组：请同学们每 4 人一个小组，1 人为组长，1 人记录，在小组讨论中陈述个人看法，然后共同讨论，形成小组意见，并推荐一名代表在班级交流。

全班：每个小组代表在班级陈述本组观点。

教师：教师记录各组陈述观点的要点，最后做点评。

分析提示：

国内是以职业分类为基础、以组织资源、经济资源和文化资源的占有状况为标准划分当代中国社会阶层结构的基本形态的。在社会生活中，每个人都归属于一定的社会阶层，他们的消费观念、生活方式、必然要受到所属社会阶层的影响和制约。同一社会阶层的消费者，在消费心理和行为上会有许多相似之处，不同社会阶层的消费者，会表现出明显的差异。

同步实训

不同消费群体商品需求调查分析

1. 训练目标

（1）素质目标：培养同学们积极参与实训的态度。提升同学们积极深入研究社会阶层对消费者心理和行为的影响等实际问题的兴趣。

（2）能力目标：运用所学的社会阶层对消费者心理和行为的影响的知识，较准确地填写社会阶层对消费者心理和行为的影响分析表。

（3）知识目标：培养同学们在小组发言、小组讨论、分析表填写中，会运用社会阶层对消费者心理和行为的影响等相关知识分析讨论问题，阐述自己的观点。

2. 训练内容

针对你熟悉的学生家庭或亲戚朋友的家庭。从富有阶层、富裕阶层、小康阶层、温饱阶层、贫困阶层，选择两个阶层进行分析。

3. 训练操作

（1）学生每人填写一份社会阶层对消费者心理和行为的影响分析表（见表5－5）。

（2）利用休息时间调查两个家庭。

（3）先说明每个家庭是属于哪一个社会阶层，再结合影响因素说明社会阶层对他们购买行为的影响。

表5－5　社会阶层对消费者心理和行为的影响分析表

影响因素	社会阶层A	社会阶层B
对支出模式的影响		
对休闲活动的影响		
对购物方式的影响		
对信息接收和处理方式的影响		

（4）每组推荐一位代表在班级交流，并由老师现场点评。

4. 成果要求

（1）每组撰写一份“社会阶层对消费者心理和行为的影响分析表”。

（2）老师根据每位同学填写的“社会阶层对消费者心理和行为的影响分析表”的质量和每个同学在调查中的态度，评定每位学生的实训成绩。

5. 实训评价（见表5－6）

表5－6　社会阶层对消费者心理和行为的影响分析评价表

项目	评价标准	分值	小组个人自评（30）	小组成员互评（30）	教师评价（40）	小计
素养培养	参与实训的态度端正，积极性高，小组合作意识强，小组讨论积极踊跃。	10				
	养成做事有计划的工作作风，能主动提出关于调查工作中的相关问题。	10				
	能够在企业调研中与营销人员和消费者心平气和地沟通。	10				
能力提升	能将所学的社会阶层与消费心理知识运用到社会阶层对消费者心理和行为的影响分析调研中，学以致用。	10				
	根据实训要求实施调研，会运用信息化手段整理信息。	10				

续表

项目	评价标准	分值	小组个人自评（30）	小组成员互评（30）	教师评价（40）	小计
知识应用	能基本理解社会阶层的含义、社会阶层的划分、社会阶层对消费者心理和行为的影响等内容。	10				
	能完整陈述社会阶层的涵义、社会阶层的划分、社会阶层对消费者心理和行为的影响等知识。	10				
项目成果展示	能够独立完成实训任务，完成实训任务及时、主动，并能主动提出问题，解决问题。	10				
	“社会阶层对消费者心理和行为的影响分析表”结构完整，报告无错别字，观点正确。	10				
	“社会阶层对消费者心理和行为的影响分析表”展示汇报形式新颖，陈述语言规范流畅，语速恰当，有感染力。	10				
合计		100				

任务4　不同年龄、性别消费者群体的消费心理

任务案例

脑白金的成功

步入中老年的人没有不担心衰老的：女人怕容颜易逝、更年期到来、体态臃肿、美丽不再；老人怕疾病缠身、老态龙钟、卧床不起、不久人世。脑白金以中老年人为主要消费对象，在广告宣传中提出了“年轻态、健康品”的大创意，受到了中老年消费者的青睐。

问题：脑白金为什么会取得如此大的成功呢？

提示：脑白金的成功主要在于它把握住了中老年消费者深层次的心理需求，即改善生活质量，保持年轻的感觉。首先，睡眠与肠道问题一直是困扰中老年的难题，而脑白金的主要功效就是解决这样的问题。其次，脑白金在价格上定位于保健品价位的中等层次，主要是针对有一定收入的中老年消费者群体。最后，“年轻态”的创意，正是解决中老年人最关心的色斑、老年斑、更年期、皱纹、白发及各种中老年问题。

学习目标

素质目标：通过本任务的必备知识学习、案例分析和同步实训，激发同学们对不同年龄、性别消费者群体的消费心理相关知识的学习兴趣和积极性。认同在对不同年龄、性别消费者群体的消费心理等分析活动中应遵循的营销伦理和营销职业道德的基本要求的内容。

能力目标：通过本任务的案例分析和同步实训等活动，培养同学们对不同年龄消费者群体的心理特征和行为、不同性别消费者群体的心理特征与行为分析的基本能力。

知识目标：通过本任务必备知识学习，能够陈述不同年龄消费者群体的心理特征和行为，不同性别消费者群体的心理特征与行为等陈述性知识。

必备知识

一、不同年龄消费者群的心理特征与行为

根据年龄划分，可以把消费者划分为少年儿童消费者群体、青年消费者群体、中年消费者群体和老年消费者群体。处于不同年龄段的消费者对商品有明显的不同偏好，因此研究不同年龄消费群体的消费心理与购买行为，对营销工作十分重要。年龄是企业细分市场常用的标准。

（一）少年儿童群体的消费心理

少年儿童消费者群是由0～14岁的人组成，少年儿童市场也称“太阳市场”。目前我国的少年儿童多数为独生子女，由于孩子在家庭中的特殊地位，使得他们成为家庭消费的中心。特别是在儿童玩具、文体用品、书籍、教育、食品、营养品、服装、娱乐等方面，存在巨大的市场容量和潜力。

1. 消费的依赖心理

由于少年儿童还没有独立，在购买商品时，往往缺少自己的主见，因此，他们在消费上表现出很大的依赖性，而且年龄越小，其依赖性越大。他们只知道要这样购买商品，而不考虑为什么要如此购买。他们在购买学习用品时，非常相信老师的话，同学之间“你有的学习用品我也想拥有”的心理也比较活跃；在购买生活用品时，一般由父母决策和做主，如购买什么商品、何种款式、多少价格，以及到何处去购买等。表现出少儿在吃、穿、用、玩等方面的消费具有单纯性、依赖性和模仿性的消费心理。

2. 消费的模糊心理

由于少年儿童年幼，没有太多的生活常识和经验，不熟悉购物活动，缺乏选购能力，加之幼小、胆怯，而内心却有着较强的购物欲，尤其当看到了电视播放的精彩的少儿用品的产品广告，或看到同伴拥有了某种物品而自己没有时，所表现出的购物欲望就更为强烈。因此，在购物时，少年儿童在琳琅满目的货架前，往往表现出犹豫不决、琢磨不定、左顾右盼等不稳定的、复杂的心理活动，并在很大程度上受外界影响的调节和支配，如营业员的劝诱、有奖促销广告的吸引等。这种消费的模糊心理状态的表现程度，将随着他们

年龄的增长而逐渐减弱。

3. 消费的天真好奇心理

少年儿童具有天真的心理特点，他们纯情、幼稚，有童话般的幻想色彩，因此，他们在购物时也就表现出一种天真好奇的消费心理。他们的需求标准往往是成年人所难以理解的。例如，一些制作精美的高级糖果引发不起儿童的食欲和兴趣，而一些制作简单的糖果，因包装内附带有各种不同的小塑料玩具，却备受儿童的青睐。这正说明了这些附带小玩具的糖果迎合了孩子们将食用与玩耍寓于一体和天真好奇的消费心理。

4. 消费的直观心理

这是少年儿童普遍存在的一种消费心理状态。少年儿童对外界事物的认识主要是直观表象的形式，缺乏逻辑性。表现为从商品的直观印象上进行比较和选择，往往不太注意甚至根本不去注意商品的品牌和生产厂家，也不会比较商品的质量和性能等。例如，孩子们对一双运动鞋产生购买欲望，根本不考虑这双运动鞋的皮质和鞋底的柔韧性，更不会考虑耐穿程度。在购买商品时，他们往往以“好看”“喜欢”，或者“某某小伙伴也穿这样的鞋”等情绪因素为主，凭直观、直觉来决定消费。

5. 消费的可塑心理

少年儿童处于认识事物的学习阶段，易于接受新生事物，同时由于他们的思维批判性尚没有发展成熟，对老师的话、同龄人之间的交流、书本知识和传播媒体上的观点易于接受甚至深信不疑。在消费行为上，通常表现为少年儿童最容易被动人的推销宣传说服和左右。

企业把握好少年儿童的心理特征，可以刺激其购买动机，满足他们的心理和物质需求，激发和引导他们的消费欲望，从而更好地开发和占领这一庞大的极具潜力的消费市场。为此，企业应该根据不同的对象，如儿童、少年等，采取不同的组合策略；改善少儿商品的外观设计，增强商品的吸引力；不失时机地树立品牌形象，提高商品品牌识记的程度。

案例分析

儿童消费心理

电视台曾经播放的儿童电视连续剧《小龙人》，在儿童中收视率颇高。一些儿童用品生产商便以小龙人图形作商品包装，孩子们见到有“小龙人”包装的文化用具、食品和服装就争相选购。之后，电视台又播放动画片《宇宙英雄奥特曼》，并在放映过程中插播恐龙和机器人玩具的广告，一时间这些塑料恐龙和机器人小玩具成了孩子们爱不释手的玩具。曾经播放的《还珠格格》和《灌篮高手》等电视剧在孩子们中收视率也非常高，剧中男、女主角的服饰、球鞋、发型甚至剧中主题歌的录音磁带和CD唱片等，都成为抢手货。

问题：以上案例中的现象说明了什么？

讨论分析：

个人：每位同学结合本案例内容，收集相关资料，在学习本上写出你的看法。

小组：请同学们每4人一个小组，1人为组长，1人记录，在小组讨论中陈述个人看法，然后共同讨论，形成小组意见，并推荐一名代表在班级交流。

全班：每个小组代表在班级陈述本组观点。

教师：教师记录各组陈述观点的要点，最后做点评。

分析提示：

这些现象都说明少年儿童对新鲜事物特别敏感，观察力强，喜欢模仿，容易从众。他们尚未形成有目的、有系统的分析判断能力，控制和调节自己意识及行动的能力也不强，购买商品时不会像成年人那样已经形成固定的消费观点，当受到外界一定的刺激和影响时，就可能改变原来的初衷。

（二）青年消费群体的消费心理

青年是少年向中年过渡时期的人群，一般年龄在15~40岁。青年人人数众多，需求旺盛、思想活跃，对新事物具有强烈的求知欲。在消费行为上，喜欢追求潮流，敢于创新，是现代消费潮流的领导者。青年消费群体最有活力，也最具变化，也被称为“前卫市场”。

1. 追求新颖与时尚

青年人典型的心理特征是：热情奔放、思维活跃，对未来充满希望和幻想，富有冒险精神，对新事物、新知识、新概念，他们都感到新奇、渴望，敢于大胆追求，富有创造性。表现在消费心理与行为方面便是追求新颖与时尚，力图领导消费新潮流。所以，他们往往是新产品、新的消费行为的追求者、尝试者和推广者，并会逐渐影响更多的消费者。在他们的影响下，新产品的消费逐渐进入高潮。

2. 崇尚品牌与名牌

青年的智力发达，有文化，有知识，接触信息广，社交活动多，并且总希望在群体活动中体现自身的价值和地位。随着自我意识的发展和机能的成熟，青年人追求仪表美、个性美，表现自我、展示自我的欲望日益强烈。反映在消费心理与消费行为方面，青年人特别注重商品的品牌与档次。在他们看来，名牌是信心的基石、高贵的象征、地位的介绍信、成功的通行证，追求名牌要的就是这种感觉。因而，青年在购物时，虽然也要求产品性能好、价格要适中等，但对商品的品牌要求已越来越高。

3. 突出个性与自我

青年人处于少年不成熟阶段向中年成熟阶段的过渡时期，自我意识明显增强。他们追求独立自主，力图在一举一动中都能突出自我，表现出自己独特的个性。这一心理特征表现在消费心理和消费行为方面，则是青年人消费倾向由不稳定性向稳定性过渡，对商品的品质要求提高，尤其要求商品有特色，上档次，有个性，而对那些一般化的、“老面孔”的商品不感兴趣。如购买时装，是否能体现自己风格的款式成为青年人是否购买的主要依据。

4. 注重感情与直觉

青年人虽然在心理上已经成熟，但在情绪和性格上还具有强烈冲动和温和细腻共存的特征。客观环境、社会信息、新时尚、新潮流等对他们的认识和行为有很大的影响，有时一两句话就可使某些青年人热血沸腾、冲动起来。因此，他们的消费行为往往属于冲动性购买行为。特别在新潮、时尚的商品面前，冲动性购买的特征更为明显。

针对青年消费者群体的心理特征，企业应满足消费者多层次的需求。开发的产品要做到新颖、时尚、符合潮流，产品的造型、包装、色彩具有审美价值和高贵典雅的气质，注重个性化产品的生产和销售，做好售后服务，使青年消费者成为推动市场开拓的力量。

(三) 中年消费群体的消费心理

中年消费群体一般指 40 ~ 60 岁的消费者。中年消费者心理上已经成熟，有很强的自我意识和控制能力，一般处于商品购买的决策位置。他们购买能力强，购买活动多，上有老下有小，经济负担较重，必须的支出多。购买的商品既有家庭日用品，也有个人、子女、父母等个性类商品，还有大件耐用消费品。因而他们收入的高低，影响着其消费水平。

1. 经验丰富，理智性强

由于经过生活的锻炼，中年人对生活的激情和渴望不像青年人那样丰富和冲动，丰富的社会经验和较重的家庭经济压力，使中年人在消费购物时更加理性。他们往往非常注重商品的内在信息（质量、用途和功效等）、性价比的优势，以及简洁大方的外观和包装。

2. 量入为出，计划性强

中年处于青年向老年的过渡阶段，中年消费者大多肩负着赡老扶幼的重任，是家庭经济的主要承担者。在消费上，他们一般奉行量入为出的原则，养成了勤俭持家、精打细算的习惯，消费支出计划性强，很少出现计划外开支和即兴消费的现象。他们在购物时往往格外注重产品的价格和实用性，并对与此相关的各项因素，如产品的品种、品牌、质量、用途等进行全面衡量后再做选择。一般来说，物美价廉的产品往往更能激发中年消费者的购买欲望。

3. 尊重传统，较为保守

中年人随着人生阅历的丰富，会越来越成熟和内敛，在消费时总会考虑他人和社会的评价，因此便显得较尊重传统，不轻易尝试新产品，对新产品缺乏足够的认识和兴趣。中年消费者用于家庭和子女教育方面的支出相对较多，用于自己的消费支出相对减少。对收入水平较低的消费者来说，会压抑自身的消费需求。

4. 注重身份，稳定性强

中年消费者正处于人生的成熟阶段，他们大多数生活稳定。他们不再像青年时那样赶时髦、超前消费，而是注意建立和维护与自己所扮演的社会角色相适应的消费标准与消费内容，如中年消费者更注重个人气质和内涵的体现。

根据中年消费群体的心理特征，企业应强化商品的质量，突出商品的实用性、便利性，提供优质的服务，切实解决购物后发生的商品退换货、服务等方面的问题，促销广告活动理性化，注重培养中年消费者的惠顾动机，使他们成为企业忠实的顾客。

(四) 老年消费群体的消费心理

老年消费群体一般是指 60 岁以上的消费者所构成的群体，也可称“银色市场”。在我国，随着社会的发展和生活水平的提高，城乡居民的平均年龄呈上升趋势，老年人口数量不断增加，我国正在步入老龄化社会。老年人在生理上和心理上同青年消费者、中年消费者相比发生了明显的变化，是一个特殊的消费群体。

1. 需求结构发生变化

老年消费者需求结构的变化，主要表现为：穿着及其他奢侈品方面的支出明显减少，对保健品的需求量大大增加，对有兴趣嗜好的商品购买支出明显增加，消费占较大比重的商品从生活日用品转向旅游、休闲、娱乐、健身用品。老年人最关心的问题是如何能够保持健康、延年益寿。因此，只要某种食品或用品对健康有利，价格因素一般不会成为老年消费者的购买障碍。

2. 怀旧心理强烈，品牌忠诚度高

老年消费者有丰富的生活阅历，在几十年的消费实践中，形成了比较稳定的消费态度和习惯性，其消费行为方式不易改变，对某品牌的偏好一旦形成就很难改变，品牌忠诚度高。另外，老年消费者总是留恋过去的生活方式，对产品有一定的怀旧心理，对消费新潮的反应也显得较为迟钝。

3. 追求实用方便，并求得良好的服务

老年消费者在购买产品时，非常理智和成熟，他们的购买动机主要取决于产品给他们带来的方便度和舒适度，因此比较看重产品的质量和使用功能。老年消费者体弱多病，行动不便，视力不佳，因而他们希望购物场所提供一些稍事休息的设施，对产品的说明要清楚、醒目，购买时手续要简便。他们对销售人员的服务态度十分敏感，希望得到尊重和礼遇。

4. 容易上当受骗，防范意识明显

老年消费者虽然消费经验十分丰富，但由于生理和心理机能衰退，对于假冒伪劣商品及欺骗性的经营手段的判断和识别能力下降，容易上当受骗，蒙受经济损失。因此，在购买商品时顾虑较多，防范意识较强，作决策时犹豫不决。如果时间不允许，他们宁愿放弃购买也决不仓促行事。

针对老年消费群体的心理特征，企业开发的商品要注重方便性、安全性及适用性，还要提供良好的服务，并帮助老年消费者增加消费信心。同时，要考虑老年消费者娱乐休闲方面的要求，提供适合老年人特点的健身娱乐用品和休闲方式。此外，广告促销活动不仅针对老年消费者，还可以针对老年人的子女。如专门服务老年人的旅游团，很多情况下是子女为父母买单，有些营养保健品也是子女购买以孝敬老人。

相关链接

现代老年消费者消费行为的新变化

随着生活水平的日益提高，人们的生活方式和消费习惯也悄然发生着改变。作为其中一个重要组成部分的老年人，其思想观念、行为方式也不可避免地受到冲击。中国老年消费者在消费心理上发生变化可以归纳为以下几个特点：

1. 消费观念年轻化

近年来，老年消费者的消费观念已经发生了重大的变化，他们更乐意接受新生事物，广告在老年人的消费过程中开始扮演着越来越重要的角色；一些新出现的零售业态形式开始为老年消费者所接受。

2. 消费心理成熟化

随着人们生活水平的改善、收入水平的提高，老年消费者在购买商品时也不是一味追求低价格，品质和实用性才是他们考虑的真正因素。作为成熟的理性消费者，老年消费者无疑是最关注商品的质量和价格的人群。当二者在一定程度上不能兼顾时，越来越多的老年消费者会更倾向于质量。

3. 家庭角色弱化

由于现代家庭的很多用品操作越来越复杂、技术含量越来越高，对消费者在购买鉴别和选择上提出了更高的要求，很多老年人不愿意为购买这些产品而操心，于是放手让年轻人自己去决定。

4. 补偿心理强化

在现代社会，老年人补偿性消费的特征在现阶段表现的尤为明显。比如，在许多经济发展水平较高地区出现的“重补结婚照”的热潮，及老年人自己组团去全国各地、世界各地的旅游潮。

5. “隔代”消费比重大

现在，独生子女得到了4个老人和双亲的绝对关注。由于子女工作繁忙无暇过多陪伴老人和孩子，所以老年人往往将情感倾注到孙辈身上。现在的老年人在对第三代人的消费上显得尤为大方，他们往往不太注重产品的价格等因素。

二、不同性别消费者群的心理特征与行为

根据性别划分，可以把消费者划分为女性消费者群体和男性消费者群体。由于性别的不同，消费者对商品的需求结构、消费心理与习惯、购买行为模式都会形成较大的差异。性别也是细分消费者市场常用的标准之一。

（一）女性消费群体的消费心理

随着女性就业率和社会地位的提高，女性的受教育水平、收入、拥有的物质财富在不同程度地增加，女性消费者已经构成一个巨大的消费群体。在家庭消费上，女性可谓是绝对的当家作主。因此，研究女性消费，可以洞悉社会消费心理的变化和趋势。

1. 爱美和时髦心理

这是女性消费者普遍存在的一种心理现象。女性感情丰富、细腻，注重感情及其表达，较为注重外在的美、形式的美，注意个人形象。现代女性大多参加工作，与人交往的机会增多，关注流行和时尚，跟进消费潮流。既重视自然美，也重视社会美，还通过消费行为获得修饰美。她们在购买活动中格外重视商品的形象和色彩，希望获得感官的刺激。

2. 情感性心理

女性消费者对商品的情感特征比较重视，如广告渲染的气氛、食品的诱人香味、化妆品的芬芳和外观、服饰的款式和色彩等，都能在女性的消费活动中产生影响力和情感差别，从而决定购买取向，而且还会产生冲动性。

3. 求实、求便心理

女性消费者平时既要工作，又要操持家务，她们迫切希望减轻家务劳动工作量，缩短家务劳动时间。因此，她们对日用消费品和主副食品的方便性、实用性有更为强烈的要求。在购置物品时，她们一般愿意去超级市场和便民商店，因为那里不仅购物环境好、品种齐全、分门别类、价格公道，而且能使她们在消费时达到一次性完成购物活动的目的。

4. 自重、自尊心理

女性消费者一般都有较强的自我意识和自尊心，对外界事物反应敏感，形成了一种自尊、自重的心理。在日常消费活动中，她们往往以选择的眼光、购买的内容及购买的标准来评价自己和别人。她们总是觉得自己购买的物品是最好、最有价值的，对别人的否定意见不以为然，喜欢独立自主地选购商品，还希望别人仿效自己。她们往往不愿意别人说自己不了解商品、不懂行、不会挑选。在购物时，营业员的表情、语言、广告宣传及评论都会影响女性消费者的自尊心，进而影响女性消费行为的实现。

5. 攀比炫耀心理

当代女性，特别是家庭收入较高的中青年女性，喜欢在生活上和人攀比，总希望比自己的同事、亲友过得更舒适，显得更富有。她们在消费活动中除了要满足自己的基本生活消费需求或使自己更美、更时髦之外，还可能通过追求高档次、高质量、高价格的名牌产品或在外观上具有超凡脱俗、典雅、洒脱等与众不同的特点的产品或前卫的消费方式，来显示其地位上的优越、经济上的富有、情趣上的脱俗等。

6. 购买商品挑剔心理

由于女性消费品品种繁多、弹性较大加之女性特有的细腻、认真，因而她们通常在选择商品时比较细致，注重产品在细微处的差别，通俗地讲就是更加“挑剔”，产品某些细微的优点或不足都会引起女性消费者的注意。另外，女性通常具有较强的表达能力、感染能力和传播能力，善于通过说服、劝告、传话等方式对周围其他消费者的购买决策产生影响。

根据女性消费者的消费心理特征，企业应加强商品的形象设计，注重商品的细节，色彩、款式、形状要体现流行、时尚，并使用方便；对女性的个人消费和经常购买的商品，要加强广告宣传和现场促销，注重传递商品的实用性，关注女性消费者的情绪变化；销售环境要布置的舒适愉悦、典雅温馨、热烈明快，注意渲染购物环境，提高服务艺术，使女性消费者在购物过程中体会到乐趣，能悠闲地观赏、浏览商品。优美的环境能给她们带来情感联想，从而产生购买动机。

（二）男性消费群体的心理特征

1. 购买目的明确，购买行为理智

男性消费者购物时都有明确的购买目的，购买前就选择好购买对象，他们进商店后就直奔目标而去，购买过程中挑选也不仔细，在选购时也不善于讨价还价。购买行为常受理性支配，更多地强调商品的效用及功能，具有更多理智和自信心。即使买到有瑕疵的商品，但大体上能过得去就算了，不满意退换货的情况比女性少。

2. 注重商品的整体质量和使用效果，决策迅速果断

对一些价格昂贵、结构复杂的高档消费品，男性消费者有更多的了解，购物时很注意商品的整体质量。一旦认识到某种需要，或在商店看到所喜爱的商品，他们能果断决策，

进而产生购买行为，并很少反悔。

3. 购买商品时力求方便、快捷

一般男性消费者很少逛商店，即便去商店也很少像大多数女性消费者那样花很多时间闲逛。遇到合适的商品就迅速购买，在商店逗留的时间较短，买完就走，尽快离店，他们对商家出售商品时的种种繁琐手续、拖延时间的作风十分反感，这种力求方便、迅速快捷的心理，在购买日常生活用品时显得最为突出。

4. 购买时表现大方，比较随便

由于男性的自信、豪爽、独立性强和社会角色需要等因素的影响，使其在购买行为中表现出大方、不在意等行为。在购买商品时较随意，不太注重日用消费品的价格。

5. 购买过程较少受他人的影响

男性消费者购物时善于独立思考，很注重商品的使用效果，对于熟悉的商品或已决定购买的商品，表现出更多的自信，不会轻易受外界环境气氛、广告宣传或他人议论的影响。

尽管女性消费者是商店最亮丽的一道风景线，但是男性的消费也不应忽视。男性消费市场同样具有意想不到的潜力。男性消费者除了以选购烟酒、书报、家电、装修材料为主的传统商品外，越来越多的男性因主动分担家务而经常光顾超市，因此产品的开发与设计要考虑男性消费者的特点，并精心策划吸引男性消费者的促销方式和广告信息。

小思考

当一位先生说“我只用××牌子的产品，其他的牌子不考虑!”时，作为其他品牌产品的销售员应怎样应答?

同步实训

不同年龄女性消费者行为分析训练

1. 训练目标

(1) 素质目标：培养同学们积极深入企业调研，认真参与实训的态度。提升同学们积极深入企业研究不同年龄女性消费者行为等实际问题兴趣。培养同学们与人合作和沟通的能力。

(2) 能力目标：运用所学的消费者价格敏感性知识，较准确地填写不同年龄女性消费者行为分析表。

(3) 知识目标：培养同学们在小组发言、小组讨论、分析表填写中，会运用不同年龄女性消费者行为等相关知识分析讨论问题，阐述自己的观点。

2. 训练内容

了解不同年龄段女性消费者的心理特征及其购买行为，制定营销对策。

3. 训练操作

(1) 以小组为单位，每个小组4人，选定一人为组长，明确分工与责任。

(2) 以女性经常购买的两种商品为例（如化妆品和服装），进行调查分析。

（3）分别分析70后、80后和90后的女性在购买化妆品和服装时，有何心理需求，会受哪些心理因素的影响，购买行为有何特征。小组成员共同讨论，形成小组意见，填入表5－7。

表5－7　　不同年龄段的女性消费群体消费心理分析表

不同年龄的消费群体	购买化妆品的心理需求和购买行为	营销策略	购买服装的心理需求和购买行为	营销策略
70后女性				
80后女性				
90后女性				

4. 成果要求

（1）撰写“不同年龄段的女性消费群体消费心理分析表”，要求结合实际，有理有据，内容翔实，分析透彻，对企业营销有一定的参考价值。

（2）每组选一位代表在班级交流，最后老师点评。

5. 实训评价（见表5－8）

表5－8　　不同年龄段的女性消费群体消费心理分析实训评价表

项目	评价标准	分值	小组个人自评（30）	小组成员互评（30）	教师评价（40）	小计
素养培养	参与实训的态度端正，积极性高，小组合作意识强，小组讨论积极踊跃。	10				
	养成做事有计划的工作作风，能主动提出关于调查工作中的相关问题。	10				
	能够在调研中与营销人员和消费者心平气和地沟通。	10				
能力提升	能将所学的不同年龄、性别消费者群体的消费心理知识运用到不同年龄段的女性消费群体消费心理调研中，学以致用。	10				
	根据实训要求实施调研，会运用信息化手段整理信息。	10				
知识应用	能基本理解不同年龄段的消费群体消费心理特征与行为，不同性别消费者群体的心理特征与心理等内容。	10				
	能完整陈述不同年龄段的消费群体消费心理特征与行为，不同性别消费者群体的心理特征与心理等知识。	10				

续表

项目	评价标准	分值	小组个人自评（30）	小组成员互评（30）	教师评价（40）	小计
项目成果展示	能够独立完成实训任务，完成实训任务及时、主动，并能主动提出问题，解决问题。	10				
	“不同年龄段的女性消费群体消费心理分析表”结构完整，表中无错别字，观点正确。	10				
	“不同年龄段的女性消费群体消费心理分析表”展示汇报形式新颖，陈述语言规范流畅，语速恰当，有感染力。	10				
合计		100				

知识脉络

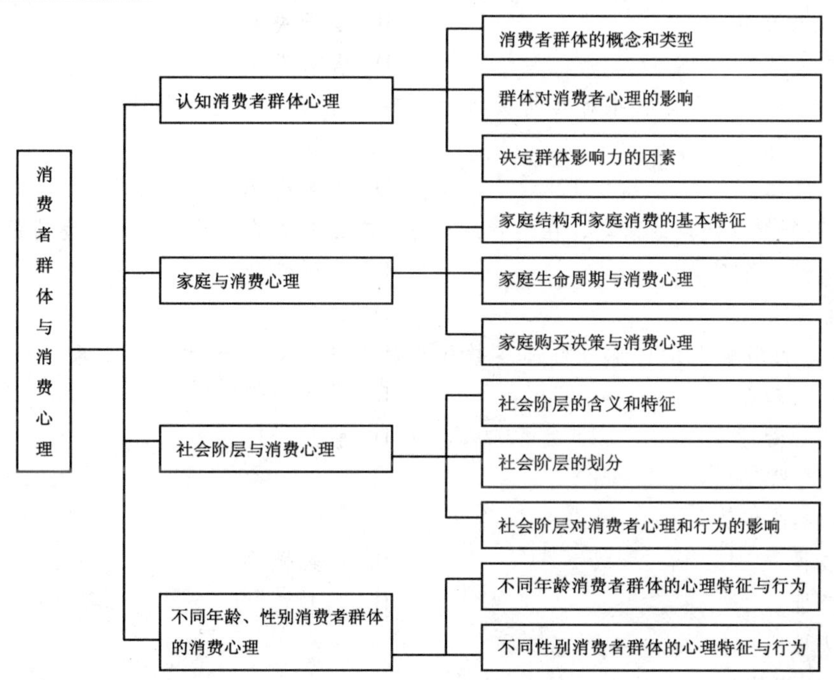

项目小结

消费者群体是指具有某些共同消费特征的消费者所组成的群体。同一消费者群体在消费心理、消费行为、消费习惯等方面具有明显的共同之处。消费者群体的形成是内在因素与外在因素共同作用的结果。

家庭是消费者参与的第一个社会群体，家庭是社会生活的“细胞”。家庭对个体性格和价值观的形成，对个体的需要与决策都会产生重要的影响。

社会阶层是指某一社会中根据社会地位或受尊重的程度的不同而划分的社会等级，是由具有相同或类似的社会地位的社会成员组成的相对稳定的群体。

根据年龄划分，可以把消费者划分为少年儿童消费者群体、青年消费者群体、中年消费者群体和老年消费者群体。处于不同年龄段的消费者对商品有明显的不同偏好。

根据性别划分，可以把消费者划分为女性消费者群体和男性消费者群体。由于性别的不同，消费者对商品的需求结构、消费心理与习惯、购买行为模式都会形成较大的差异。

思考与练习

1. 理论题

(1) 单选题

①决定社会阶层的重要变量是（　　）。

A. 社会变量　　B. 经济变量

C. 政治变量　　D. 个人声望

②购买价值较高的耐用消费品或涉及家庭全体成员利益时，多采取（　　）。

A. 丈夫决策型　　B. 妻子决策型

C. 共同决策型　　D. 各自做主型

③消费者个人心理向往并对其购买行为有较强示范作用的群体叫（　　）。

A. 参照群体　　B. 自觉群体

C. 所属群体　　D. 首要群体

④处于不同发展阶段的家庭，在消费活动方面存在明显的差异，这是家庭消费的（　　）。

A. 广泛性　　B. 阶段性

C. 传承性　　D. 稳定性

⑤在群体的影响下，自觉与群体多数成员的意志保持一致的心理现象，叫（　　）。

A. 从众心理　　B. 模仿心理

C. 好胜心心理　　D. 服从心理

(2) 多选题

①群体特征主要有（　　）。

A. 权威性　　B. 一致性

C. 回报性　　D. 强制性

E. 服从性

②少年儿童的消费心理主要有（　　）。

A. 依赖心理　　B. 天真好奇心理

C. 模仿心理　　D. 时尚心理

E. 攀比心理

③在购买行为中，家庭成员可以扮演（　　）不同角色。

A. 倡议者　　B. 影响者

C. 决策者　　D. 购买者

E. 使用者　　F. 旁观者

④群体影响力的大小取决于（　　）。

A. 商品特性　　B. 市场特性
C. 群体特征　　D. 个体特性
E. 性别特征

⑤老年人用品的开发应注意（　　）。

A. 实用性　　B. 方便性
C. 安全性　　D. 依赖性
E. 适用性

（3）简答题

①群体对消费者心理有何影响，决定群体影响力的因素有哪些？

②简述家庭生命周期对购买行为的影响。

③简述青年消费者的消费心理和购买行为。

2. 实务训练题

案例分析

芭比娃娃成功的奥秘

在美国，一说起“芭比”，人们就会想起芭比娃娃：一个高约27.5厘米，或长发披肩，或将一头乌黑卷发梳成漫不经心的马尾式，胸部高耸，具有窈窕淑女形象的玩具娃娃。就是这样一个玩具，创造了风靡世界市场几十年的奇迹！

1959年，芭比由一位女商人按照她女儿巴巴拉的模样设计而成。她区别于一般玩具娃娃的显著特点在于其产品形象的“拟人化”和“情感化”，她不但是玩具，而且是一个可以用心与之交流、用情寄托的忠诚的朋友和伙伴。不仅如此，芭比娃娃还有自己的动人故事：芭比娃娃，5月3日生，O型血，成绩中上，学得最好的功课是语文和音乐，但对算术不感兴趣，甚至讨厌。母亲是位服装设计师，父亲是乐团指挥，经常在国外旅行演出。这一背景故事虽然简单，却与少年儿童产生了强烈的共鸣，为小朋友们塑造了一个栩栩如生的自画像。后来，该公司瞄准社会不同职业，不断更新芭比娃娃的服装，从问世之初的时装模特，到后来的律师、企业家、医生、飞行员……使很多美国家庭三代都钟爱芭比娃娃。

问题：

（1）从消费者心理的角度分析芭比娃娃受欢迎的原因。

（2）搜集有关芭比娃娃的资料，从中你得到什么启示。

项目六
商品因素与消费心理

"美的集团"的新产品品牌策略

"美的集团"是广东美的集团有限公司的简称。该公司在全国电风扇产品市场中，率先采用塑料外壳代替金属外壳，大大降低成本，使其在激烈的竞争中杀出一条生路。"美的"在市场风浪的搏击中逐渐意识到市场需求不断发生变化，电扇产品不应是公司的唯一产品。随着人们生活水平的提高，空调必将是其替代品，应该及早开发和生产自己的空调产品。空调是高科技产品，是高层次享受的象征，集团原本的品牌形象显然过于陈旧，应当树立一个全新的品牌形象。于是，1984 年公司开始全面实施它的品牌战略。首先从企业的名称"美的"入手。"美的"美在其真善美，美在巧妙。它作为企业、产品、商标"三位一体"的统一名称，用于表述产品质量优越和企业形象，美的恰如其分，定能博得市场大众的认可。"美的"决策层还充分考虑到这个名称足以涵盖各种产品、各行各业，以及国内外市场。它是一种"美的事业"，它的形象给社会公众和消费者以亲切感、优美感、愉悦感，并使人产生无尽的联想。其次，"美的集团"在沟通策略上，提高了广告和促销活动的档次，突出品位高、质量高，目标是造就名牌和名流的企业形象。它除了在全国主要报刊和中央电视台做广告外，还推出影星巩俐代言的电视广告宣传片，其核心是突出"美的"是以"创造完美"作为企业精神的经营理念。"美的"人把创造美渗透到每一空间，贯穿全员行动，见诸一切媒体，同其他企业文化水乳交融。该集团的建筑文化、广告文化、销售文化、车间班组文化均具特色。"美的"在 CIS（Corporate Identity System，即企业形象识别系统）中的标准色为蓝、白二色，犹如蓝天白云般自然美好。"美的"工业城的现代建筑群、写字间、标牌、名片、办公用具、事务用品、运输工具、包装设计、食堂餐具、洗手间等等，皆是一体的蓝白相间的色调为主，同其生产的"美的风扇""美的空调"等产品色泽相谐，给人赏心悦目、清凉优雅的感觉。这样精心的设计对于消费者来说，不能不对该企业及其产品产生亲近感。

提示：在消费者购买商品的过程中，商品的CIS系统直接作用于消费者的感觉器官，并引起相应的心理感应。根据消费者心理特点，采取一定的心理策略，做好商品命名，商标及包装设计，是企业营销策略重要的组成部分。对刺激消费欲望，扩大商品影响，促进市场营销等方面都有着十分重要的作用。

企业推出的新产品能否取得成功，产品的功能、名称、品牌、商标、包装等是否对消费者有足够的吸引力，关键在于新产品能否迎合消费者的心理特征，使消费者得到心理上满足，从而认可和接受新产品。本项目将就新产品的开发推广、商品的名称、商标、包装等方面的消费心理展开论述。

任务1　新产品开发推广的心理策略

任务案例

云南白药牙膏——口腔全能保健牙膏

2004年，云南白药牙膏问世，零售价达到22元，直指同类产品高端市场。但是，佳洁士、高露洁和中华三大品牌在国内牙膏产品高端市场中已占据了约60%的市场份额。而且，在品牌认知、产品功效和价格等方面，已经在市场上形成了较强的品牌形象。针对三个品牌将“防止蛀牙”“口气清新”和“盐白”等的定位现状，以及其他国内品牌在中草药营销概念上的挖掘情况，云南白药希望自己的牙膏产品能够完全超越传统牙膏：不仅仅清洁牙齿，更重要的是对牙龈出血、口腔溃疡、牙龈肿痛等口腔问题有显著效果，长期使用能有效全面保健口腔。因此，云南白药牙膏逐渐从“解决牙龈出血”的产品定位，转变到“口腔全能保健牙膏”（如图6-1所示）的品牌定位。这样，在获得产品卖点，让产品功效与市场价格相匹配的同时，也提升了云南白药牙膏的品牌力。

图6-1　云南白药牙膏广告

问题：云南白药牙膏是从哪个角度开发新产品的？

分析：云南白药牙膏针对国内市场上同类产品已有的品牌定位，进行独特的市场定位，找准市场需求，获得了目标群体的亲睐。

学习目标

素质目标：通过本任务的必备知识学习、案例分析和同步实训，激发同学们学习新产品开发和推广的心理策略的相关知识的兴趣和积极性，认同在新产品开发和推广的过程中应遵循的营销伦理、营销职业道德和法律法规的基本要求。

能力目标：通过本任务的案例分析和同步实训等活动，培养同学们结合企业营销中的新产品的设计和推广的心理策略进行分析的能力。

知识目标：通过本任务必备知识学习，能够陈述新产品的含义和分类、新产品设计开发的心理需求以及新产品推广的心理策略等。

必备知识

一、新产品的含义和分类

（一）新产品的含义

在现代营销理论中，新产品是从产品整体概念的角度来理解的。所谓整体产品是指向市场提供的能满足人们某种需要的任何东西，一般包含三个层次：即核心产品、形式产品、附加产品。在产品的整体概念中，任何一个层次的创新、变革或改革，都可以理解为一种新产品，都会使产品具有新的功能、新的结构、新的品种或增加新的服务，能给顾客带来新的满足和新的利益，所以都可以看作是一种新产品。

（二）新产品的分类

1. 全新新产品

全新新产品也称新发明的产品，是真正创新的产品。它是指首次采用新原理、新技术、新材料研制成的前所未有的产品。如汽车、电视、电话、飞机、计算机等产品的问世，都是全新产品的诞生。这种新产品依赖于科学技术的重大发明，它的使用对人类的发展、社会的进步、人们的生产和生活方式会产生深远的影响。

2. 换代新产品

换代新产品即革新现有产品。它是指在原有产品的基础上，部分采用新技术、新材料、新工艺，使产品的性能有显著提高的产品。如由黑白电视机到彩色电视机到数字电视机，由单缸洗衣机到双缸洗衣机到全自动洗衣机等，都属于换代的新产品。

3. 改进新产品

改进新产品即改变现有产品。它是指对现有产品在结构、材料、性能、款式、包装等方面进行改变，由基本型派生出的改进型产品。改进后的新产品，结构更合理，功能更齐全，品质更优良，款式更美观，更受消费者的欢迎，如速溶咖啡相对于咖啡豆而言，给予消费者更多便利；在电冰箱上增加除霜装置，在电脑上增加手写、声音输入装置等，都大大方便了消费者的使用。

4. 仿制新产品

仿制新产品指企业仿制国内外已经研制生产出来的新产品，但对本企业来说还是第一次生产的产品，所以也称本企业的新产品或新牌子的产品。在新产品的开发中，取得授权的仿制是允许的。只要有市场需求，又有生产能力，取得授权后就可以借鉴现成的样品和技术来开发本企业的新产品。

二、新产品设计开发的心理需求

新产品的设计开发除产品构思上以消费者需求为逻辑起点外，在产品实体及附加产品和整个开发过程中应适应消费者心理，讲究心理策略。

（一）适应消费变化

适应消费变化也就是在新产品开发过程中要适应消费习惯、消费模式、消费心理、消费观念等的变动。

（二）适应个性特征

消费者的个性特征对其购买动机有重要影响，因此在设计开发新产品时还要考虑产品的独特个性，如体现威望的个性、标志社会地位的个性、显示成熟的个性、满足自尊和自我实现的个性、满足情感要求的个性等，使新产品与众多同类产品具有显著的差异。

（三）讲究科学合理

设计开发新产品时，必须科学合理，充分考虑其功能效用和安全保质问题。既要符合生理要求又要遵循人体工程学的原则，使消费者获得最佳的使用效果。例如，夏衣面料必有良好的散热性，冬装则应轻便御寒，欧美人体型高大，东方人体型略小，座椅的设计应根据人们腿部的长短确定高矮。

（四）符合审美情趣

产品除了在功能、造型、结构等方面适应消费外，还应有观赏价值。产品内在美和外在美的统一是产品使用价值和欣赏价值的和谐。符合人们的审美情趣的产品往往最容易受到消费者的垂青，例如，食品要色、香、味俱全。产品要讲究造型美、艺术美和色彩美。女性用品应纤巧雅致，儿童用品应造型活泼、色彩鲜艳，男性用品则应造型大气、色彩大方。要顺应消费者审美心理去设计开发新产品，达到内容形式的完美统一。

（五）符合社会潮流

男女老少的用品都有各自的流行性。流行心理指一定时期内能引起相同行动的心理共鸣。新产品的设计开发要研究消费者追求流行的动机，善于捕捉、预测时尚现象，发现时尚规律，及时以产品大小、形状、颜色等的创新去适应社会潮流，在传递流行的同时，甚至可以创造流行、引导消费。

小思考

有人说：销售产品就是在销售利益，客户购买产品看重的永远都是自己所获得的利益。你认为怎样才能说清楚产品带给客户的利益？

三、新产品推广的心理策略

新产品推广的过程，也即消费者广泛接受新产品的过程。如何使消费者尽快认识、承认并接受新产品，除了新产品本身的因素和社会因素外，还与消费者自身的心理因素有关。

（一）影响新产品购买的心理因素

1. 消费者对新产品的需要

需要是消费者一切行为的基础和原动力，也是消费者是否购买新产品的决定因素。所以企业开发新产品的第一要求就是了解消费者对新产品的需要。因此，企业要通过深入的市场调研和科学的预测，分析消费者需要变化的趋势及对产品的品质、性能、款式、包装、品牌的要求，研究开发满足市场需求的新产品。

2. 消费者对新产品的感知

消费者只有对某一新产品的性能、用途、特点有了基本了解之后，才能进行分析和判断。当消费者确信购买新产品能够为自己带来新的利益时，就会由此激发购买欲望，进而引发购买行为。消费者感知能力的强弱直接影响其接受新产品信息的准确度和敏锐度，从而导致其购买新产品的时间差异。

3. 消费者对新产品的态度

消费者对新产品所持的态度，是影响新产品购买行为的决定性因素。消费者在感知新产品的基础上，会对新旧产品的各项指标进行比较，形成对新产品的不同态度。如果比较后确信新产品具有独创、新奇、时尚等特点，能为自己带来新的利益及心理上的满足时，消费者就会对新产品产生好感，抱有积极、肯定的态度。因此，企业往往通过迎合消费者既有的态度来促进新产品的销售。有些时候，在成本允许的情况下也可能去改变消费者的态度。

4. 消费者的个性特征

消费者的兴趣爱好、气质、性格、价值观等个性心理特征千差万别，这些直接影响消费者对新产品的接受程度与速度。个性外向活泼、乐于接受新事物、富有冒险和创新精神的消费者，比那些性格保守、兴趣单一、墨守成规的消费者更易于接受新产品，且接受的速度更快。

（二）新产品推广与扩散的心理策略

1. 消费者接受新产品的过程与市场扩散

消费者接受新产品的心理过程，一般分为五个阶段。即：

（1）知晓。获得新产品信息的初始阶段，但还缺乏了解。

（2）兴趣。在广告宣传刺激的作用下，对新产品产生兴趣，开始寻求有关新产品的信息。

（3）评价。对新产品的价值进行分析、评估，考虑是否试用这种新产品。

（4）试用。开始少量试用新产品，并根据试用的感觉来修正对新产品的评价。

（5）采用（再购买及扩散）。试用新产品感到满意后，决定正式购买，并重复使用该产品。

企业要做好新产品的推广和扩散，就不能使目标市场的消费者长期停留在起初的三个阶段，必须采取有效的措施，重点促进消费者缩短评价——试用的时间，即促使消费者尽快地进入试用阶段。

2. 消费者对新产品的反应差异与市场扩散

新产品上市后，由于不同消费者对新产品的反应存在明显差异，推广花费的时间也就不一样。根据消费者采用新产品的态度，可以将他们划分为五种类型，即：

（1）创新采用者。这是“消费先驱”，富有个性，敢于冒险，信息灵通，经济宽裕，对新产品很敏感。这部分人在全部使用者中占 2.5%，他们是投入新产品时的极好目标。

（2）早期采用者。一般比较年轻，经济状况良好，对新事物较敏感，他们对早期采用新产品具有一种自豪感，他们的行为对周围的消费者往往有较大影响作用。这部分人占 13.5%，他们是推广新产品的极好目标。

（3）中期采用者。他们较少保守思想，深思熟虑又不愿意赶“潮流”，这部分人占 34%。

（4）晚期采用者。他们表现得多疑和优柔寡断，对新事物不敏感，在大多数消费者购买新产品后，才会采取行动，这部分人占 34%。

（5）最晚采用者。一般比较保守，对新产品持怀疑态度，固守传统的消费观念，他们是最后采用新产品的人，这部分人占 16%。

新产品能否打开市场，关键是做好前两种人的工作，要特别注意“消费先驱”和“早期消费者”的心理特征和他们通常接触的信息媒体，以便采取一定的促销手段，把有关新产品的信息传递给他们。通过他们的带头试用，使中晚期消费者模仿跟进，新产品的销路就会扩大。这几乎是新产品进入市场并获得成长与发展的一般规律。

同步案例

男士比基尼三角裤

三角裤拿来给男人穿，男人能接受吗？日本商人最初以 18~25 岁的男青年为对象推出男士三角裤，这种男士比基尼紧身三角裤在开拓市场时遇到了来自批发商和零售商的重重阻力。他们认为这种产品不但可笑，而且没有人敢买。于是，厂家拿出上百万元的广告费进行新旧内裤的对比，指出新式内裤的低腰设计及大胆新潮等特点，以大学生、年轻士兵和年轻工人为销售对象。经过一段时间的宣传，这种产品很快形成流行风潮，产品逐步被消费者所接受。

问题：厂家为什么以大学生、年轻士兵和年轻工人为销售对象？

分析：大学生、年轻士兵和年轻工人往往是新产品、新的消费行为的追求者、尝试者和推广者，他们在消费行为中具有追求潮流、求新求变、追求个性、表现自我等特点。同时，这个年轻的群体也展示出该产品青春活力的特色。厂家以他们作为销售对象，就是通过他们的消费示范来影响更多的渴望展现自身依然“年轻”的消费者。

案例分析

改变消费态度

20世纪60年代，日本本田摩托车准备进军美国市场，但当时美国市场的消费者对摩托车持否定态度。因为受警匪片和枪战片的影响，很多消费者把摩托车与流氓犯罪等行为联系起来。在这种情况下，要想让消费者接受这种新产品，就必须首先改变消费者的态度。那么本田公司以“你可以在本田车上发现最文雅的人”为主题，展开了一系列的广告宣传，出现在广告画面上的骑车人都是神父、教授、美女等，逐渐改变了人们对摩托车的看法，从而打开了销路。

问题：以上案例有何启示？

讨论分析：

个人：每位同学结合本案例内容，在学习本上写出你的看法。

小组：请同学们每4人一个小组，1人为组长，1人记录，在小组讨论中陈述个人看法，然后共同讨论，形成小组意见，并推荐一名代表在班级交流。

全班：每个小组代表在班级陈述本组观点，本组其他同学进行补充。

教师：教师记录各组陈述观点的要点，最后做点评。

分析提示：

消费者对新产品的态度，直接影响着新产品的销售，只有迎合或改变消费者的态度，才能使其认可和接受新产品。

同步实训

新产品推广的心理策略调研

1. 训练目标

（1）素质目标：培养同学们积极深入企业调研，认真参与实训的态度。提升同学们积极深入企业研究新产品推广的心理策略的兴趣。培养同学们与人合作和沟通的能力。

（2）能力目标：运用所学的新产品设计开发的心理需求和新产品推广的心理策略知识，认真填写新产品推广的心理策略调研表。

（3）知识目标：培养同学们在小组发言、小组讨论、实训调研表填写中，会运用新产品推广的心理策略等相关知识分析讨论问题，阐述自己的观点。

2. 训练内容

在本地选择产品（产品类型分别是：全新新产品、换代新产品、改进新产品），每种类型选择一件代表性产品，就这件新产品推广的心理策略进行调研。

3. 训练操作

（1）学生每4人一组，选定一名负责人，明确成员分工和具体责任。

（2）利用休息日，到市场、网上、图书馆收集相关资料。

（3）小组成员商量确定调查商品品种，深入市场组织实施调查，总结各个新产品推广的心理策略。填入表6－1中。

表6－1　新产品推广的心理策略调研表

新产品分类	产品举例	简述新产品推广的心理策略
全新新产品		
换代新产品		
改进新产品		
仿制新产品		

（4）就这件新产品推广的心理策略，向商家、消费者等进行实地调查。

（5）每组选一位同学代表本组在班级交流，最后由老师现场点评。

4. 成果要求

（1）每组撰写一份“新产品推广心理策略调研表”。

（2）根据每组调研表填写质量、小组成员在调查中的表现，小组陈述交流，每个同学贡献度大小综合评定每个同学的实训成绩。

5. 实训评价（见表6－2）

表6－2　新产品推广的心理策略调研实训评价表

项目	评价标准	分值	小组个人自评（30）	小组成员互评（30）	教师评价（40）	小计
素养培养	参与实训的态度端正，积极性高，小组合作意识强，小组讨论积极踊跃。	10				
	养成做事有计划的工作作风，能主动提出关于调查工作中的相关问题。	10				
	能够在企业调研中与营销人员和消费者心平气和地沟通。	10				
能力提升	能将所学的新产品开发推广的心理策略知识运用到新产品推广的心理策略调研中，学以致用。	10				
	根据实训要求实施调研，会运用信息化手段整理信息。	10				
知识应用	能基本理解新产品设计开发的心理需求、新产品推广的心理策略等内容。	10				
	能完整陈述新产品、新产品设计开发的心理需求、新产品推广的心理策略等知识。	10				

续表

项目	评价标准	分值	小组个人自评（30）	小组成员互评（30）	教师评价（40）	小计
项目成果展示	能够独立完成实训任务，完成实训任务及时、主动，并能主动提出问题，解决问题。	10				
	“新产品推广的心理策略调研表”结构完整，表中无错别字，选择商品符合要求。	10				
	“新产品推广的心理策略调研表”展示汇报形式新颖，陈述语言规范流畅，语速恰当，有感染力。	10				
合计		100				

任务2 商品名称、商标设计的心理策略

任务案例

娃哈哈的命名、商标、包装战略

今天的娃哈哈，用“妇孺皆知”一词来形容并不过分。集团董事长宗庆后独具慧眼地看中了“娃哈哈”这三个字。他的理由有三：其一，“娃哈哈”三字中的元音“a”是孩子最早最易发的音，极易模仿且发音响亮、音韵和谐、容易记忆，因而容易被孩子所接受；其二，从字面上看，“哈哈”是各种肤色的人表达欢笑喜悦之意；其三，同名儿歌以其特有的欢乐明快的音调和浓烈的民族色彩，唱遍了大江南北，把这样一首广为流传的民族歌曲与产品商标联系起来，即为产品涂上了国色，使消费者乐于熟悉它、想起它、记住它，从而提高它的知名度。商品名称确定后，又精心设计了活泼可爱的娃娃形象作为商标图案，以达到商标名称和商标形象的有机融合（如图6－2所示）。

图6－2 娃哈哈商品标识

俗话说，创名牌容易，护名牌难。娃哈哈在产品尚未投产的时候，便先行做了商标注册。其他厂家如果假冒，就可以通过法律手段加以制止，还可以防止别的企业抢先注册。包装上的主要图案也同时注册，从而起到了全包装图案注册的作用，使他人难以仿冒。这样做的目的，是想获得在国内独家生产娃哈哈儿童营养液及其系列产品的权利。现在，这家企业已注册了一系列防御性商标"娃娃哈""哈哈娃""哈娃娃"，而且陆续在相关商品类别中注册"娃哈哈"和它的"兄弟姐妹"商标。这实在不失为一种有效的自我保护手段。

娃哈哈商标一经国家商标局注册，企业便利用报纸、广播、电视等大众传播媒介进行了大规模的广告宣传，以期先声夺人，占领市场。这一招果然见效，在许多地区，一些侵权或变相侵权产品始终难以打开销路，因为消费者就认"娃哈哈"。

商品包装的创意改进，也成了有效的宣传手段。为了一改过去产品商标不引人注意、不便认读的特点，产品的设计者们在包装上扩大了"娃哈哈"的文字和图形，使之占据包装的大部分位置，醒目突出，让消费者在购买和饮用商品时首先认准商标，强化其对"娃哈哈"的印象。久而久之，"娃哈哈"在消费者心目中便自然取代了"儿童营养液"，甚至成为这类商品的代名词。

问题：该案例说明了什么问题？

分析：娃哈哈的名字符合商品命名的基本要求，便于记忆，引人注意。娃哈哈的商标设计构思新颖，简洁明了，易读易记，并进行商标注册登记，防止假冒和侵权，给消费者购买以安全感。娃哈哈这一品牌商标被应用到了其他同类商品上，企业采用了统一商标策略，壮大了企业声势，有利于介绍新产品。包装设计突出商品形象，富于美感，消费便利。取这样一个别致的读起来朗朗上口的商品名称，大大缩短了消费者与商品之间的距离。所以，企业在商品的命名、商品商标品牌设计、商标品牌保护、商品包装设计等方面应认真研究，从而能吸引消费者，有利于企业开展市场营销活动。

学习目标

素质目标：通过本任务的必备知识学习、同步案例和同步实训，激发同学们学习商品命名、商标设计的心理策略相关知识的兴趣和积极性。认同在商品命名及品牌商标设计的心理效应等分析活动中应遵循的营销伦理和营销职业道德、法律法规等基本要求的内容。

能力目标：通过本任务的案例分析和同步实训等活动，培养同学们结合营销调研，对新产品的商品名称、商标设计的心理策略进行分析的基本能力。

知识目标：通过本任务必备知识学习，能够陈述商品命名的心理效应及品牌、商标设计的心理效应等陈述性知识。

必备知识

一、商品命名的心理效应

商品名称即企业赋予商品的称谓。商品命名，就是通过消费者能够理解、便于记忆的语言文字，概括地反映商品的形状、性能、用途等特点。在现实生活中，消费者对商品的认识和记忆不仅依赖于商品的外形和商标，而且还要借助于商品的名称。消费者在接触商品之前，常常以自己对特定商品名称的理解来判断商品的性质、用途和品质，可见商品名称具有先声夺人的心理效应。一个容易记忆、寓意深刻、引发联想的商品名称能激发消费者的购买欲望。因此，有必要研究商品命名的心理特点，给商品起一个恰当的名字。

（一）商品命名的心理要求

1. 名实相符

名实相符，是指商品的名称要与商品的本身的特征相符合，使消费者能够通过名称迅速了解商品的主要特征和基本效用，加速消费者认识商品、了解商品的过程。如脑白金、五粮液、创可贴、飘柔等的命名都是遵循这个原则。

2. 便于记忆

一个易读易记、言简意赅的名称会减轻记忆难度，缩短消费者的记忆过程。为此，商品命名应力求以最简洁的语言文字高度概括商品的实体特性。为了便于消费者记忆，使用商品名称一般以3个字为宜，最好不超过5个字，如："三九"胃泰、金嗓子喉宝。此外，商品命名还要考虑商品的使用范围和相关消费者的知识水平，大众化商品的命名应通俗易懂，不宜出现难字怪字。一个难以发音和不易读懂的商品名称、企业名称，会使消费者产生畏惧心理，踌躇退缩，从而影响购买行为的发生。

3. 引人注意

引人注意是商品命名最主要的目的。商品命名应能对产品有恰当的形象描述，易使消费者产生好的印象和兴趣，同时应突出产品的特性，给人留下深刻的印象。给商品命名不能只用漂亮的字眼，还应注意名字的寓意和特色，寓意好、有新意的名字能使人过目不忘，一听就印象极深。如可口可乐、必胜客、泥人张、狗不理和大宝SOD蜜等。

4. 正面联想

引发联想是商品命名的一项潜在功能。通过商品名称的文字和发音，使消费者产生美好的联想，进而产生对商品的认知和偏好，引起消费者的购买欲望。譬如"金六福"酒就容易让人想到家庭幸福、阖家欢乐。

5. 避免禁忌

要注意，不同国家和地区的消费者因为民族文化、宗教信仰、风俗习惯及语言文字等方面的差异，可能会对同一商品名称的认知和联想截然不同。

小思考

请陈述下列三种商品各自命名的特点：五味子蜂蜜，康师傅方便面，华为手机。

（二）商品命名的心理策略

1. 根据商品的主要功能命名

这种命名能够直接反映商品的主要性能和用途，突出商品的本质特征，使消费者迅速了解商品的功效，以取得消费者的信任。很多工业品和药品都采用这种方法来给商品命名。如缝纫机、衣领净、感冒冲剂、牙痛安等。

2. 根据商品的主要成分命名

根据商品的主要成分命名是指所起的名称要突出商品的主要原料和主要成分，有助于消费者了解商品的使用价值和用途。多用于食品、药品和化妆品的命名，如桂圆八宝粥、人参蜂王浆、鲜橙多、芝麻糊、隆力奇蛇油膏等。

3. 根据人名命名

以人名命名即以发明者、制造者或历史人物、传说人物、影视或体育明星等名字命名。这种命名将特定的人与特定的商品相联系，利用消费者对名人的仰慕心理，或者使消费者睹物思人，引发丰富的联想、从而使商品在消费者心目中留下深刻的印象。这种命名方法还可以给消费者以产品历史悠久、工艺精湛、用料考究、质量上乘等印象，以此诱发消费者的购买欲望。如张小泉剪刀、东坡肘子、杜康酒、李宁牌运动服等。

4. 根据商品的产地命名

这种命名方法是指在商品名称前冠以商品产地的名称，使人觉得产品正宗、历史悠久，具有浓郁的地方特色。一般多用于土特产品和名优产品的命名，这些产品往往是利用当地独特的原材料或传统工艺精制而成的。这样不仅可以突出地方风味和特色，而且可以迎合消费者“慕名购买”的心理，如贵州茅台、西湖龙井、青岛啤酒、北京烤鸭、金华火腿等。

5. 根据商品的外形命名

这种命名方法是指通过形象化的名称，突出产品新、奇、特、美的造型，引起消费者的注意和兴趣，从而加深消费者对商品的印象。它多用于食品、工艺品的命名，如猫耳朵、满天星等。

6. 根据商品的外文译名命名

这种命名方法多用于进口商品。直接借用商品的外文译音，既克服了翻译的困难，又满足了消费者求新、求异的消费心理。如可口可乐、三明治、阿司匹林等。

7. 根据吉祥物或美好事物命名

根据吉祥物或美好事物命名，是一种迎合人们希望事事顺心的心理而为商品命名的方法，如龙凤水饺、福临门植物油等。

8. 根据商品的色彩命名

根据商品色彩命名是指以商品或原材料的色彩给商品命名。以色彩命名突出了视觉效果，增强了商品的吸引力。如白加黑感冒片、黑五类芝麻糊、金丝蜜枣等。

总之，企业在为商品命名时，应将商品的名称与商品某一方面的特性联系起来，这样才能迎合消费者的某些心理规律，刺激消费者产生购买欲望，实现购买行为。

同步案例

金利来的名称由来

在国内市场上很有名气的“金利来”产品及商标，最初的名字叫“金狮”。一次金利来（远东）有限公司的董事长曾宪梓先生将两条上等的“金狮”领带送给一个亲戚，结果人家不高兴地说："我才不带你的领带了，尽输，尽输，什么都输掉了。"原来，香港话的"狮"与"输"读音相同。于是曾先生彻夜未眠，绞尽脑汁想出一个万全之策：将"金狮"的英文"Gold Lion"用音译与意译相结合的方法，演变成新的名字，即把"Gold 意译为"金"，"Lion"音译为"利来"，合称为"金利来"（如图6－3所示）。

图6－3 金利来标志

问题：从金利来名称的由来，你得到什么启示？

分析：商品命名要给消费者带来积极正面的联想，要符合不同地域、不同文化背景消费者的心理差异。金利来采用音译加意译的命名技巧，把"尽输"变成了"金利来"，既符合中国人的文化心理，又保持了名称原有的风格和稳定性，曾先生以"金利来"这个吉祥物的名字创造了一个"男人的世界"。

二、品牌、商标设计的心理效应

（一）品牌、商标的概念

绝大多数生产企业都为自己的产品赋予品牌与商标，它们已成为产品的一个不可缺少的组成部分。

品牌俗称牌子，是名称、符号、标记、图形或它们的组合，用于识别产品的经营者和区别竞争者的同类产品。品牌是一个集合概念，一般由以下三个部分组成：品牌名称，品牌中可以用语言称呼的部分。如可口可乐（饮料）、长虹（电视机）等；品牌标志，品牌中可以识别、辨认，但不能用语言称呼的部分，包括专门设计的符号、颜色、图案、字体等。如华为的"花瓣"标志，迪士尼乐园的米老鼠和唐老鸭图案等，它主要产生视觉效果。商标，经政府有关部门注册登记受法律保护的品牌或品牌的一部分，具有区域性、时间性、专用性的特点。

一个企业的品牌和商标可以是相同的，也可以是不同的。品牌比商标有更广泛的内涵，品牌代表一定的文化，有一定的个性，而商标则是一个标记。

相关链接

2018年中国最具价值品牌排行榜

世界品牌实验室（World Brand Lab）发布了2018年《中国500最具价值品牌》排行榜。国家电网以4065.69亿元的品牌价值，位列2018年度最具价值品牌榜首，位列榜单2至5名的分别是：腾讯、海尔、工商银行和中国人寿。世界品牌实验室认为，从品牌价值角度分析，这些品牌已经进入世界级品牌阵容。

品牌的排名主要依据三个关键指标：

（1）品牌价值：以美元计算的品牌经济价值。

（2）品牌贡献：品牌对企业盈利能力的贡献，根据品牌对顾客购买决策的影响来计算。

（3）品牌动力：反映品牌价值近期增长前景的指标。

（二）商标的心理功能

商标是商品的一种特定标记。对于商家和消费者来说，它在心理方面的功能主要表现如下。

1. 识别功能

商标是区别某一产品与其他产品的标志，它既具有鲜明的形象，又具有相对的稳定性。因此，它有助于消费者辨别、记忆，并在同类产品中进行比较。如果消费者使用了他认为满意的某品牌商品后，他在以后的消费行为中就会以此作为购买导向，产生重复购买并进而形成品牌忠诚。

2. 保护功能

如前所述，商标一经注册登记后，就具有了法律保护的使用专利、商标专用权，任何假冒、伪造商标的行为都要受到法律的制裁。这就可以防止其他制造商或经销商生产经营同种产品。这样不仅可以保护企业的合法权益，让消费者在购买使用商品时有一种安全感和信任感，也可以使消费者免受假冒商品的损害。

3. 促销功能

商标作为某一具体商品质量、性能、价格和特点等的标志和保证，长期积累之后就成为产品的信用象征，获得消费者的认同，成为消费者选择商品的依据。特别是著名商标（名牌），由于其品牌知名度较高，企业具有完善的售后服务体系，顾客满意度较高，因而更能吸引消费者。

4. 提示和强化功能

当消费者存在某种需求时，商标的提示效应可以使消费者对商品产生偏好，从而影响消费者的购买决策，最终促成购买行为，这就是商标的提示功能。消费者使用该商品后如果反应良好，那么这种好感就会加深消费者对该商标的印象，它会使消费者形成理性购买或习惯性购买。反之，一个与消费者心理不符的商标，会强化消费者对商品的摒弃心理，这就是商标的强化功能。

5. 标准统一功能

商标是产品质量和企业信誉的体现，同一商标的商品代表一定的质量标准和技术要求。消费者对商品或品牌的信赖与忠诚，正是建立在此基础上的。比如，一提起海尔电器，无论是电冰箱还是热水器，人们都会联想到高质量的产品与服务。

同步案例

农夫山泉——有点甜

一个人在路上行走，天气很热，他感到很口渴，正遇到路旁冷饮摊出售饮料，想到了电视广告语“农夫山泉——有点甜”，就买了两瓶“农夫山泉”饮用水。他喝完之后感到冰凉可口，十分满意，觉得“农夫山泉”牌饮用水味道的确不错，效果挺好，于是加深了对商品的美好印象。下次口渴了或请别人时，他会不假思索地选择购买“农夫山泉”牌饮用水。

问题：上面的例子说明了什么？

分析：行人的干渴、饮水的欲望是生理需要，即驱使力。电视里的广告语“农夫山泉——有点甜”，以及商标是提示物。商标所体现的心理功能是提示功能，消费者喝完之后的满意感是反应。良好的反应会加深消费者对这种提示物的印象，这一过程就是强化。上例说明了商标的提示和强化功能。

（三）商标设计的心理策略

一个特色鲜明的商标，无疑会更容易被消费者认知和记忆，进而获取消费者的信赖和激发消费者的购买欲望，促进企业产品的销售。进行品牌设计时，必须考虑到商品的特色和消费者的心理。

1. 造型优美，构思新颖

商标的设计要展现艺术魅力，独特别致、构思新颖、感染力强的商标，才能满足消费者的求美心理，吸引人们的注意、给人留下深刻的印象，使顾客产生信任感，留下深刻的印象，增加广告宣传的效果。如果商标设计平淡无奇或外观粗糙、抄袭，不但无法吸引消费者的注意，而且还会给人商品很平庸的感觉。

2. 能表示企业或产品的特色，不落俗套

人们通常对特别的东西记忆深刻，因此商标的设计应注意强调个性，突出特色，与众不同，切忌落入俗套。理想的商标最好独一无二，能很好地反映企业精神和产品的性质、特色及风格。如万里牌球鞋、珍珠美容霜、永久自行车、雪花冰箱等都较好地体现了这个要求，有利于产品推销。而三角牌轮胎、钻石牌饼干，则不利于产品的顺利销售。另外重复使用的商标，如海燕、牡丹、熊猫等到处都用，使很美的名称显得俗气，既没有特色，也不便于识别。

3. 简单明了，易读、易记、易懂

消费者的注意力、记忆力难以容纳过多的要素，而简短、易读的商标更容易为人们接受和记忆。所以，商标应采用流行的色彩、明快的线条、精练的文字、抽象的图案，化繁为简；并且商标名称要朗朗上口，力求简短，让消费者易读、易记、易懂。如美国一眼镜店用“OIS”（Oh，I See）三个字母作为品牌，就别具新意。

4. 出口商品的商标要符合异国的民俗风情

商标的设计必须考虑到各国、各地区、各民族不同的习俗和消费心理，不能使用消费者忌讳讨厌的词语、图案和符号。特别是开拓国际市场的企业在进行品商标设计时要特别留意的。

5. 遵守法律规定，不乱用商标

商标设计一定要严格遵守法律的有关规定。如有关国家的名称、国徽、国旗、军旗不允许用作商标，有关国际组织的旗帜、徽记、名称不允许用作商标等。要维护国家、民族、国际组织的尊严，维护社会和消费者的利益，维护生产同类产品企业平等竞争的权利，维护商标专用权人的合法权利。

（四）商标运用的心理策略

商标心理策略就是企业如何合理地使用商标，以发挥商标的心理功能。企业在作出商标决策时，一般可以有以下几种选择。

1. 使用还是不使用商标

使用商标对大多数的产品来讲，都有积极的作用。第一，能将企业的产品与竞争者的产品区别开来，便于消费者认牌购买；第二，能够吸引具有品牌忠诚性的顾客，建立稳定的顾客群；第三，取得的商标专用权受到法律保护，可以防范他人侵犯自己商标的行为；第四，知名品牌是企业宝贵的无形资产，能为企业带来长久的稳定的效益。因此，现在市场上绝大部分商品都使用品牌，包括一些传统上不用品牌的商品，如食盐、水果、蔬菜等。但对消费者而言，并不是所有的商品都必须采用商标，不使用商标的商品有以下情况。

（1）差异性较小的匀质产品，如电力、煤炭、钢材等。

（2）消费习惯上不是认牌购买的产品，如打火机、水果、布匹等。

（3）生产简单、没有一定的技术标准，选择性不大的产品，如小农具、针头线脑之类的小商品等。

（4）临时性或一次性生产的产品，如日食观测卡、一次性的纪念品等。

2. 使用生产商标还是销售商标

生产者使用本企业的商标成为生产商标，或者生产者把产品卖给中间商，使用中间商的商标，成为销售商标。一般情况下，商标是制造商加在产品上的标记，因为产品的质量特性等是由制造商决定的，所以生产企业都拥有自己的商标，在生产经营过程中力求使用自己的品牌。但是，自20世纪60年代以来，西方国家市场上，开始盛行中间商商标，即一些大型的批发商和零售商致力于开发自己的商标，如世界著名的零售商沃尔玛、家乐福、希尔斯（Sears）等都拥有自己的商标。使用销售商标，可以提高销售者的商誉，使它能宣传自己而不是生产者。究竟使用谁的品牌，应根据消费者的心理和市场状况权衡利弊做出抉择。

3. 使用统一商标还是个别商标

（1）个别商标策略，即企业为其各种不同的产品分别使用不同的商标。例如，山西汾酒集团有限责任公司生产的酒分别使用“杏花村”“竹叶青”等不同商标。这种策略的优点是可以把个别产品的成败同企业声誉分开，不致因一种产品的失败而破坏企业的整体形象；使企业能针对不同细分市场的需要，树立各个产品的个性特征，有针对性地开展营销活动。

（2）统一商标策略，即企业所有产品都使用同一商标。例如“华为”“海尔”“蒙牛”等系列产品。这种策略的好处是，推出新产品时可省去命名的麻烦，节省商标设计费用和广告宣传费用，壮大企业声势，有利于企业利用原有品牌的声誉推出新产品。缺点是不利于塑造各个产品的个性特征，并且某一种产品的失败，可能会影响整个品牌形象。因此，使用统一商标的企业，必须对所有产品的质量严加控制。

（3）统一和个别并用策略，也称主品牌与副品牌策略，即企业为不同的产品分别使用不同的品牌，但每个品牌前均冠以统一的企业名称或统一品牌名称。例如，山西汾酒集团有限责任公司生产的杏花村品牌又有青花瓷汾酒、国藏汾酒、白玉汾酒等多个子品牌，它们各有特点。这种策略，可以使新产品系统化，借助企业声誉扩大品牌影响，又可使各品牌保持相对独立性。

案例分析

这样的命名合适吗？

现在一些商品起名滥用谐音，像“跳跳豆”“清嘴含片”被谐音成“挑逗”和“亲嘴含片”；有的方便面包装上大书“泡的就是你”。包子和奶茶被个别商家“谐音”成了“仁肉”包子和“二奶”茶。其理由是“仁肉”为虾仁肉，“二奶”即“牛奶＋豆奶”。如果清晨出门赶着上班，原本神清气爽，可当你拿着几个“人肉”包子，端着一杯“二奶”奶茶，那心里是个啥滋味呢？“吃”出的恐怕是血腥，“喝”出的无疑是恶俗！

问题：这样的商品命名合适吗？

讨论分析：

个人：每位同学结合本案例内容，认真查找相关资料，整理分析形成自己的观点，在学习本上写出你的看法。

小组：请同学们每4人一个小组，1人为组长，1人记录，在小组讨论中陈述个人看法，然后共同讨论，形成小组意见，并推荐一名代表在班级交流。

全班：每个小组代表在班级陈述本组观点，本组其他同学进行补充。

教师：教师记录各组陈述观点的要点，最后做点评。

分析提示：

显然不合适。在商品名称上做点文章，别出心裁，适当地搞点炒作，只要不违反法律法规和公序良俗，本不置可否。但这种故意使用容易产生歧义的、甚至低级媚俗字眼来给商品或者商店起名，靠低级趣味、语不惊人死不休来招揽顾客的做法，实在不敢苟同。这种商家连起码的商业伦理、社会影响也不考虑，见利忘义。对广大消费者，尤其是对直观接受事物的少年儿童，无疑会带去极大的负面影响。

同步实训

商品命名、商标设计心理策略运用调研

1. 训练目标

（1）素质目标：培养同学们积极深入企业调研，认真参与实训的态度。提升同学们

积极深入企业对商品命名、商标设计心理策略运用调查等实际问题的兴趣。培养同学们与人合作和沟通的能力。

(2) 能力目标：运用所学的商品名称、商标设计的心理策略知识，较准确地填写商品命名、商标设计心理策略运用调研分析表。

(3) 知识目标：培养同学们在小组发言、小组讨论、调研分析表填写中，会运用商品命名、商标设计心理策略等相关知识分析讨论问题，阐述自己的观点。

2. 训练内容

选择本地有特色的五种商品，就商品命名、商标设计方面运用消费心理策略进行调查。

3. 训练操作

(1) 学生每4人一组，选定1名负责人，1人记录，明确成员分工和具体责任。

(2) 利用休息时间，到市场、网上、图书馆收集相关资料。

(3) 选定调查商品名称，了解商品命名、商标设计的特点。

(4) 就五种商品的命名、商标设计及心理策略运用等问题，向商家、消费者进行调查。在调查了解的基础上，小组成员共同讨论总结商品命名和商标设计产生的心理效应，并填写调研分析表（见表6-3）。

表6-3　　商品命名、商标设计心理策略运用调研分析表

序号	商品命名	商品命名心理效应分析	商标设计说明	商标设计心理效应分析
1				
2				
3				
4				
5				

(5) 每个小组推荐一名代表在班级交流，其他学生可参与讨论，并由老师现场点评。

4. 成果要求

(1) 每组填写一份"商品命名、商标设计心理策略运用调研分析表"。

(2) 根据每组调研分析表填写的质量及小组成员在调研中的表现，综合评定每个同学的实训成绩。

5. 实训评价（见表6-4）

表6-4　　商品命名、商标设计心理策略运用调研实训评价表

项目	评价标准	分值	小组个人自评(30)	小组成员互评(30)	教师评价(40)	小计
素养培养	参与调研的态度端正、积极性高，小组合作意识、小组讨论积极踊跃。	10				
	调研有计划，安排有序、分工明确，能主动提出关于调查工作中的相关问题。	10				
	能够在企业调研中与营销人员和消费者心平气和地沟通，利用信息化手段收集资料。	10				

续表

项目	评价标准	分值	小组个人自评（30）	小组成员互评（30）	教师评价（40）	小计
能力提升	能就所学的商品命名的心理效应、商标设计心理效应等专业知识与营销人员沟通，学以致用。	10				
	根据实训要求实施调研，会运用信息化手段整理分析信息。	10				
知识应用	能运用商品命名的心理效应、商标设计心理效应等专业知识设计调研问题。	10				
	能结合商品命名的心理效应、商标设计心理效应等专业知识填写调研表。	10				
项目成果展示	能够独立完成调研任务，完成调研任务及时、主动，并能主动提出问题，解决问题。	10				
	"商品命名、商标设计心理策略运用调研分析表"结构完整，表中无错别字，观点正确。	10				
	"商品命名、商标设计心理策略运用调研分析表"展示汇报形式新颖，陈述语言规范流畅，语速恰当，有感染力。	10				
合计		100				

任务3　商品包装的心理策略

任务案例

"芭蕾"珍珠膏的包装策略

我国江苏生产的"芭蕾"珍珠膏，不仅畅销港澳地区，而且远销到法国、美国和东南亚一些国家。其原因除了它的内在质量较好外，还在包装上下了功夫。他们把包装的外盒设计成白底色，中间画着一双灵巧的手，托着一颗晶莹醒目的金色珍珠，雍容华丽，十分突出。在把瓶装珍珠膏装入纸盒后，又在瓶盖上面放置一个小巧的泡沫塑料托盘，里面放着一支镶有一颗珍珠的小别针。当你打开纸盒，一支闪闪发光的珍珠别针立刻跳入你的眼帘。这特别能吸引女性消费者的喜爱。说明书上还写明，如果自用，买50瓶以上，还可以串成一条珍珠项链。"芭蕾"珍珠膏因此名声大振，销售日增。

问题："芭蕾"珍珠膏在包装上使用了哪些心理策略？

分析："芭蕾"珍珠膏的外包装富有美感，能起到引起消费者注意的作用，内包装中附赠品珍珠，不仅给消费者一种真材实料、物超所期的感觉，吸引女性消费者，更能起促销的作用。

学习目标

素质目标：通过本任务必备知识学习、案例分析和同步实训，激发同学们学习商品包装的心理策略等相关知识的兴趣和积极性。认同在商品包装的心理策略中应遵循的营销伦理与营销职业道德、法律法规等基本要求。

能力目标：通过本任务的案例分析和同步实训，会对商品包装设计的心理需求、商品包装设计的心理策略进行分析。

知识目标：通过本任务必备知识学习，能准确陈述商品包装的含义和功能、商品包装设计的心理需求、商品包装设计的心理策略等陈述性知识。

必备知识

一、商品包装的含义和心理功能

（一）商品包装的含义

包装是指设计、制作容器或包扎物，并运用容器或包扎物将商品盛装的一系列活动。按包装在商品流通中所起的不同作用，可将包装分为运输包装和销售包装。运输包装又称为工业包装、外包装，其主要作用是为了保护产品和提高运输效率；销售包装，又称内包装或小包装，接触商品并随商品进入零售环节的包装，直接与消费者见面，其主要作用是美化商品，促进销售。

（二）商品包装的心理功能

包装是产品的延伸，是货架上的广告，特别是在自选购买中，商品包装正逐渐成为无声的推销员。如果包装的色彩造型能吸引消费者的眼球，包装上的宣传广告能抓住消费者的心理，包装上的说明能解答消费者的疑问，就有可能使消费者产生购买动机。包装的心理功能主要表现如下。

1. 识别商品

消费者在选购商品时，首先映入眼帘的不是商品的实体，而是商品的包装。商品包装可以说明商品的名称、品质和商标，介绍商品的特效和用途，展现企业的特色，是区别其他种类或品牌商品的重要标志。不同商品包装的文字、图案起到了简单说明和广告的效用，并帮助消费者辨认、比较和选择，从而加快了购买行为中心理活动的认知过程。

2. 引起兴趣

在琳琅满目、品种繁多的商品市场上，醒目的包装能够吸引和诱导消费者惠顾商品，一些有时代气息、艺术感和名贵感的产品包装，不仅能够紧紧地吸引消费者的视线、唤起消费者浓厚的兴趣，还能美化产品、增加产品的外观质感。更重要的是，好的产品包装能够刺激消费者的感官，诱发消费者对产品的积极情感，甚至使消费者纯粹出于对包装的喜爱而作出购买决定。

3. 便利增值

根据消费者的习惯，对产品进行合理和恰当的分装，给消费者带来便利感和安全感，起到便于使用和指导消费的作用。例如，现代小包装产品越来越受到家庭和个人消费者的欢迎。同时，良好的包装能满足消费者的某种心理需求，并将包装与质量联系起来，在一定程度上降低了消费者对价格的敏感性，使顾客愿意以较高的价格购买精美包装的商品，从而增加企业的利润。可见产品包装已逐渐成为产品增值和企业增利的手段和方式。

4. 促成购买

在一定程度上，精美的包装、适当的色彩、巧妙的图案设计往往能够促进销售，起到"无声推销员"的作用，它正在成为一种几秒钟的瞬间广告。顾客购买商品时，精美的包装会给人以美的享受，给消费者留下深刻的第一印象，提高顾客的视觉兴趣，激发顾客的购买欲望。

同步案例

改变包装出奇效

苏州檀香扇原来在香港市场上售价为每把65港元，销量一直不佳。经过市场调查，发现是由于包装不讲究而影响销量。消费者购买檀香扇的目的主要是作为馈赠礼品或工艺品，因此对包装的要求很高。后该企业改变包装，花5港元把原来的纸盒包装改为锦盒包装，售价提高到165港元，结果销路大增。

问题：你对苏州檀香扇厂这种改变包装的做法有何评价？说明你的理由。

分析：产品的包装是产品质量不容忽视的一个重要组成部分。良好的包装能满足消费者的某种心理需求，并将包装与质量联系起来。精美的包装在一定程度上降低了消费者对价格的敏感性，特别是一些礼品或工艺品，消费者愿意以较高的价格购买精美包装的商品，从而增加企业的利润。

二、商品包装设计的心理需求

商品包装要获得消费者的认同和喜爱，必须结合心理学、美学、市场营销学等基本知识，也别要充分利用包装的外观形象，满足消费者对包装及其内容的心理要求。

（一）突出商品形象

要让消费者满足"先入为主"的心理，商品包装必须形象突出。例如，独特奇异的包装容易与常规的包装形式形成对比和反差；开窗式包装往往能满足那些急于了解商品"真面目"的消费者的求知心理和好奇心理；系列式包装的商品陈列，具有统一格调，给人以集中、完整的印象，比零星点缀的商品更能吸引消费者的注意力和唤起购买欲；用鲜明、真实的实物彩色照片做包装，以形象逼真引人入胜。

（二）使用安全便利

包装设计必须考虑为消费者携带、使用、储存等提供方便，力求科学、合理、安全、便利。例如，提包式、折叠式包装便于携带；笨重物品在其包装上安置把手，以便于搬运；方便即食面用碗形包装，罐头使用拉环式包装，香水采用喷雾式包装，以便于使用；易燃、易挥发、易受潮等物品用密封包装；有的家用电器、药品在包装上标明保管方法、安全使用注意事项或“无毒”“无副作用”字样等，使消费者产生安全感和方便感。

（三）富有美感和时代感

商品包装的形状、图案、色彩，应力求具有欣赏价值、艺术价值，给人一种美的享受，满足消费者的求美心理。实践证明，富于艺术魅力的商品包装，可以促进潜在的消费者变为实际的消费者，甚至变为习惯性购买的消费者。在购买活动中，求新、求变、求好的心理也起着很重要的作用，体现在商品的包装上，必须充分利用现代科学技术、制作工艺、新型材料等，赋予包装以浓厚的时代特色，给消费者以新颖独特、简洁明快、时尚新潮的感觉。

（四）诱发美好联想

包装中不论是式样、构图、文字、数字、线条、符号、色彩的任何一项设计，都会引起消费者的不同看法，产生不同的心理联想。因此，包装设计必须高度注意这种心理现象，全面考虑消费市场的各种因素，充分掌握消费者的兴趣爱好与忌讳，力求包装的各项内容含义积极、健康、美好，符合消费者的心理愿望。

（五）适合文化环境

因每个地区的宗教信仰、风俗习惯、文化背景、地理环境不同，所以在产品包装上应避免出现一些禁忌。出口产品要充分考虑不同国家的禁忌，如禁忌的一些数字、图案、颜色，以免影响国际国内市场的宣传效果。

相关链接

包装美学

包装美学必须注意配合不同国家的文化特性。举例来说，光是颜色就有各种不同的联想。在某些国家，红色和魔法有着一定的关联性；绿色代表危险的警告；白色则是死亡的象征。另外也要注意包装的尺寸，在缺乏冷藏设备的国家里，软饮料无法以六罐装的方式售出。在某些国家，类似像洗洁剂这样的商品也只能以小份量的包装方式出售，因为当地家庭没有足够的储存空间。

三、商品包装设计的心理策略

商品包装应以消费者的各种心理需求为依据，通过包装使商品能引起消费者积极的心理效应，以刺激购买欲望。常用的包装设计心理策略主要分为以下三种。

（一）按照消费习惯包装商品

在长期的消费过程中，消费者都会形成一定的购买习惯。因此，按照消费者的消费习惯设计商品包装，是一种十分重要的心理策略。

1. 惯用包装

惯用包装是沿用消费者长期使用，已形成惯例的包装形式。比较符合消费者的传统观念或生活习惯，使消费者乐于接受，也便于消费者识别与及记忆商品，易于使消费者产生信赖感。如 20 支装的香烟、透明的瓶装饮料，鱼肉罐头用铝盒包装、水果罐头用玻璃瓶包装、鞋帽用纸盒包装等。

2. 分量包装

分量包装是按消费者的购买习惯，按照商品的重量或数量，分别设计大小不同的包装。例如：牙膏、洗衣粉等日用品，糖果、饼干等食品，都有大、中、小号不同的包装。采用这种包装，为消费者购买提供了充分的选择余地。有的商品价格高，一次购买量大，消费者难以接受，而分量少、体积小的包装能使消费者产生便宜感，也便于消费者尝试性购买，促进销售的作用十分显著。

3. 配套包装

配套包装是针对消费者的使用习惯，把消费者经常使用或同时使用的多种商品，搭配成套包在同一包装物中。如咖啡的咖啡伴侣、洗发水和护发素、餐具、茶具以及各种化妆品的混合包装等。这种包装为消费者的使用带来了方便，适应消费者的求便心理。有利于推动多种商品的连带销售，也可以节约包装费用。

4. 系列包装

系列包装是企业将自己用途相似、品质相近的不同商品，在包装上采用相似颜色、图案、形状、包装形式，体现出共同的特征，以便于消费者识别、记忆和选购。如市场上销售的很多饼干，采用规格相同、主体图案相同，但颜色不同以表示不同口味的系列包装。

小思考

产品包装是消费者对产品的视觉体验，是产品个性的直接和主要传递者，是企业形象定位的直接表现。你同意这种说法吗？试述理由。

（二）按照消费水平包装商品

由于消费者的经济收入、家庭负担和消费观念的不同，使得消费水平存在一定的差异。商品包装应照顾到各类消费者，满足不同消费层次消费者的消费需求。

1. 等级包装

等级包装是对不同档次或不同质量等级的商品分别使用不同的包装，并在包装材质、装潢风格上力求与产品档次相适宜。这种包装可以满足不同消费层次的顾客在不同使用环境中的消费需求，使不同收入的消费者心理需要都能得到满足。而且也不至于因为某一种产品销路不畅而影响其他产品的声望。例如，高级工艺品可采用丝绸及锦盒来包装，一般工艺品可使用纸盒来包装。

2. 复用包装

复用包装是一种能周转使用或具有双重用途的包装。当原包装的商品使用完毕后，包装可以重复使用，如啤酒瓶等；或是移作其他用途，如当工艺品或日用品等。这种包装适应了消费者的一物多用及求新、求利等心理要求，它所具有的适用性、耐用性和艺术性，不但使消费者愿意付出较高的价格购买商品，而且客观上起到了长时间广告宣传的作用。

3. 简易包装

简易包装是一种成本低廉、构造简易的包装形式，选用廉价的、可回收利用的材料，简化包装结构从而减少包装成本。其目的一是为了降低销售价格，满足消费者求实、求廉的心理；二是避免“形式大于内容”的过度包装，有利于环境保护。一般用于家庭普通日用消费品的包装。

4. 礼品包装

礼品包装是一种装饰华丽、富有欢庆色彩、情感动人的包装，它符合消费者进行社交活动和希望与人沟通的心理要求。尽管礼品式包装商品的价格略高，但它增加了礼品的价值感，达到了体现情感的目的，往往为消费者所乐意接受。如节日礼品通常采用喜庆的红色或金色礼盒包装。

5. 特殊包装

适应消费者的某些特殊需要，对价格昂贵、货源稀缺、工艺精良的名贵商品，一般采用具有较高价值或珍藏价值、突出商品名贵性的包装。例如，一些珍贵工艺品的包装，盒面装潢精美，盒内有丝绒衬垫，体现了工艺品的稀有名贵，身价倍增。特殊规格的包装能够满足消费者求名、求荣、求高档次等心理的需要。

（三）按照消费者性别年龄包装商品

不同性别和年龄的消费者，由于生理和心理的差异，对商品包装的观念也不同，商品包装应顺应这些差异进行设计。

1. 男性化包装

男性消费品的包装，应适应男性追求刚劲、庄重、坚毅、粗犷等心理要求，尽量采用表现力度、男性气质的设计风格和表现手法的商品包装。此外注意包装设计的科学性和实用性。

2. 女性化包装

女性消费品的包装，要适应女性追求温柔典雅、美丽时尚的心理需求，包装要突出其流行性、时尚性和艺术性。

3. 儿童用品包装

儿童用品的包装，要适应少年儿童追求新奇、生动、趣味、模仿、幻想的心理要求，迎合孩子天真活泼的天性，尽量采用形象、明快、色彩鲜艳、具有知识性和趣味性的包装。

4. 青年用品包装

青年用品的包装，要适应青年人追求新颖、美观、大方、新潮、流行等心理要求，采用时尚与实用相结合，知识与情感相结合，使商品的包装富于美感和时代感。

5. 老年用品包装

老年用品包装，要适应老年人追求庄重、朴实、淳厚的心理要求和传统的消费习惯，采用传统与实用相结合，使商品包装体现方便、简朴，突出舒适、便利。

案例分析

关于甘汁园商品包装方面的心理策略

甘汁园先后被评为南京市著名商标、江苏省著名商标。目前在中国的主要大中城市都建立了销售平台，甘汁园是消费者首选的食糖品牌。

一、商品命名与特点

目前甘汁园功能红糖已经拥有益母红糖、阿胶红糖、姜汁红糖、产妇红糖、女生红糖等品种。

二、目标消费者需求特点

目标消费者主要是女性消费者。女性消费者又分为：经期调养类、孕妇类、日常饮用类。

三、商品包装设计

（1）甘汁园的包装形象很突出，消费者一眼就能看出它的销售方向和产品功效。

（2）甘汁园的包装统一，给人以成系列的印象，比单品呈现的商品更吸引消费者的消费欲望。用鲜明真实彩色照片做包装，可以形象逼真，引人入胜。

（3）甘汁园力求从包装的形状、图案到色彩，体现商品特性并带给人美感享受，以满足消费者的审美心理。

（4）甘汁园更换新Logo和包装后，统一了VI视觉新形象并且进一步明确产品定位，给消费者继续关注和消费甘汁园产品的理由。

四、存在的问题和改进意见

存在的问题：由于红糖本身糖度过高，渗透压很大，自由水分很少，微生物也无法繁殖。甘汁园所用的包装是不可降解塑料，塑料本身会有一个老化现象。

改进意见：甘汁园的包装可将塑料袋改进为玻璃罐。在两种包装的密封程度一样的情况下，玻璃罐会比塑料袋好，因为玻璃不会老化。

问题：甘汁园商品包装方面的心理策略案例，对你有何启发？

讨论分析：

个人：每位同学结合本案例内容，查找资料，认真思考，在学习本上写出思考结果。

小组：请同学们每4人一个小组，1人为组长，1人记录，在小组讨论中陈述个人看法，然后共同讨论，形成小组意见，并推荐一名代表在班级交流。

全班：每个小组代表在班级陈述本组观点，本组其他同学进行补充。

教师：教师记录各组陈述观点的要点，最后做点评。

分析提示：

消费行为在一定程度上受包装设计的影响，即消费者购买动机受商品包装引导。只有了解消费者购买行为的特征及规律，才能使包装引导、指导消费的作用得到体现。消费者才会按照包装的指导进行购买，以满足生理和精神上的需要和追求。

同步实训

商品包装的心理策略调研

1. 训练目标

（1）素质目标：培养同学们深入企业积极调研、认真参与实训的态度。提升同学们深入企业研究商品包装的心理策略等实际问题的兴趣。培养同学们与人合作和沟通的能力。

（2）能力目标：运用所学的商品包装的心理策略知识，较准确地填写商品包装的心理策略分析表。

（3）知识目标：培养同学们在小组发言、小组讨论、调研分析表填写中，会运用商品包装的心理策略等相关知识分析讨论问题，阐述自己的观点。

2. 实训内容

选择本地市场中包装过度和绿色包装产品各一种，就商品包装的心理策略进行调查。

3. 训练操作

（1）学生每4人一组，选定一名负责人，一人记录，明确成员分工和具体责任。

（2）利用休息日，到市场、网上、图书馆收集包装过度和绿色包装相关资料。

（3）深入企业调查，确定调查的商品包装内容，将调研收集的资料经小组成员共同讨论形成小组意见，并填入调研表（见表6-5）。

表6-5　商品包装的心理策略调研表

分类	商品包装实例说明	心理策略分析说明
包装过度		
绿色包装		

（4）就该商品包装的特点及心理策略运用，向商家、消费者等进行了解，填写调研分析表（调研分析表可附照片和说明）。

（5）每组推荐一位同学在班级交流本组调研表的内容，学生可参与讨论，由老师现场点评。

4. 成果要求

（1）每组填写一份“商品包装的心理策略调研表”

（2）根据每组调研表填写的质量、小组成员在调查中的表现、每个同学的贡献度大小综合评定每个同学的实训成绩。

5. 实训评价（见表6-6）

表6－6　　商品包装的心理策略调研实训评价表

项目	评价标准	分值	小组个人自评（30）	小组成员互评（30）	教师评价（40）	小计
素养培养	参与实训的态度端正，积极性高，小组合作意识强，小组讨论积极踊跃。	10				
	养成做事有计划的工作作风，能主动提出关于调查工作中的相关问题。	10				
	能够在企业调研中与营销人员和消费者心平气和地沟通。	10				
能力提升	能将所学的商品包装的心理策略知识运用到商品包装的心理策略调研中，学以致用。	10				
	根据实训要求实施调研，会运用信息化手段整理信息。	10				
知识应用	能基本理解商品包装和心理功能、商品包装设计的心理需求、商品包装设计的心理策略等内容。	10				
	能完整陈述商品包装和心理功能、商品包装设计的心理需求、商品包装设计的心理策略等知识。	10				
项目成果展示	能够独立完成实训任务，完成实训任务及时、主动，并能主动提出问题，解决问题。	10				
	“商品包装的心理策略调研表”内容完整，观点正确，表中无错别字。	10				
	“商品包装的心理策略调研表”展示汇报形式新颖，陈述语言规范流畅，语速恰当，有感染力。	10				
合计		100				

知识脉络

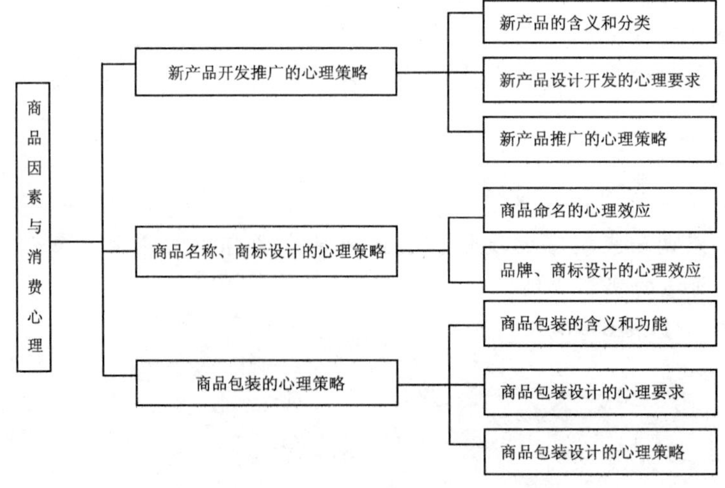

项目小结

任何一个层次的创新、变革或改革，都可以理解为一种新产品。产品具有新的功能、新的结构、新的品种或增加新的服务，能给顾客带来某种新的满足和新的利益，就可以看作是一种新产品。

商品名称具有先声夺人的心理效应。一个容易记忆、寓意深刻、引发联想的商品名称能激发消费者的购买欲望。

商标是商品的标志，是商品的生产者或经营者为了区别于其他同类竞争的产品而采取的一种标记。商标一般由文字、图形、符号、字母、颜色、线条等组成，商标经过注册登记后，具有专利并受法律的保护。

商品包装的设计，应以消费者的各种心理需求为依据，通过设计使商品包装能引起消费者积极的心理效应，以刺激购买欲望。常用的包装设计心理策略主要有以下三种：按照消费习惯设计商品包装，按照消费水平设计商品包装，按照消费者性别年龄设计包装。

思考与练习

1. 理论题

（1）单选题

①把用途相似、品质相近的不同商品，采用相似的包装图案、色彩和包装形式，这是包装设计的（　　）。

A. 惯用包装　　B. 分量包装

C. 配套包装　　D. 系列包装

②美国可口可乐公司生产的饮料，使用“可口可乐”“雪碧”“芬达”等不同的名称，这使用了（　　）。

A. 销售商标　　B. 个别商标

C. 统一商标　　D. 中间商商标

③消费者接受新产品的心理过程，一般分为五个阶段，即（　　）。

A. 知晓→评价→决策→购买→反馈　　B. 知晓→兴趣→评价→购买→反馈

C. 知晓→兴趣→评价→试用→采用　　D. 知晓→评价→兴趣→试用→采用

④“人参蜂王浆”是根据商品的（　　）来命名的。

A. 主要功能　　B. 主要用途

C. 主要成分　　D. 主要效用

⑤通过消费者能够理解、便于记忆的语言文字，概括反映商品的性质、形状、用途等特点，叫做（　　）。

A. 商品介绍　　B. 商品包装

C. 商品命名　　D. 商品商标

（2）多选题

①新产品开发的心理要求主要包括（　　）。

A. 适应消费变化　　B. 改变消费心理

C. 适应个性特征　　D. 讲究科学合理

②新产品能否打开市场，关键是要注意（　　）的心理特征，做好他们的工作。

A. 消费先驱　　B. 早期采用者

C. 中期采用者　　D. 晚期采用者

③商标的心理功能主要表现在（　　）。

A. 识别功能　　B. 保护功能

C. 安全功能　　D. 促销功能

④下列商品中，符合商标设计心理要求的是（　　）。

A. 钻石牌饼干　　B. 力士牌球鞋

C. 火焰山牌毛毯　　D. 海燕牌金笔

⑤按照消费水平设计的商品包装，主要有（　　）。

A. 等级包装　　B. 简易包装

C. 复用包装　　D. 多种包装

（3）简答题

①影响新产品购买的心理因素有哪些？

②简述商品包装的心理要求和心理策略。

③简述商品命名的心理策略。

2. 实务训练题

案例分析

"金六福"：植根中国"福"文化①

"金六福"在短短的几年时间里迅猛崛起，年销售额已经达到十多亿元，成为中国白酒业的五强之一。对此，业内称之为"金六福现象"。它的成功固然有很多因素，但不可否认的是，它有一个中国人喜欢的好名字。"金六福"这一名称是金六福酒业有限公司在广泛征集创意，花费大量人力和物力的基础上，经过反复斟酌，在众多方案中选定的。

"金六福"品牌名称的内涵是："寿、富、康、和、孝。"这是中国几千年传统文化的浓缩，它迎合了人们对"福文化"的需求，因此，这个名字一经推出，立即引起了消费者的普遍好感。

此外，"金六福"酒的包装设计也很特别，外盒包装以黄、红、金为主色，一星至五星不同规格的产品，均采用类似的设计，突出了系列酒的特点。

五星"金六福"还在外包装上赋予"开门见福""开门揭福"的吉祥创意，钱袋形状的酒瓶也寓意喝此酒一定会福星高照，财运亨通。其他星级的金六福酒也都以不同方式，从不同角度突出了"福"文化含义。

"金六福"系列酒的所有外包装、酒瓶标签上都有古代传说中的富贵吉祥鸟凤凰的图

---

① 赵越．营销实训［M］．北京：对外经贸出版社，2007.

案，其线条流畅。极具观赏性。因此，喝“金六福”酒让人觉得不仅仅是在品味优质的美酒，更是在品味5000年的中国文化。可见，“金六福”的成功在很大限度上是托了品牌名称的“福”。

问题：

（1）结合案例谈谈“金六福”成功的主要原因是什么？

（2）商品名称和包装对塑造品牌形象有什么样的影响？

项目七
商品价格与消费心理

“打折”出新招，商家获利丰

“打折”是商家用来吸引消费者的方式之一，打八折、打七折的商家屡见不鲜。可世上竟有打一折的商家，这就是某绅士西服店。其打折销售方式是规定10天为一个打折周期，第一天打九折、第二天打八折……以此类推，最后两天打一折。

该店推出这一活动后，第一天和第二天前来购物的顾客并不多，偶尔前来的顾客也多半是看一看。可到第三天顾客光临人数就开始迅速增加，等到第五天打五折时，顾客就像洪水般地涌来开始抢购，随后几日人满为患，自然商品也就“荡然无存”了。

这一全新的“打折”方式十分有效地抓住了顾客的心。任何人都希望在打一折、打二折时买到所需商品，可是他们也明白，称心如意的商品难以保留到最后两天。因此，当打七折的时候，大多数顾客就开始躁动不安起来，恐怕失去大好机会。

经统计表明，这家西服店的商品平均是以原价的五折出售的。这不能不说是一种加速资金周转、清理存货、淡季促销的高招。

提示：本案例打折销售的方式很有新意，商店利用消费者追求“实惠”，抓住“机会”的心理，优惠价格来刺激消费者尽快购买。折让定价是一种竞争力较强，弹性较大，买卖双方都愿意接受的价格策略，企业必须根据竞争状况、消费者心理以及企业的经济利益，合理确定折让的幅度，把握好折让的时机。

现实生活中，每一位消费者的购买行为都可以说是诸多因素共同作用的结果，而这诸多因素中，被选择商品的质量与价格因素均可视为至关重要的一环。在购买过程中消费者是如何看待商品价格的？商品价格又从哪些方面影响消费者的购买心理及其行为？企业在决定商品价格时应考虑哪些心理因素，采用什么定价方法最能适合消费者的一般购买行为？价格的波动会对消费者行为有什么影响？以及消费者对于灵活的市场价格会有哪些规律性的心理与行为反映呢？这些都是本项目要学习的内容。

任务1　消费者的价格心理

任务案例

苹果公司的定价“高招”

苹果公司的 iPod 产品是近年来最成功的数码类消费产品，一推出就获得成功。第一款 iPod 零售价高达 399 美元，属于高端高价产品。对于消费者来说此价格是比较昂贵的，但是有很多“苹果迷”还是纷纷购买。距第一款 iPod 推出不到半年，苹果公司又推出了一款容量更大的 iPod，当然价格定得更高，零售价 499 美元，但在市场上仍然卖得很好。而苹果公司的主要竞争对手索尼公司，于 iPod mini 在市场上热卖两年之后，推出了针对这款产品的 A1000，而且只是广告，新产品正式上市还要再等两个月。而此时，苹果推出了 iPod shuffle 这款大众化的产品，价格降到 99 美元一台。同时原来的高价格产品并没有退出市场，只是略微降低了价格而已。结果在市场上大获成功。

问题：苹果公司采取的是什么定价策略？满足消费者什么心理？

分析：苹果公司采取的是撇脂定价策略，这种定价策略利用消费者的求新、猎奇和追求时尚的心理，在新产品进入市场初期，将价格定得很高，大大超出商品实际价值，力求在短时间内收回全部成本，并获取盈利。

学习目标

素质目标：通过本任务必备知识学习、案例分析和同步实训，激发同学们学习消费者的价格心理，喜欢研讨消费者价格心理，提高自主学习有关消费者的价格心理知识的兴趣。

能力目标：通过本任务的案例分析和同步实训等活动，同学们能够运用商品价格的心理功能、消费者的价格心理特征等知识提高对消费者价格心理进行分析的基本能力。

知识目标：通过本任务必备知识学习，能够完整陈述商品价格的心理功能、消费者的价格心理特征等陈述性知识。

必备知识

一、商品价格的心理功能

商品价格对消费心理的影响，以及影响过程中消费者所产生的价格心理现象，我们称之为商品价格的心理功能。现阶段，我国市场上经营的商品有成千上万种，各种商品的质量、用途、款式不尽相同，价格也千差万别。商品价格的高低，直接关系着买卖双方的切身利益，也直接影响着消费者对某些商品是否愿意购买，以及购买数量的多少。所以，商品价格上的差异会引起消费者不同的心理反应。商品价格的心理功能主要有以下三个方面。

（一）商品价值的认识功能

商品价格在一定程度上体现了商品价值的大小和质量的高低，是商品效用程度的一个客观尺度，具有衡量商品价值的功能，在现实生活中，人们把价格看作衡量商品价值和品质的标准，看成是产品价值的货币表现。通常情况下，商品价格高，其价值就大，质量就好，适用性就强。反之，价格低廉的商品，其内在价值和商品质量也相对较低。所谓的"一分钱，一分货""好货不便宜，便宜没好货"等，就是这种心态的反映。如同样品质的两件羊毛衫，款式也相差无几，如果一件用彩色纸盒包装，包装精致，标价 1500 元，另一件用透明的塑料袋包装，标价 1000 元，消费者的第一反应就是 1500 元的那件品质好，价值高，而 1000 元的那件相对品质较差，价值就低。消费者这一价格心理现象与价格构成的基本理论是一致的。从价格构成理论看，一切商品的价值都是由生产该产品所耗费的社会必要劳动时间决定的。在以货币为媒介的情况下，产品的价值只能以货币来表示，并借助货币来衡量产品的价值。所以产品价格的差别所反映的是以货币所代表的商品价值不同。随着社会主义市场经济的发展，科学技术突飞猛进，产品品种越来越多，新的产品不断出现，一般的消费者仅靠传统经验从商品的使用价值角度去判断商品价值和商品品质变得越来越困难了，从而转向越来越多地依靠商品价格来评判商品价值与品质，尤其在耐用消费品、高科技产品的销售中表现更为突出。当然消费者可以通过多种渠道收集信息，通过比较分析来判断商品的价格是否合理，是否物有所值。而当消费者由于缺乏信息或技术而无法判断质量时，价格就成为一种很重要的质量信息。

因此，市场营销人员要正确认识和理解这一功能，制定合理的适应消费者心理和行为的价格，从而实现促进销售，满足需要的目的。

（二）自我意识的比拟功能

商品价格的自我意识比拟是商品价格人格化的心理意识，即借助于商品价格来反映消费者自我的一种心态。在市场营销实践中，商品价格不仅被消费者用于比较产品价值和产品品质，还能使消费者产生自我意识比拟的心理功能。消费者在购买产品的过程中，通过联想和想象等心理活动，把产品价格与个人的偏好、情趣、个性心理特征等联系起来。通过价格的比拟来满足社会心理需要和自尊心理需要。

1. 社会经济地位比拟

在现实生活中，有些人在社会上具有一定地位，购买商品只愿到高档大型百货商店或专卖店购买"名、特、优、新"产品，他们率先拥有高价的私人汽车、豪宅以显示自己的社会地位和经济实力，并获得一种心理的满足。也有一些人在消费活动中总是喜欢选购廉价商品或打折商品，这也是消费者将自己的经济地位与商品价格联系起来的具体表现。

2. 文化修养比拟

有些人喜欢购置、收集、储藏古董物品作为家庭摆设，希望通过昂贵的古董来显示自己崇尚古人的风雅，并乐在其中。有些消费者尽管对书法字画缺乏鉴赏能力，却要花费大笔支出购买名人字画挂在家中，希望借此来显示自己具有很高的文化修养，得到心理上的慰藉，也有一些消费者既没有看书的习惯，又没有藏书的爱好，却购置一些豪华精装的书籍，放在书架里以显示自己博学和文化修养，这些都是文化修养上的比拟。

小思考

有人说“顾客要购买的从来不会是商品本身，而是期望得到的效用。”你同意这样的说法吗？为什么？

3. 生活情趣比拟

有些消费者以具有高雅的生活情趣为荣，即使不会弹钢琴，也要在居室里摆放一台钢琴，以期得到别人“生活情趣高雅”的评价，即使不十分喜爱音乐，也要购置高档的音响器材，获得心理上的满足，这都是生活情趣的比拟。

4. 观念更新比拟

一些消费者总要用大笔大笔的钱不停地更新电脑、手机或办公设备，希望能够以此获得“与时代同步发展”的心理安慰。也有一些人受广告影响，经常萌发追赶科技潮流的冲动，购买一些并无多大实际用处的商品，其潜在心理是树立自己观念前卫的形象。

自我比拟心理功能因人而异、各不相同，与个人的观念、态度、个性心理特征有关，并在日常购物中有意无意地显露出来。但有一个共同点，就是从满足社会需求和自尊需求出发，更多地重视产品价格的社会价值象征意义。

（三）调节需求的功能

商品价值的认识功能和自我意识的比拟功能，是对商品既定价格而言的，是一种静态分析。从动态来分析，商品价格是经常会变化的，通常在其他条件不变的情况下，当市场上某商品价格下降时，其消费需求量会增加；反之，价格上涨，需求量会减少，具体来说有以下两种心理。

1. 价格需求弹性心理

商品价格的高低对供求关系有调节作用，特别是对于需求弹性大的商品，商品价格上涨时，顾客会认为购买商品会导致利益受损，而减少购买，商品价格下降时，顾客会认为购买商品会获得更多的利益，而增加购买。如在节日期间、旅游旺季，提高景点门票收费标准，都是为了适当减少需求，使之与服务能力相适应。

2. 追涨等跌心理

追涨等跌心理就是人们通常所说的“买涨不买跌”的心理，即当商品价格上涨时，人们认为今后可能还要上涨，并因担心价格持续上涨而积极购买甚至抢购；当商品价格下跌时，人们预期价格可能还要持续下跌，并期望跌到一定程度再购买，反而持币待购。

二、消费者的价格心理特征

消费者价格心理是消费者在购买活动中对价格认识的心理现象，它反映出消费者对价格的知觉程度，也反映出消费者个性心理、消费者价格心理特征，主要有以下几个方面。

（一）消费者对价格的感受性

价格感受性是指消费者对商品价格及其变动的感知强弱程度。它表现为通过某种形式的比较所出现的差距，对消费者形成刺激的一种感知。消费者对产品价格大体上是有一个标准的，这种想象中的价格标准是人们在长期的购买活动中，由于意识、想象、习惯以及对产品品质的体验而形成的。具体讲一般通过三种途径获得：第一，根据与市场同类商品的价格进行比较；第二，通过与购买商品现场的不同种类商品的价格相比较；第三，通过商品本身的外观、质感、重量、大小、包装、使用特点、环境气氛进行判断。比较结果的差异大小，形成了消费者对价格高低的不同感受，这种感受会直接影响消费者价格判断。

消费者对价格的感受性心理是商品销售过程中的普遍现象，市场营销者应重视这种心理现象。在组织商品销售过程中，可以用优质的产品、优良的服务、优美的装潢、优雅的环境来影响消费者的心理活动，以获得较好的销售效果。

（二）消费者对价格的敏感性

消费者价格的敏感性是指消费者对商品价格变动在心理上的反映程度和速度。这种敏感性既有一定的客观标准，又有消费者在长期购买实践中逐步形成的一种心理价格尺度，具有一定的主观性，这两者共同作用，影响消费者对不同种类商品价格变动的敏感性。对那些与消费者生活关系密切的商品价格，由于购买频度较高，消费者的敏感性较高，如日用百货、食品、蔬菜、水、煤气、电等商品，这些商品价格略有提高，消费者马上会做出强烈的反应；而一些耐用消费品，如电脑、音响、高档家俱，由于其购买频率较低，即使价格比原有价格高出几十元，上百元甚至更多，人们也不太计较，即消费者对这类商品价格敏感性较低。

在日常生活中，消费者对价格变动敏感心理的反应强度，会随着价格变动的习惯性适应而降低。因此，企业在给那些价格敏感程度较高的商品提价时，除了做好必要的宣传工作以外，应该采取渐近式、缓慢的提价方式，如可以通过提高商品质量、改进商品性能、改进商品包装等形式提高商品的价格，以使消费者逐渐形成对价格的习惯心理。

相关链接

每一个消费者的心理都是不一样的，而每一个消费者又都是一个细节市场。只有在心理上认同了商品才会做出最后的购买决定。个性化消费必将成为消费主流。

（三）消费者对价格的习惯性

消费者对价格的习惯性是指消费者根据自己以往的购买经验，对某些商品的价格反复感知而逐步形成的心理。由于消费者长期、多次购买某些商品，以及对价格的反复感知，形成了消费者对某些商品价格的习惯心理，这种习惯心理一旦形成，就会直接影响消费者的购买行为。这是因为在现代市场营销中，由于各种因素的影响，消费者很难对商品的价格等客观标准了解清楚，而只能以逐步形成的价格习惯作为判断所购商品价格合理与否的标准。如果某一商品的价格在消费者认定合理的范围内，他们就会接受；超出了这一范围，则难以接受。一般来说，成为习惯性心理价格的商品多数是日常生活用品。企业一定要认识到消费者价格的习惯心理对购买行为的影响，在制定和调整商品价格时，对那些超出消费者习惯性价格范围之外的商品要慎重行事，一定要弄清这类商品的价格在消费者心目中的价格上限和下限的幅度。必须调整时，要把调整幅度限定在消费可以接受的范围内，同时要做好宣传解释工作，以使消费者尽快接受并习惯新的价格。

随着我国改革开放的深入，广大消费者对市场商品价格变动的心理承受能力大大增强，对商品价格变动由不习惯、不适应到适应的过程大大缩短，由商品价格变动引起消费者心理上的浮动和不安的程度大大降低。这就为企业产品价格的调整提供了良好的心理基础。

（四）消费者对价格的倾向性

消费者对商品价格选择的倾向性心理是指消费者在购买商品过程中对商品价格的高低进行比较后选择商品的倾向，是消费者对同类商品价格水平的偏好性。商品价格有高、中、低档的区别，它们分别标志着商品不同的品质与质量标准。一般来说，当消费者对同类产品进行比较时，如果没有发现明显的差别，往往选择价格较低的产品。对各种不同类商品的价格，消费者在比较时的倾向性也是不同的。对日常生活用品、短期时令性商品，消费者倾向于选择价格较低的；对耐用消费品、奢侈品，消费者则倾向于价格较高的。消费者价格倾向心理一旦形成就具有相对稳定性。

当前，随着社会经济的发展，人们的消费呈现出多元化特征，既有追求高档名贵的求“名”心理，又有追求实惠的求“廉”心理，也有追求价格适中、功能适中的求“中”心理，满足情感、文化需要的求“情”、求“乐”、求“知”心理。消费者对商品价格倾向性心理由于受其社会地位、经济收入、文化水平、个性特点的影响，使得他们在购买中表现出来的价格倾向不尽相同。他们会根据自己的不同需求特点做出不同的价格选择。企业在制定营销决策时，要充分考虑不同层次消费者的不同需要，经营高、中、低档系列产品，采用合适的心理定价策略，满足不同消费者对价格的倾向性需求。

三、影响消费者心理价格的社会因素

分析消费者价格心理现象，目的在于准确把握消费者的价格心理，制定相应的营销策略，在目前市场经济条件下，为了提高企业制定营销价格策略的有效性，企业经营者还必须要了解影响消费者心理价格的社会因素。

（一）价格预期心理

价格预期心理是指在经济运行过程中，消费者群体或消费者个人对未来一定时期内价格水平变动趋势和变动幅度的一种心理主观估测。它是以现实社会经济状况和价格水平为前提的推断和臆想。如果形成一种消费者群体的价格预期心理趋势，就会较大地影响市场某种商品现实价格和预期价格的变动水平。

特别要注意的是，消费者对通货膨胀预期心理将会导致对现实商品大规模地超前购买，以至于出现抢购风潮。同时，也会给企业生产和经营者传递销售过旺的错误信息，致使企业生产者盲目扩大规模，经营中表现为惜售、囤积等不规范的营销行为，甚至加剧经济运行的不均衡与不协调，这是企业价格决策中必须考虑的重要心理因素。

（二）价格攀比心理

价格攀比心理通常表现为不同消费者之间的攀比和营销者之间的攀比。消费者之间的攀比心理会导致盲目争购、超前消费，乃至诱发和加重消费膨胀态势，成为推动价格上涨的重要因素。不同营销者之间的价格攀比会直接导致价格的盲目涨跌，进而冲击消费者的消费判断能力，使市场出现盲目的波动。

（三）价格观望心理

价格观望心理是指消费者对价格水平变动趋势和变动量的观察等待，当其达到自己期望的水平时，才采取购买行动，从而取得较为理想的现价与期望价格之间的差额。价格观望心理一般产生于市场行为比较活跃的时期，在耐用消费及不动产的消费方面表现的较为明显。消费者往往会根据自身的生活经验和自我判断及社会群体的行为表现来确定等待的观望期。消费者观望心理对企业经营活动的影响大多表现为隐形的，当这种心态形成社会消费者的群体意识后，会对企业以及社会造成很大的压力，可表现出社会性的购买高潮和社会性的拒绝购买两种极端行为。因此，企业在确定价格策略广告策略时，应注意增加经济信息的透明度，注意信息传播的广泛性，以减少观望心理带来的盲动性。

（四）倾斜心理与补偿心理

倾斜心理在心理学中反映了某种心理状态的不平衡，补偿心理则反映掩盖某种不足的一种心理防御机制。两者都是一种不对称的心理状态的反映。这种心理状态来自于利益主体对自身利益的强烈追求。在日常生活中，许多人都可以被认为既是营销者又是消费者。作为营销者而言，这种心理状态可导致价格决策中的心理矛盾和选择错误，他们总希望自己产品的价格卖得越高越好，而他人产品的价格则卖得越低越好；购买商品的价格越低越好，而销售价格越高越好。作为消费者而言，总希望自己的收入越多越好，而市场上商品价格越低越好。在消费者购买商品时，在讨价还价中，总希望以自己给出的最低价成交，如果消费者购买某种商品时其价格未达到预期的最低价格预期，则他希望能够在购买其他商品时得到补偿，前者为价格倾斜心理反映，后者是价格补偿心理显现。这种不平衡、不对称的心理态势如果在社会群体中不断强化，就会产生一种社会的冲动，在法制意识不健全的情况下，这种冲动将演变为市场上的假冒伪劣、低质高价、以次冲好，缺斤短两等不正当经营行为，扰乱多年来消费者心中形成的价格心理标准，使消费者失去对商品价格和质量的信任感。

案例分析

不同商品价格的比较

一件50元的商品，把它摆放在大多是50元以上商品的甲柜台，与摆放在50元以下商品的乙柜台，消费者对价格的感受和判断是不一样的。多数消费者会认为放在甲柜台内标价 50 元的商品便宜，而放在乙柜台标价 50 元的商品贵了。这种现象是消费者在判断价格的过程中，受周围陪衬的其他商品价格的影响而产生的错觉。

问题：怎样利用商场中的不同商品价格的比较进行促销？

讨论分析：

个人：每位同学结合本案例内容，在学习本上写出你的看法。

小组：请同学们每 4 人一个小组，1 人为组长，1 人记录，在小组讨论中陈述个人看法，然后共同讨论，形成小组意见，并推荐一名代表在班级交流。

全班：每个小组代表在班级陈述本组观点，本组其他同学进行补充。

教师：教师记录各组陈述观点的要点，最后做点评。

分析提示：在市场营销活动中，当甲柜台都是标价较高的商品，当其中有一件标价较低的商品，顾客就会认为这件商品便宜。如果乙柜台全是价格较低的商品，在其中放一件价格较高的商品，顾客就感觉这件商品贵。消费者多通过对不同商品的对比以判断商品便宜不便宜。因此，营销人员为了把某件商品推销出去，可以在标价时对应周围其他商品适当标低要推销的商品的价格，让消费者对比判断，得出这件商品便宜的结论。如果需要具体进行产品介绍说明时，可以先推荐贵的产品，当顾客产生异议时再推荐相对便宜的。这样容易促成交易。

同步实训

分析消费者对价格的敏感性

1. 训练目标

(1) 素质目标：培养同学们积极深入企业调研、认真参与实训的态度。提升同学们积极深入企业研究消费者价格敏感性等实际问题的兴趣。培养同学们与人合作和沟通的能力。

(2) 能力目标：运用所学的消费者价格敏感性知识，较准确地填写消费者价格敏感性分析表。

(3) 知识目标：培养同学们在小组发言、小组讨论、实训分析表填写中，会运用消费者的价格心理等相关知识分析讨论问题，阐述自己的观点。

2. 训练内容

到某一超市观察打折商品的销售情况或节日前夕商品打折优惠活动，了解商品销售情况，分析研判不同类别消费者对价格的敏感性。

3. 训练操作

(1) 将学生每 4 人分为一组，并选出一名小组负责人。

(2) 小组负责人与其他同学共同制定实施计划，明确任务。

(3) 详细记录不同类别商品打折销售情况和消费者的购买行为。

(4) 询问几位消费者的购物心情或感受。

(5) 每组按以上消费者价格敏感性分析表收集资料，并在表 7 - 1 中填写相关内容，请老师指导。

表7－1　　消费者价格敏感性分析表

商品大类	百货商品	米面油蛋	水果类	服装类	家用电器类
商品名称					
原　价					
新定价					
调价幅度					
购买群体感受					
购买行为特点					

4. 成果要求

（1）每组填写一份“消费者价格敏感性分析表”

（2）就各组的分析表在班级交流，老师要作点评。

5. 实训评价（见表7－2）

表7－2　　消费者价格敏感性分析实训评价表

项目	评价标准	分值	小组个人自评（30）	小组成员互评（30）	教师评价（40）	小计
素养培养	参与实训的态度端正，积极性高，小组合作意识强，小组讨论积极踊跃。	10				
	养成做事有计划的工作作风，能主动提出关于调查工作中的相关问题。	10				
	能够在企业调研中与营销人员和消费者心平气和地沟通。	10				
能力提升	能将所学的消费者的价格心理知识运用到消费者价格敏感性调研中，学以致用。	10				
	根据实训要求实施调研，会运用信息化手段整理信息。	10				
知识应用	能基本理解商品价格的心理功能、消费者的价格心理特征等内容。	10				
	能完整陈述商品价格的心理功能、消费者的价格心理特征等知识。	10				
项目成果展示	能够独立完成实训任务，完成实训任务及时、主动，并能主动提出问题，解决问题。	10				
	“消费者价格敏感性分析表”结构完整，报告无错别字，观点正确。	10				
	“消费者价格敏感性分析表”展示汇报形式新颖，陈述语言规范流畅，语速恰当，有感染力。	10				
合计		100				

任务 2　商品定价的心理策略

任务案例

“99 商店”

目前在国内外零售商店中有很多名称各异的廉价商店。比如，美国纽约的“99 商店”专营日用杂品、家用小五金等，所有商品均定价 99 美分。我国昆明有家商店经营各种小工艺品，全部定价 1.9 元，广告用语是：“1 元 9，任君求”。其他还有 2 元店，8 元店、10 元店等。这些商店的经营状况一般都不错，靠薄利多销，利润也算不低。

问题：这些廉价店的目标顾客是谁？它利用了目标顾客的什么消费心理？

分析：廉价店的目标顾客就是求廉求实惠的顾客。物美价廉永远是大多数顾客追求的目标，一般地，人们总是希望用最少的钱买最好的东西。一般廉价店都是常用的小商品，标价几元钱，感觉不贵，深受消费者欢迎。这正是利用了消费者求廉、求实心理，顾客买到自己认为便宜的必用品，一般会很开心愉快。因此，营销人员要给顾客创造真正的便利和实惠，尽可能满足顾客求实惠的心理。

学习目标

素质目标：通过本任务必备知识学习、案例分析和同步实训，认同现代市场营销活动中商品定价的心理策略应遵循的营销伦理与营销职业道德、防止价格欺诈等法律法规的基本要求的内容。

能力目标：通过本任务的案例分析和同步实训，会对商场中新产品定价心理策略进行分析。

知识目标：通过本任务必备知识学习，能比较完整的陈述商品定价的一般心理策略，新产品定价的心理策略等。

必备知识

价格制定策略是企业营销战略的重要组成部分。制定合理的价格，是产品成功地走向市场、满足顾客需要的重要前提。在对产品定价时，企业除了要考虑商品的成本、需求和竞争因素外，还必须考虑消费者的心理，深入探求消费者的价格心理表现，必须得到消费者心理上的认可和接受，才能称之为成功的定价，商品定价的心理策略是指企业以市场、产品特征为基础，根据消费者的某些特殊心理因素，以灵活多变的方式对商品予以巧妙的定价，达到诱导消费者购买的目的。

一、商品定价的一般心理策略

价格是企业竞争的重要手段之一，企业除了根据不同的定价目标选择不同的定价方法外，还要根据商品价格在消费者心目中的变化情况，运用适当的定价心理策略来促进商品的销售。企业营销活动中常用的六种定价心理策略如下。

（一）非整数定价心理策略

非整数定价是一种典型的心理定价策略，是运用消费者对价格的感觉、知觉的不同而刺激其购买欲望的策略。一般情况下，多数消费者在购买日用商品时，比较愿意接受零头价格，特别是对于购买次数频繁的日用品，求廉心理促使消费者更偏爱零头价格。例如，5元一包的饼干，若定为4.95元，虽然只减少了5分钱，但消费者认为这是属于4元范围的开支，符合一般消费水平，从而激起消费者的购买欲望，使商品销售量增加。

非整数定价的心理策略有以下几方面的心理作用，一是给消费者以定价准确的心理信息，一种产品定价有整有零，连角和分都计算的清清楚楚，消费者就会认为企业定价准确合理，企业商品价格是可信的。二是给消费者以价格偏低的心理信息。消费者总希望能买到物美价廉的商品，非整数定价正是利用了这种心理倾向。如一件商品定价为98.5元与定价100元，虽然只差了1.50元，但给消费者心理上造成的差距远不止1.50元。三是给消费者以数字合意的心理信息。

（二）习惯价格心理策略

习惯价格心理策略，是指消费者对经常消费的产品，经过多次购买之后，对原有价格有了固定认识，形成了对这种产品价格在心理承受上的习惯性。由于在长期的消费实践中，消费者对一些生活日用品，便利品及服务类商品价格，在其心目中已经形成了一个习惯性的计价方式和价格标准。例如，一袋鲜牛奶2元钱等。采取这种定价的特点是商品的质量和零售价格具有稳定性，对这些商品因消费者经常使用，对商品的性能、质量、替代品等方面的情况有详细的了解，形成了自己的购买经验，消费习惯和主观评价，从而在心理上对商品价格有了一个既定的价格标准。即使商品的生产成本略有升降，也不应过快地变动销售价格，否则容易引起消费者的逆反心理。

采用习惯价格心理策略，可以给消费者以价格合理的感觉和价格稳定的印象。而对消费者的这种价格心理，企业要提高商品的价格，必须注意方式方法。比如，采取提高产品质量、增加产品功能、改变产品型号或改换商标和包装等措施，要给产品以新的形象。然后再利用新的价格代替原有价格，由此逐渐形成消费者的新的习惯价格。

（三）整数定价的心理策略

整数定价心理策略指企业把商品价格定在整数上的一种定价技巧。这种定价技巧实质上利用了消费者的“一分钱、一分货”的心理及炫耀心理，它主要适用于对名、优、特或高档耐用消费品的定价。如一台计算机价格定为3000元，而不是2980元。对这类商品价格定得稍高一些，而且是一个整数，可以在消费者心目中树立价高质优的产品形象，给人以可靠性高的心理感受。

运用整数定价心理策略能起到加强消费者对产品的记忆和提高产品形象的作用，并能使消费者产生一种高质量的炫耀感，还不用麻烦找零。在实际营销活动中对价值较低的一些商品也选择这种定价策略，如一些小食品、小的日用品价格定为1元、2元（而不定

0.99 元、1.98 元），有利于吸引消费者购买，也有利于起到促进销售的作用。

（四）折让价格心理策略

折让价格心理策略是指企业在一定的市场范围内，以目标价格为标准，为维持和扩大市场占有率而采取的减价求销的价格策略。如经常见到的“全场商品七折起”“六一儿童节儿童用品打折”“一件商品 60 元、两件 100 元”等，均为企业在促销中利用消费者的折扣心理而常用的手法。其心理功能是利用消费者追求“实惠”，抓住“机会”的心理，利用优惠价格来刺激和鼓励消费者大量购买和重复购买。

折让价格的形式很多，但一般都有特定的优惠对象。例如，对购买的金额或数量达到规定限度的顾客给予一定幅度的折扣优惠；对经常购买某种产品的顾客；对在产品试销期间带头购买的顾客；对在销售淡季购买商品的顾客；对促进产品销售有贡献的顾客等都给予优惠。

折让定价是一种竞争力较强、弹性较大，买卖双方都愿意接受的价格策略。折让价格的心理作用是直接而显著的，是一种行之有效的促销手段，企业必须根据市场供求、竞争状况、消费者心理及企业的经济利益，合理确定折让的幅度，把握好折让的时机，才能增强企业商品在市场上的竞争力，扩大销量，节约流通费用，以取得较高的经济效益。

小思考

消费者希望自己买到什么呢？有人总结为：买价值，买需要，买忠孝仁义。你同意这样的总结吗？说说你的理由。

（五）声望定价心理策略

声望定价心理策略是指商品经营者利用消费者追逐名牌商品的心理，利用自己在长期经营与服务中在消费者心目中树立的声望，通过制定较高的商品价格来满足消费者崇尚名牌商品、名牌商场的心理而采用的一种定价策略。消费者的求名心理通常表现为对名牌产品的追求和追求去名牌商店购物，对高档购物地点的追求，对某种特定服务的追求等。所以，这种定价策略又适用于高档名牌商品、奢侈品及有特色服务的商场或特定地点等。消费者在得到某种特定服务或购买到某种名牌商品时心理上会感受到自己的身望、地位随之提高了，这样，求名心理和炫耀心理同时得到了满足，因而往往认为支付高价也值得。

实际经营中，采用声望定价心理策略一定要慎重，切忌随便滥用。如果商品知名度不高，又是日常生活用品，盲目采用声望定价心理策略制定高价，反而会引起消费者的反感，给商品销售造成不可挽回的损失。

相关链接

金利来领带一上市，就以优质高价定位。对高质量的金利来领带，厂商绝不会降价处理。这样，给消费者留下的印象是，金利来领带绝不会有质量问题，低价销售的金利来领带绝非真正的金利来产品。

（六）分档定价心理策略

分档定价心理策略是指企业根据市场细分理论，对不同档次的商品采取差别定价的技巧，即企业在出售商品时，将不同厂家生产的同一类产品或同一厂家生产的不同产品按品牌、规格、花色、型号和质量等标准划分为若干个档次，对每一个档次的商品制定一个价格，以适应不同消费者的不同心理需要。如冬季商场里出售的羽绒服，经常按品牌分为几个档次，每个档次之间都存在着差价，使消费者很容易相信这是由质量差别原因形成的，给消费者以“一分钱，一分货”的感受。这种定价策略既便于消费者购买合适的商品，也便于简化交易手续，通过制定不同档次的商品价格，来反映不同商品品质水平，从而满足不同消费者的消费心理、消费习惯和消费水平。

二、新产品定价的心理策略

在市场营销活动中，给新产品定价是最复杂、最困难的一项工作，由于新产品投入市场初期，消费者对产品的质量、性能、先进性和适用性等了解甚少，又特别朦胧，只有价格是实实在在的，消费者最易了解，价格的高低决定了消费者对新产品的最初认识，关系到新产品能否顺利进入市场并站稳脚跟。因此，根据新产品的具体特点，制定合理的价格，关键在于选择合理的新产品定价心理策略。

（一）撇脂定价策略

撇脂定价又称高价策略，这种定价策略利用消费者的求新和追求时尚的心理，在新产品进入市场初期，将价格定得很高，大大超出商品的实际价值，以便在短期内尽快收回投资，减少经营风险。当市场上该产品的销量下降时，或者产品竞争者纷纷出现时，企业就会逐步降低价格，以吸引对价格敏感的新顾客。

（二）渗透定价策略

渗透定价又称低价策略。这种定价策略利用消费者求实惠、求价廉的心理。先采取低价出售，借以迅速打开销路，扩大市场份额，然后逐步渗透，逐步提高，最后把价格涨到一定高度的策略。

（三）满意定价策略

满意定价策略是介于撇脂定价策略与渗透定价策略之间的一种定价策略。是根据消费者对该种新产品所期望的支付价格，将其定在高价与低价之间，兼顾消费者和生产者的利益，使两者均满意的价格策略，它主要考虑了消费者的购买能力和购买心理，能较大程度地适应消费者的需要，增强消费者的购买信心。国内外对新产品的定价采用这种策略者较多。这种策略适用于那些生活日用品和技术要求不高的新产品。

案例分析

九华山风景名胜区的差别定价

九华山是中国四大佛教名山之一。

九华山现有的天台索道和百岁宫地面缆车价格上涨方案已通过物价部门批准。上涨后的天台索票价为：快速通道上行50元，下行36元；普通票旺季（3月1日至11月30日）上行40元，下行35元；淡季（12月1日至次年2月底）上行35元，下行30元。上涨后的百岁宫地面缆车票价快速通道上行46元，下行34元。普通票旺季（3月1日至11月30日）上行38元，下行32元；淡季（12月1日至次年2月底）上行35元，下行28元。

九华山风景管理委员会负责人介绍说，残疾人、在校师生、现役军人和70岁以上的老人凭证件享受优惠政策不变。

问题：九华山风景名胜区淡旺季差别定价，利用了顾客什么价格心理？

讨论分析：

个人：每位同学结合本案例内容认真思考，在学习本上写出你的思考结果。

小组：请同学们每4人一个小组，1人为组长，1人记录，在小组讨论中陈述个人看法，然后共同讨论，形成小组意见，并推荐一名代表在班级交流。

全班：每个小组代表在班级陈述本组观点。

教师：教师记录各组陈述观点的要点，最后做点评。

分析提示：旅游产品由于淡季和旺季品质没有明显的差异，企业为了使自己的经营在一年中能保持基本稳定，推出淡旺季不同价格，以吸引那些求廉心理的顾客。既满足了游客求实惠的心理，又使企业经营能力在淡季保持基本正常。

同步实训

非整数定价的认知实训

1. 训练目标

（1）素质目标：培养同学们深入企业参与实训的积极态度、学习非整数定价方法实际操作的积极性、向企业师傅虚心学习的态度和同学们间的合作意识。

（2）能力目标：会运用所学的商品定价心理策略等知识，分析本实训中的心理策略问题。

（3）知识目标：培养同学们在小组发言、小组讨论、实训表格填写过程中，会运用商品定价的心理策略等相关知识参与分析讨论问题，阐述自己的观点。

2. 训练内容

到某一商场或超市了解当地市场上哪些类别的商品采用非整数定价策略。

3. 训练操作

（1）将学生每人4分为一组，并选出一名小组负责人。

（2）小组负责人与其他同学共同制订实训计划，明确任务，合理分工。

（3）走访两家以上商场，详细记录商品的非整数定价情况。

（4）现场询问营销人员非整数定价的原因，询问消费者的感受。

（5）详细记录消费者对非整数定价商品的购买行为等资料。

（6）各组按要求填写非整数定价认知实训表（见表7-3）。

表7-3　非整数定价认知实训表　　年　月　日

价格区间	1元以下	5元以下 1元以上	10元以下 5元以上	50元以下 10元以上	100元以下 50元以上	500元以下 100元以上	1000元以下 500元以上	1000元 以上
商场名称								
商品名称								
所定价格								
消费者 的感受								
实训认知								

4. 成果要求

（1）每组上交一份"非整数定价方法认知实训表"

（2）各组的非整数定价方法认知实训表要在班级交流，老师要作点评。

5. 实训评价（见表7-4）

表7-4　非整数定价方法认知实训评价表

项目	评价标准	分值	小组个人自评（30）	小组成员互评（30）	教师评价（40）	小计
素养培养	参与实训的态度端正，积极性高，小组合作意识强，小组讨论积极踊跃。	10				
	养成细致、严谨的工作作风，能主动提出关于完善实训活动的相关问题。	10				
	在实训活动中能有礼貌的与营销人员沟通，积极想办法收集相关资料。	10				
能力提升	能将所学的定价心理策略知识运用到认知实训中，学以致用。	10				
	正确分析非整数定价认知实训工作内容，能高质量地完成实训任务。	10				
知识应用	能基本理解非整数定价的心理策略的内容。	10				
	能完整陈述非整数定价心理策略的内容。	10				

续表

项目	评价标准	分值	小组个人自评（30）	小组成员互评（30）	教师评价（40）	小计
项目成果展示	能够独立完成认知实训任务，完成认知实训任务及时、主动，并能主动提出完善实训任务和解决问题的办法。	10				
	“非整数定价方法认知实训表”结构完整，表中无错别字，有自己的见解。	10				
	“非整数定价方法认知实训表”展示汇报形式新颖，陈述语言规范流畅，语速恰当，有感染力。	10				
合计		100				

任务3　商品调价的心理策略

任务案例

雅芳走下高端卖地摊价　顾客称便宜得不敢用了①

雅芳退出中国市场前，长沙很多地区的商业街上经常可以看到这样的一幕：“十元一件，通通十元”。顺着叫卖声，人们可以看到推车里都是洗发水、沐浴露、面膜等产品。本来以为又是什么山寨版的产品在蒙人，但抬头一看居然是雅芳专卖店。据说每次傍晚，它们都会推出这些打折产品。而且各专卖店还大都齐齐悬挂着“新品全线打折！”的巨额横幅，这样的场景实在让人难以和曾定位为白领阶层的国际品牌雅芳联系起来。雅芳到底怎么了？

“近两年，雅芳护肤品折扣越来越多了，一瓶原价一百多的乳液打折之后只要几十块钱。”当时在师大读大三的李同学说道，“刚开始，这种方式很吸引学生的眼球，到了晚上七八点的时候，专卖店里经常挤满了人”。但是，慢慢地学生对这种折扣似乎已经没有太大的兴趣了。据李同学介绍，雅芳的产品更新很慢，那些较大众化的产品在包装上一直都没有变化。公司虽然每年会推出一两款较高端的产品，但价格却不是学生能负担的。

据了解，现在也有越来越多的化妆品牌渐渐进入高校市场，它们的价格和雅芳当前的价格差别不大。所以，在多重产品竞争的环境下，雅芳在中端产品上又没有更新，自然也无法在竞争中再现昔日的“辉煌”。

另外，记者也在论坛上搜索到许多网友的点评。一位网友表示：“AVON 现在便宜得我不敢用，雅芳真的不如前些年了。”

① 全球品牌网 http：//www.globrand.com/，有改动。

问题：该案例说明什么问题？

分析：说明消费者对商品降价的心理反应，认为“便宜没好货”。凡降价产品不是过期产品、库存积压品，就是将被淘汰的产品等。这同时也说明企业需要了解消费者的这些心理反应，谨慎降价。

学习目标

素质目标：通过本任务必备知识学习、案例分析和同步实训，认同现代市场营销活动中实施商品调价的心理策略时应遵循的营销伦理与营销职业道德、防止价格欺诈的法律法规的基本要求。

能力目标：通过本任务的案例分析和同步实训，会初步对企业商品提价的心理策略、企业商品降价的心理策略实施情况进行分析。

知识目标：通过本任务必备知识学习，能准确陈述商品提价和降价的心理策略。

必备知识

在市场经济条件下，随着市场营销环境的变化，企业产品制定出价格不会一成不变，价格的调整与变动是经常发生的。营销企业在商品调价时，既要考虑上述因素对商品价格的影响，又要考虑消费者商品价格调整的心理要求，使调整后的价格既实现企业利润目标，又符合消费者心理要求。

一、商品降价的心理策略

企业在组织商品销售的活动中，由于多种原因会采取降价策略。面对企业的降价行为，消费者做出的认识与了解非常关键。

（一）消费者对企业商品降价的心理反映

消费者对企业商品降价做出的反应是多种多样的。有的消费者对企业商品降价行为做出的是积极的有利反应，如认为企业的生产成本降低了，或企业让利于消费者。有的消费者会做出与其相反的各种心理和行为反应，如认为“便宜没好货”才降价；有的认为“买便宜货有失身份，有损自尊心和满足感；有的认为是由于企业新产品问世而进行的老产品的降价处理，老产品马上会被淘汰，后期维修会得不到保障；有的认为可能是过期产品，库存积压产品，质量不好，实用价值降低；有的认为该产品出现了供过于求，已经开始降价，可能会继续降价。消费者最终会“持币待购”或“越降越不买”。

（二）企业商品降价应具备的基本条件

企业商品降价是有条件的，只有消费者具有下面心理才适合采取降价策略。第一，市场竞争激烈，商品的市场份额下降，不得不降价促销，以提升市场占有率。第二，企业生产成本和经营费用低于竞争对手，通过主动降价来应对竞争，提高市场份额。第三，消费者注重该产品的实际性能与质量，商品的社会象征意义不明显。第四，消费者对产品的质量和性能非常熟悉，如某些日用品和食品，降价后仍对产品保持足够的信任度。第五，消费者在企业充分说明商品降价的理由后，感到能够接受降价商品，如企业搬迁或内部装潢等。

（三）企业商品降价的操作技巧

1. 选好降价时机

营销企业在选择商品降价时机时，通常要综合考虑营销企业实力，商品在市场生命周期所处的阶段、销售季节、消费者对商品的态度等因素。营销企业若能恰当地选择降价时机，则会起到非常显著的促销效果。通常情况下，企业商品降价的时机有：时尚新潮商品进入流行高潮普及的后期阶段；重大节假日的降价优惠促销；季节性商品即将过季或是换季商品的降价销售；一般商品进入成熟期就应降价；企业庆典活动降价回馈消费者；市场领导品牌率先降价，作为竞争对手采取降价跟进策略。其他特殊情景下的降价：如国家有关商品或消费政策法规出台、国内外市场突然发生变化；厂商改变经营方向，或拆迁改建等。

2. 把握降价幅度

营销企业商品降价应贯彻“一步到位”的原则，不能过于频繁地降价，否则会使消费者对商品产生不信任心理，或者等待继续降价的观望心理。降价时，降价幅度要适宜，以引起消费者的关注，使之动心，刺激消费者产生购买行为为目的。实践证明，降价幅度在 10% 以下时，不能激发消费者的购买欲望，达不到促销的效果，降价幅度至少在 15% ~30% 或以上才会产生明显的促销效果。但降价幅度超过 50% 以上时，必须说明大幅度降价的充分理由，否则消费者会怀疑这是假冒伪劣商品，反而不敢购买。

3. 运用商品降价的组合技巧

营销企业在执行降价策略时，全部商品都较大幅度地降价，企业承受不起；降价幅度过小，不起作用。经验表明，一个企业少数几种商品大幅度降价，比很多商品小幅度降价促销效果好；知名度高、市场占有率高的商品降价的促销效果好，知名度低，市场占有率低的商品促销效果差。因此，企业要制定一个科学的商品降价组合，即采取少数商品大幅度降价，多数商品小幅度降价，既有轰动效应，也能把利润损失控制在合理范围。

4. 做好商品降价的信息传播工作

企业无论采取何种降价措施，都要努力做好宣传工作，尽可能让消费者了解降价的真实原因，打消他们对降价的疑虑。向消费者传递降价信息有多种办法，如要在降价广告或降价标签上，注明降价前后两种价格，或标明降价金额、幅度；也有的商家会把前后两种价格标签挂在商品上，以证明降价的真实性，可信性，增强降价信息在视觉上、心理上的冲击力。

相关链接

价位心理的把握要注意以中间线为基准线，上可升下可降。上升价格要突出“一分价钱一分货”，好货不便宜。下降要突出“物美价廉”，价格下降品质没有下降，服务依然有保障。在产品同质化的情况下，其附加值的确是销售的重点。对于消费者而言，在看产品的同时，更注重它的附加值。

二、商品提价的心理策略

在市场经济条件下，价格上涨也是一种正常的经济现象。但商品涨价对消费者而言总是不利的，会引起消费者和中间商的不满。企业迫于各种原因不得不提价时应充分考虑消费者的购买力和心理承受能力，认真分析和研究提价后消费者可能产生的心理反应，并采取相应的心理策略。

（一）消费者对企业商品提价的心理反应

当企业商品提价时，特别是当某些商品价格上涨幅度比较大时，消费者心理与行为会做出各种反应。如有的认为：商品提价可能是因其具有某些特殊的使用价值，或具有更优越的性能；商品提价，说明是热门货，属于畅销紧缺产品，应尽快购买。商品提价可能是限量发行，有升值空间。也有的消费者认为商品已经提价，可能还会继续上涨，认为现在不买，以后要花更多的钱才能买到，应尽快抢购，以防将来购买吃亏；商品提价是通货膨胀造成的恶果，于是减少储蓄，大量抢购，觉得存钱不如存货保险。

（二）企业商品提价应具备的基本条件

企业商品提价是有条件的，只有具备了下面一些条件下才适合采取提价策略。第一，消费者对该品牌忠诚度很高，是品牌的偏好者，一般不因价格上涨而轻易改变购买习惯。第二，消费者坚信产品具有特殊的使用价值，或具有更优越的性能，或有其他产品不能替代的特殊因素。第三，市场上同类产品少，而且替代品也少。企业具有行业优势，资金比较充足。第四，消费者有求新、追求名望、好胜攀比的心理，愿为自己喜欢的产品支付高价。第五，消费者已理解价格上涨的原因，并能从心理上接受价格上涨的幅度。

（三）企业商品提价的心理策略

1. 选择好提价时机

通常情况下，商品提价是有时机的，因为任何一种提价，消费者都会表现出一时的不适应，甚至会激发出不满情绪。因此，商品提价必须掌握时机，要在条件具备的情况下进行，以避免消费者不良心理现象的产生。商品提价的时机是：企业商品在市场竞争中占据优势地位时；商品进入成长期，销售行情持续上涨；季节性商品达到销售旺季，或一般商品处于销售旺季；主要竞争对手的商品提价，本企业有条件采取同样的策略，并维护产品形象。总之，企业商品提价要掌握好时机，提价后的一段时间，可能出现销售量下跌的现象，有的消费者将转向其他品牌，给竞争者抢占市场提供了机会。这时，企业要努力搞好全方位的服务，提高服务质量，热情周到地为消费者服务，以取得消费者理解。消费者对提价适应后，销售量自然会回升。

小思考

有人说，价格在未来的消费中，越来越不是首要考虑条件，而整体品牌或店铺的协调性给顾客的价值感越来越重要。为什么？

2. 把握提价的幅度

商品提价要充分考虑消费者心理要求。一般讲，企业商品提价幅度不应过大。具体提价幅度，并没有统一的标准，一般就消费者对价格的心理敏感而定。国外研究认为，以5%为提价的上限不容易引起消费者的注意，也符合消费者的心理承受能力。总之，商品提价要遵循幅度宜小不宜大，速度宜慢不宜快，要循序渐近，边提边看，谨慎行事。

3. 运用好商品提价的心理策略

企业在提高商品价格时，要注意采用一些心理策略，合理运用商品提价技巧。一是宜被动提价，不宜主动提价，消费者对企业的主动提价和被动提价会产生两种不同的心理反应。所谓主动提价，从某种意义上说，就是在同行业中率先提价。由此造成的后果是消费者购买数量的减少，并影响企业的经济效益，甚至影响到企业形象。被动提价是企业在竞争对手提价后采取的提价策略，好处是容易使消费者理解和接受，巩固了老顾客，还有可能吸引来新顾客，而且对于以后的被动提价，消费者也是可以理解和接受的，也不会损及企业的形象和利益。二是宜间接提价，不宜直接提价。直接提价是指企业随着生产成本的增加和市场因素的变化而直接提高商品的价格。普通商品直接提价时应注意幅度一般不宜过大，幅度过大会流失大批消费者，有时会对企业形象也造成一定的影响。间接提价是指企业维持原产品价格不动，只是采取减少有关费用开支的方法来达到经济效益的提高，间接提价又有两种方法：一种方法是通过变化产品的名称、型号、包装等因素，然后变相提高价格，其实产品并没有什么改变。另一种方法是表面上不改变商品的价格，但实际上通过减少数量或一些不是必要的附加功能，变相提价。

4. 商品提价的注意事项

企业采用价格心理策略要注意的首要问题是不能违反有关法律，不能涉嫌欺诈。经营者必须依法经营，认真维护消费者的合法权益。其次企业商品提价时应采取各种渠道向消费者说明提价的原因，做好宣传解释工作，以取得消费者理解。再次认真做好服务工作，如改变销售环境，提高服务质量，增加服务项目，以求得消费的谅解和支持，维护企业形象，提高消费者信心，刺激消费者的购买需求和购买行为，从而达到企业商品提价的预期效果。

案例分析

“促销价”的代价

2006年4月9日，张先生在某商务网站上的e电子商务有限公司网店内购买了3件商品，购买时三款商品均标注了上下两个价格，上面的标明“价格”，并用横线划掉，下面的标明“促销价”，购买的三件商品均以“促销价”进行结算，共计消费5296元。后张先生以网络聊天方式询问客服价格问题，被告知上面的“价格”即是原价，并称购买商品时店铺并没有任何促销活动，只是店铺日常价销售。如此说来，所谓的促销价根本不存在，只不过是该网店诱骗消费者进行交易的一种手段，其行为构成价格欺诈。

张先生向天津市一中院提起诉讼，最终判令e电子商务有限公司接受退货，退还货款5296元，并按照货款三倍支付张先生惩罚性赔偿金15888元。

问题：法院为什么会做出如此判定？你是如何思考的？

讨论分析：

个人：每位同学结合本案例内容，在学习本上写出你的看法。

小组：请同学们每4人一个小组，1人为组长，1人记录，在小组讨论中陈述个人看法，然后共同讨论，形成小组意见，推荐代表在班级交流。

全班：每个小组代表在班级陈述本组观点。

教师：教师记录各组陈述观点的要点，最后做点评。

分析提示：

e电子商务有限公司应对其展示销售的货品价格作出明确标注。在非促销活动期间，将集团的日常销售指导价标注为“促销价”，易使消费者对价格的认知造成误解，进而误导消费者进行交易。e电子商务有限公司的上述标价销售行为属于价格欺诈，消费者可以要求退货，并有权主张按购买价格要求e电子商务有限公司支付三倍赔偿。

同步实训

节日商品调价认知实训

1. 训练目标

（1）素质目标：培养同学们深入企业参与实训和积极了解商品调价等实际操作方法的积极性。提升同学们擅于与人沟通、与人合作的良好品质。

（2）能力目标：会运用所学的商品定价心理策略等知识分析本实训中的相关问题，按时按质完成节日商品调价认知实训任务。

（3）知识目标：培养同学们在小组发言、小组讨论、实训报告撰写中，会运用商品定价的心理策略等相关知识参与分析讨论问题、阐述自己观点的能力。

2. 训练内容

到两家超市调查了解某一节日前或季节交替前其对哪些商品进行调价，营销人员是如何分析消费者心理的，企业具体的调价方法和技巧等内容。

3. 训练操作

（1）将学生每4人分为一组，并选出一名小组负责人。

（2）小组负责人与其他同学共同制订调查方案，明确分工。

（3）认真走访两家超市，每个超市详细记录两种商品的调价情况。

（4）现场询问商家商品调价的原因，及其是如何分析消费者心理的，并询问现场购买者的心理感受，填入表7-5中。

表 7－5　　商品的调价调查表

商场名称			商场名称		
商品名称			商品名称		
提价前价格			降价前价格		
提价后价格			降价后价格		
提价时间			降价时间		
提价理由			降价理由		
提价告知方式			降价告知方式		
提价后消费者反映			降价后消费者反映		
实训反思			实训反思		

4. 成果要求

(1) 每组填写一份“节日商品调价认知实训表”，包括调查的商场、调价商品、调价前价格、调价后的价格、调价时间、调价理由、调价告知方式、消费者对调价的心理感受以及小组成员的共同感受和体会。

(2) 就各组填写的实训表内容在班级交流，老师作点评。

5. 实训评价（见表 7－6）

表 7－6　　节日商品调价认知实训评价表

项目	评价标准	分值	小组个人自评（30）	小组成员互评（30）	教师评价（40）	小计
素养培养	参与实训的态度端正，积极性高，纪律性强，小组合作意识强，小组讨论积极踊跃。	10				
	养成细致、严谨的工作作风，能主动提出完善认知实训活动的相关问题。	10				
	在企业调研认知实训中积极与营销人员沟通，想办法得到营销人员的理解和支持。	10				
能力提升	能将所学的商品调价的心理策略知识运用到认知实训活动中，学以致用。	10				
	正确分析节日商品调价认知实训活动的工作内容。	10				
知识应用	能正确认识和理解节日商品调价认知实训活动内容。	10				
	能陈述商品调价的心理策略的知识。	10				

续表

项目	评价标准	分值	小组个人自评（30）	小组成员互评（30）	教师评价（40）	小计
项目成果展示	能够独立完成实训任务，完成实训任务及时、主动，并能主动提出问题，解决问题。	10				
	“节日商品调价认知实训表”结构完整，报告无错别字，观点正确。	10				
	“节日商品调价认知实训表”展示汇报形式新颖，陈述语言规范流畅，语速恰当，有感染力。	10				
合计		100				

知识脉络

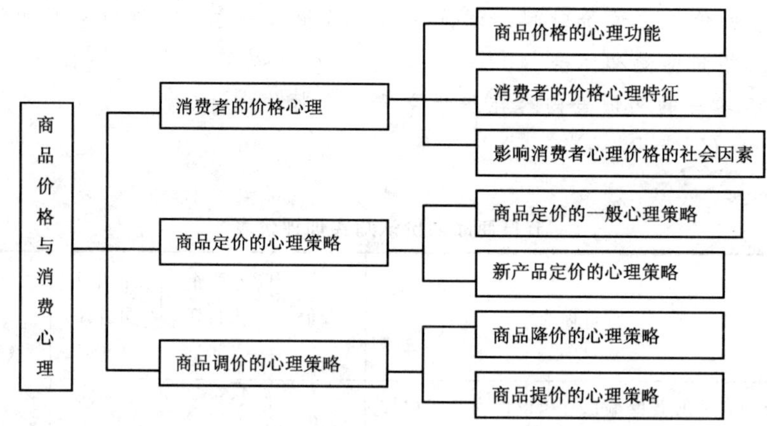

项目小结

商品价格的心理功能主要有：认识功能、比拟功能和调节需求的功能。

商品定价的一般心理策略有：非整数定价心理策略、习惯价格心理策略、整数定价的心理策略、折让价格心理策略、声望定价心理策略和分档定价心理策略。

在市场经济条件下，随着市场营销环境的变化，价格的调整与变动是经常发生的。企业调价的原因是多方面的，营销企业在商品调价和制定商品调价心理策略时，既要考虑各种因素对商品价格的影响，又要考虑消费者商品价格调整的心理要求。

思考与练习

1. 理论题

（1）单选题

①商品价格是具有某些心理功能的，并在一定程度上影响着消费者的（　　）。

A. 购买时机　　B. 购买动机和购买行为
C. 购买需求　　D. 购买心理
②消费者通常通过价格的比拟来满足（　　）。
A. 社会心理需要和自尊心理需要　　B. 物质需要和精神需要
C. 生存需要和发展需要　　D. 自我实现的需要和自尊的需要
③制定合理的（　　），是产品成功地走向市场、满足顾客需要的重要前提。
A. 营销战略　　B. 质量标准
C. 价格　　D. 营销策略
④目前尾数定价技巧是国际市场上广为流行的一种（　　）定价技巧。
A. 生产资料　　B. 批发商品
C. 生活用品　　D. 零售商品
⑤企业要制定一个科学的（　　）组合，促销效果比较好。
A. 价格调整　　B. 商品降价
C. 促销　　D. 商品提价

（2）多选题

①在商品价格的心理功能中消费者的自我意识的比拟功能包括（　　）。
A. 社会经济地位比拟　　B. 文化修养比拟
C. 生活情趣比拟　　D. 个人经济地位的比拟
②市场营销者应重视消费者对价格的感受性这种心理特征，在组织商品销售过程，可以用（　　）来影响消费者的心理活动，以获得较好的销售效果。
A. 优质的产品　　B. 优良的服务
C. 优美的装潢　　D. 优雅的环境
③影响消费者心理价格的社会因素包括（　　）。
A. 价格预期心理　　B. 价格攀比心理
C. 价格观望心理　　D. 价格失衡心理
④非整数定价的心理策略给消费者有（　　）的心理作用。
A. 定价准确的心理信息　　B. 价格偏低的心理信息
C. 数字合意的心理信息　　D. 符合习惯的心理信息
⑤企业在提高商品价格时，要注意一些心理策略，包括（　　）。
A. 宜被动提价，不宜主动提价　　B. 宜部分商品提价，不宜全部商品提价
C. 宜间接提价，不宜直接提价　　D. 宜分批提价，不宜一次性提价

（3）简答题

①简述消费者的价格心理的内容。
②简述消费者对营销企业商品降价的心理反应。
③试述营销企业商品提价的心理策略的内容。

2. 实务训练题

案例分析

桂格麦片公司的提价风险

桂格麦片公司曾是世界上最大的非家族企业化麦片公司。由于通货膨胀、原材料、添加剂以及雇员工资的上涨，使产品成本急速上升。桂格麦片公司生产了一种称为“桂格麦片天然食品”的产品，这个新产品的几种配料如杏仁、葡萄干和麦粉的价格，因通货膨胀分别上涨了20%~30%。桂格麦片公司当时有3种选择：一是提高麦片产品的销售价格；二是减少杏仁葡萄干等配料的分量，以降低成本，从而维持销售价格不变；三是使用较便宜的代用品作为配料，以降低成本，销售价格仍然不变。

问题：

（1）一般情况下，提价应注意什么？

（2）如果桂格麦片公司选择提高麦片的产品价格，结果会怎样？

（3）桂格麦片公司如果选择降低成本（即第二种和第三种选择），会有什么风险？

项目八
营销信息传播与消费心理

导读案例

《英雄》的心理营销攻略

围棋、书法、剑、古琴、山水、竹简、弓箭、巍巍楼宇、漫漫黄沙、青山碧水、红墙绿瓦……这是一场视觉、色彩的盛宴，极具中国画的意境。然而唯美的画面、震撼的听觉，难以掩饰其内容和主题上的不足。人物性格模糊、叙事方式拖沓，演员犹如木偶。尽管如此，人们还是争相进入影院。在中国电影市场低迷的时期，是什么使《英雄》攫取了挑剔的观众的心？

首先是研究心理——种观众喜欢的萝卜。《英雄》是一部商业片，商业并不排斥艺术。电影是为观众服务的，首先是要好看，把观众吸引到影院中去。影片中的棋亭打斗、黄叶漫天、九寨比剑等集合了中国最优美的风景，给人深刻的印象。

其次是制造期待，吊足观众的胃口。《英雄》为了让媒体和大众产生强烈的期待心理，在拍摄期间的“保密”工作已达到准军事化的程度，“谁走漏了剧组任何消息立马走人”。制片、导演相信，人们消费电影的结果，是为了获得一种心理满足感，这种心理很可能会因为知道了电影的相关内容而降低。

再次是引爆媒体，赚足大众眼球。《英雄》在开拍前后虽然对影片内容一字不提，但通过制造一个又一个话题，让新闻媒介成为免费的宣传者。为防止盗版，更为上映造势，在提前七天试映时要求观众必须凭身份证入场，近 50 名保安几乎一对一防守每场的 50 名观众。

最后是频繁轰炸，定向制造观众。2002 年 11 月 19 日起，成都、北京等全国一千多个 SONY 专卖店每天滚动播放两分钟的《英雄》片花，还采用中国电影从来没有用过的电视广告手法，在中央电视台投巨资大作广告。同时炒作包机、“首映式”、高昂的票房，同时参加各大电影奖项角逐。还与多普达手机的广告捆绑在一起。一时间，《英雄》广告铺天盖地地出现在电视、报纸、网站、路牌、灯箱、地铁等诸多介质上。

2002 年 12 月 14 日，《英雄》在人民大会堂副厅举行首映礼，16、17 日相继在上海、广州举行不放电影的“首映礼”。20 日零点，《英雄》在全国 42 家影院同时上映。仅零点到2点的一次性放映中，该片就达到了75.6万元的票房纪录，2.5万人同时观看了这部影片。7天票房破1亿元，8周达2.5亿元，创当期中国电影票房最高纪录。《英雄》冲击了重制作、轻营销的传统电影观念，带来了市场化的活力。《英雄》让人们看到，进口大片不是不可战胜的。

提示：面对市场经济的激烈竞争，企业要使自己的产品从商品海洋中脱颖而出，赢得消费者的喜爱和信任，就必须以强有力的方式把相关信息传递给消费者。企业要注重广告心理、遵循消费者心理活动规律，做好与消费者的沟通工作，诱发消费者需求，从而达到促进产品和服务销售的目的。

广告与企业的市场营销活动总是息息相关，在市场竞争的条件下，了解和掌握广告与消费心理的关系，对于企业开展市场营销活动具有重要的现实意义。

任务1　广告信息传播与消费心理

任务案例

家乐福的自由商品[①]

20世纪60～70年代，正处于高速成长期的法国家乐福面临着零售市场的激烈竞争。为了占据有利的竞争地位，家乐福请广告商为自选市场的非品牌产品定义了一个新的概念：自由产品。自由产品就是指价廉物美的产品，而自由最好的象征就是在空中飞翔的海鸥。就这样，一个杰出的广告创意诞生了。广阔无垠的蓝天背景下，一只海鸥展翅飞翔。画面上用很大的字体写着“Vivez Libre”，使人眼前一亮，赋予家乐福产品的“自由”意味也就产生了。该广告的广告语是：“让人们相信一个产品比另一个产品好只是因为它有一个名字，这难道叫自由吗？自由产品没有名字，一样好，更便宜。”

结果，家乐福的广告大大刺激了家乐福的商品销售。那些没有品牌标识的洗衣粉在上市的头一周就销售一空。两周内80%的消费者尝试过自由产品，70%的消费者成了回头客。广告发布后3个月里，家乐福的自由产品的销量竟占据了法国市场同类产品销售量的30%。

问题：家乐福自由商品的这则广告利用了哪些广告传播的心理策略？

分析：好的广告创意，不仅能引起消费者的注意，而且可以激发其购买欲望。家乐福把“自由”比作空中飞翔的“海鸥”，充分利用了事物之间的联系，启发了消费者的联想，刺激消费需求的心理作用。

① 刘志友．消费心理学［M］．大连：大连理工大学出版社，2007.

学习目标

素质目标：通过本任务的知识学习、同步案例和同步实训，激发同学们学习广告创意与消费心理相关的知识方面的兴趣。

能力目标：通过本任务同步案例和同步实训等活动，培养同学们从消费者心理层面出发分析产品的广告创意与策划，并树立相应的思维模式的能力。

知识目标：通过本任务知识学习能够叙述广告传播涉及的心理过程、心理原理、心理策略等。

必备知识

一、广告传播的心理过程

成功的广告，能迅速吸引消费者的注意，引发其兴趣使消费者正确地理解广告中的信息，从而影响其情感和态度，激发其购买欲望，并使消费者在有意或无意中进行记忆，最终在强烈的购买动机驱使下完成购买。这一过程就是广告传播的心理过程。

人们从接触广告到采取行为的一般心理过程，可以归纳为AIDAR模式，即注意（Attention）、兴趣（Interest）、欲望（Desire）、行动（Action）、再次购买（Repurchase），如图8－1所示。

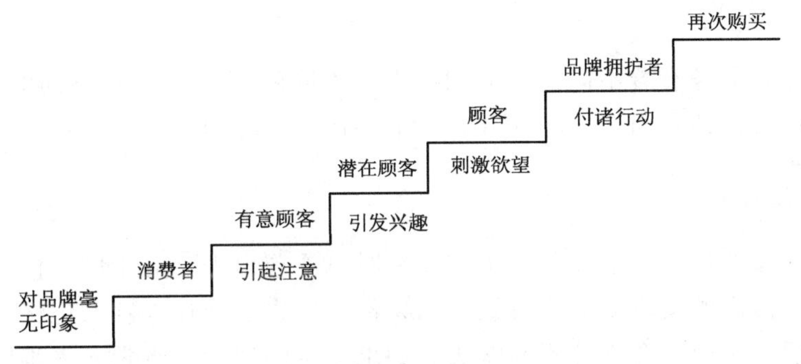

图8－1　AIDAR模式

引起注意是广告传播的开始，也是广告产生效用的前提。而广告注意的产生与维持则依赖于广告的内容、广告表现形式等是否能刺激消费者的兴趣和欲望，适应消费者的心理需要。广告的有效传播还应使人们从单纯的无意注意过渡到有意注意及对传播内容的必要记忆。因此，上述广告传播一般心理过程的每一个环节都必不可少。要进行成功的广告传播，就必须深入研究广告信息传播的心理特点，以提高传播的效果。

二、广告传播的心理原理

广告的传播者都希望自己的广告能深入人心，打动人心，这就必须基于广告心理的研究，采用正确的广告信息传播策略。在广告传播的内容、形式和媒体选择上，必须符合广告传播的心理准则。

（一）注意原理

人们把意识集中到特定的物体或概念上，就是所谓的“注意”。在消费者购买行动中，注意是一个心理准备阶段，亦即广告发挥作用的第一步。根据注意的集中和指向定律，一般认为，版面所占面积大、位置独立而突出、画面动感强烈或声音富有变化的广告最易引起消费者注意。

（二）说服原理

说服就是以某种刺激给予接受者一个理由，使其改变态度或意见并依照说服者的预定意图采取行动。广告是说服大众购买商品和劳务的手段。它利用生动的形式和真实的承诺引起消费者的关心和信任，产生思想共鸣，并依照广告的劝导采取购买行动。广告对消费者的说服有诉诸于理智和诉诸于情感两种。一般来说，对于市场上需求十分迫切的商品和劳务广告，多诉诸于理智；对于需求不旺的产品，多诉诸于情感。在说服中应阐明理由，并依赖消费者的个性特点提出说服重点，运用威胁性说服、反复说服等技巧。例如，一种新的感冒药广告讲到，“感冒虽是小病，却能引起许多严重病症，如不及时治愈，等于把自己置于危险的境地”，这种威胁性说服如果由权威人士来宣讲，往往更容易令消费者接受。

（三）个性原理

不同的商品和劳务有着不同的性能和特点，不同的消费者有着不同的个性心理特征。个性原理要求广告传播在内容、形式和媒体上要适应目标消费者的个性。

（四）记忆原理

记忆是将过去的经验存储在印象中，必要时再浮现出来。对于广告信息的记忆，是消费者思考问题、做出购买决策时不可缺少的条件，广告必须让人容易记忆，因为在消费者获得广告信息后，一般不会立即实施购买。如果广告的视觉、听觉元素难以记忆，那广告效果就几乎为零。

案例分析

脑白金广告中隐含的广告传播理论

耶鲁学派提出，由于时间间隔，人们容易忘记传播的来源，而只保留对内容的模糊记忆。与短期效果相对照的是长效“睡眠者效应”。经过一段时间，由广告引发的情感反应会与产品名称发生分离。因此，通过不愉快的情绪而使人集中注意力的广告也会产生记忆的效果。

脑白金送礼广告中的老头和老太太边舞边唱，一次一次出现在电视的各个频道，毫无美感，甚至还有些滑稽。但观众就在怒气冲冲的情绪状态中记住了这个产品的名字：脑白金。随着时间一天天过去，记忆渐渐淡化，留在脑海中的也就只有产品的印象，而由广告引起的不愉快情绪早就被遗忘了。

20 世纪 60 年代晚期由 R. 扎荣茨发现的“反复曝光”效应指反复暴露没有意义的符号，也会让观看这些符号的人产生熟悉的反应。在广告中，产品品牌和标识的反复曝光，哪怕没有合理的解释和费时费力的辩论，也会使观看它的人产生动摇，从而超越态度，直接诱发购买行为。

问题：脑白金广告成功的原因是什么？

讨论分析：

个人：每位同学认真研读本案例内容，结合任务一知识学习内容。在学习本上写出你对本问题的看法。

小组：请同学们每 4 人一个小组，1 人为组长，1 人记录，在小组讨论中陈述个人看法，然后共同讨论，形成小组意见，并推荐代表在班级交流。

全班：每个小组代表在班级陈述本组观点，班级其他同学进行点评。

教师：教师记录各组陈述观点的要点，最后做点评。

分析提示：

脑白金广告的策略之一是反复传播。其广告内容十分单调：简短的广告词，没有深意的画面。但简单的创意反复出现，却能让受众在感到枯燥乏味甚至反感的同时，记住了“脑白金”这三个字。

（五）暗示原理

暗示就是应用含蓄、间接的方法，对消费者的心理状态产生影响。广告先是以语言或动作的暗示刺激，使被暗示者产生某种概念，然后促使其基于该概念而采取行动。暗示有直接暗示，如“开业酬宾两天，所有商品九折优惠”，言下之意是“如不来购买将错失良机”；还有间接暗示，如“爱美的我，当然用力士”；含蓄地暗示“假如你要美丽，就快选用力士产品吧”。消费者很难抗拒暗示的力量，而且一般不以为自己是被动地接受劝告，而认为是自己的本意。广告如果善用此原理，就能够成功地影响消费者的购买决策。

三、广告与消费心理的互动关系

（一）消费需求是广告产生的直接原因

当一个人正常生活的某种缺乏（需要）被意识到后，整个身体能量就会被调动起来，有选择地指向可满足需要的外界对象，从而引发消费。例如，一个人正口干舌燥，当他突然看到销售饮料的摊点时，马上会激起购买饮料的强烈动机。饮料品种如此之多，买哪种好呢？购买动机的多样性，促成了满足不同需求层次的广告。由此可见，广告是卖主针对消费者多样、复杂的消费心理，为更好地满足消费需求而采取的一种行之有效的商业手段。其直接的目的就是借助于一定的传播媒体，使消费者接受他的观点和所宣传的商品。也就是说，广告是通过一定的媒体显现出的事物，反映在人脑中并引起一系列的心理活动及导致某种行为；而心理是客观事物以及它们之间的联系在人脑中的反映。这样，广告与消费者心理产生了一种互为影响的关系。

（二）广告是满足消费需求的重要途径

1. 广告唤起消费者的潜在需要

在现实的购买活动中，每天都会涌现出无数的新产品。有些产品不但见所未见、闻所未闻，而且连想都没想过，却突然呈现在我们面前，让我们来试用，满足我们潜在的需要。许多购买者在事先并不一定有明确的购买意图和目的的情况下，还是把东西给买下来。而唤起他们这种潜在的需要，诱发他们的购买愿望，进而产生购买动机的重要因素便是广告。

2. 广告引导消费

消费者有了一定的需要并注意于某种商品之后，便产生了如何来满足自己需要的问题，这时便进入了获得信息的阶段。一般来说，消费者首先是回忆自身的经验，从记忆中获取了有关商品的信息。但是，记忆中的经验和知识毕竟有限，特别是对于大件物品的知识，更有求于各种信息源，广告便是提供商品信息的重要途径。

（三）消费心理贯穿于广告活动的全过程

广告是为更好地满足消费者的各种需求而产生的，因此，不管广告活动的哪个阶段都应该是以消费心理为基础而进行的。

1. 广告定位的立足点是消费心理

任何广告都要选择对象，由于年龄、性别、收入、文化程度、地理环境、心理等因素的影响，不同的消费者通常有不同的欲望和需求，因而，不同的消费者也就会有不同的购买行为和购买习惯。企业主只有充分地认识市场、研究市场、看准市场这个对象，才能做好广告，否则再精彩也是徒劳无益的。

2. 广告创意与表现形式是针对特定消费群的消费心理来实施的

广告创意及其表现形式总是针对特定消费群体的消费心理来制作的，在不同的市场领域，由于地理变数的影响，消费者对产品和营销组合的需求不同，广告创意也必须针对特定的市场区域采用特定的创意表现，以达到诉求的效果。所以说如果同一产品有不同的目标市场区域，那么所作的广告创意形式也应是多样化的。在广告创意表现之前，必须事先对目标市场的心理做认真细致的考察，找出最佳诉求点，然后围绕这一点展开具体的广告创意。

3. 广告策略与消费心理

任何商品都能够满足消费者某方面的需要，不能满足一定需要的商品是卖不出去的。而人的需求是多方面的，这便决定了消费动机的多样性。不过，诸多需要中经常会有一种优势的需要。能否满足这种优势需要，将直接影响到消费者对该商品的态度和购买行为。从商品本身来说，一种商品究竟突出哪种或哪些属性作为该商品广告的主题，这是广告决策中的重要问题。例如，国外有家制鞋商，以为消费者对鞋的属性的关心顺序首先是式样，然后是价格、质地及小饰件，于是把广告的主题对准了鞋的式样，但销路平平。后来，该公司进行了一些实地调查，结果发现：42%的顾客表示“穿着舒服”；32%的反映是“耐穿”；16%是“样式好看”，9%为“价格合理”。根据所得到的这个调查结果，鞋商果断地改变了广告主题，由原来注重鞋的样式转变为穿着舒适、经久耐穿，之后市场销量的收效当然在意料之中。

小思考

请每位同学分享自己最喜欢的一句广告词。

相关链接

2003年王老吉凉茶广告重新定位

凉茶是广东、广西地区的一种由中草药熬制，具有清热祛湿等功效的“药茶”。在众多老字号凉茶中，又以王老吉最为著名。王老吉凉茶发明于清道光年间，至今已近两百年，被公认为凉茶始祖，有“药茶王”之称。到了近代，王老吉凉茶更随着华人的足迹遍及世界各地。

20世纪50年代初，王老吉凉茶铺分成两支：一支完成公有化改造，发展为今天的王老吉药业股份有限公司，生产王老吉凉茶颗粒（国药准字）；另一支由王氏家族的后人带到香港。在中国内地，王老吉的品牌归王老吉药业股份有限公司所有；而在中国内地以外，王老吉品牌为王氏后人所注册。加多宝原是位于东莞的一家港资公司，经王老吉药业特许，由香港王氏后人提供配方，该公司在中国内地独家生产、经营王老吉牌罐装凉茶（食字号）。

由于王老吉产品在内地推广模糊致使王老吉产品销量处于不温不火的状态，所以王老吉进行了产品定位创新。

通过深入市场分析，加多宝公司决定委托广州成美营销顾问公司先对红罐王老吉进行品牌定位。不久，成美为红罐王老吉制定了广告的推广主题“怕上火，喝王老吉”。

在广告传播上尽量凸显红罐王老吉作为饮料的性质。在第一阶段的广告宣传中，红罐王老吉独特的价值在于喝红色王老吉能预防上火，让消费者尽情享受生活。红罐王老吉以轻松、欢快、健康的形象出现，避免出现“对症下药”式的负面诉求，从而把红罐王老吉和“传统凉茶”区别开来。

为更好地唤起消费者的需求，电视广告选用了消费者认为日常生活中最易上火的五个场景：吃火锅、通宵看球、吃油炸食品薯条、烧烤和夏日阳光浴（见图8-2），画面中人们在开心享受上述活动的同时，纷纷畅饮红罐王老吉。结合时尚、动感十足的广告歌反复吟唱“不用害怕什么，尽情享受生活，怕上火，喝王老吉”，促使消费者在吃火锅、烧烤时，自然联想到红罐王老吉，从而促成购买行为。

相关链接

图8-2 王老吉电视广告的五个场景

红罐王老吉的电视媒体选择主要锁定覆盖全国的电视台，并结合原有销售区域（广东、浙南）的强势地方媒体，在2003年短短几个月，一举投入四千多万元广告费，销售量立竿见影，得到迅速提升。同年11月，企业趁胜追击，再斥巨资购买了中央电视台2004年黄金广告时段。正是这种急风暴雨式的投放方式保证了红罐王老吉在短期内迅速进入人们的头脑，给人们一个深刻的印象，并迅速红遍大江南北。

同步实训

深入了解消费者广告心理

1. 训练目标

掌握广告传播的各种心理策略

2. 训练内容

先由教师提供有关广告的电教资料，学生进行分析，确定其传播媒体及传播策略；之后学生分组选择具体产品，并设计相关问卷，进行该产品广告传播心理效果的市场调查，并对结果分析总结。

3. 训练操作

（1）学生每5人分为一组，选定一人为负责人，明确分工和具体责任。

（2）本实训前半部分可由教师进行，由教师准备充足的广告资料，并激发学生的思维。后半部分以小组合作的方式在人群密集区进行。

（3）将调查问卷筛选、整理，写出消费者购买动机问卷调查报告。

（4）在班级交流，并由老师点评。

4. 成果要求

（1）每组撰写一份"××商品广告传播与消费心理调查报告"，报告要说明调查时间、调查方式、调查过程、调查结果分析和启示。

（2）根据每组同学调查问卷的设计、调查活动的组织情况和调查报告的质量、调查中完成任务情况，评定每个同学的实训成绩。

四、广告传播的心理策略

广告要达到预期的效果，就必须在计划、设计、制作和播出的全过程中重视对消费者心理活动规律与特点的研究，巧妙地运用心理学原理，增强广告的表现力、吸引力、感染力和诱导力。

（一）引起注意策略

根据注意的引发因素和形式不同，广告可以采取多种心理策略来引起消费者注意。

1. 加大刺激的强度

刺激达到一定的强度，才能引起人的注意。而且在一定的范围内，刺激物的强度越大，人对这种刺激物的注意就越集中。不仅刺激物的绝对强度有这种作用，相对强度也有这种作用。比如广告色彩艳丽，文字醒目优美，音乐悠扬悦耳，画面清新脱俗，表现方式别出心裁等，都能较好地引起消费者的注意。在广告设计中，应该特别注重对色彩或光线、字体或图案以及音效的合理综合运用，以达到强化信息的影响程度、引起高度注意的效果。

2. 加大刺激元素间的对比

刺激物各元素间显著的对比也容易引起人们的注意。在一定限度内，广告中刺激物各组成部分的对比度越大，人们对刺激物所形成的条件反射就越明显。因此，在广告设计中，可以有意识地处理各种刺激物的对比关系和差别。例如，在画面布局上采用动静对比与黑白对比，图案的大小对比与色彩对比，色彩和光线的明暗对比与强弱对比，音响和语调的节奏对比与高低对比，文字语句的长短对比与轻重对比等。除了广告本身各元素的对比外，还有与周围环境的对比，使色彩相映，浓淡相同，大小对照，高低错落，轻重有别，目的是形成产品的独特形象，增大广告的易听、易视、易读、易记效果。

3. 利用刺激物的运动变化

运动着的事物、变化中的刺激更容易引起人们的注意，动画片的效果胜过幻灯片就是一个显著的例子。诸如影视广告、大屏幕的自动化广告等中忽明忽暗的光线；户外不断闪烁变化的霓虹灯；忽隐忽现往返移动的图案；播音员声音的抑扬顿挫等，都是常用的运动刺激手段。

4. 力求刺激的新奇

相同或相似的刺激接受过多，消费者会慢慢变得迟钝起来。罕见的、奇异的、一反常态的事物，却能给人以较强的刺激力度。广告刺激的新奇性通常还表现在其形式和内容的更新上。一个颇有经验的广告主在宣传产品时，往往不是集产品的各种性能或特点于一幅广告中长期不变。相反，他总是在相继推出的广告中不断变化地介绍其产品的不同特性，以其达到保持广告新奇性的目的。

5. 增强广告的感染力

在广告中，厂商应该有意识地增大广告各个组成部分的感染力，采取多种艺术手段，激发消费者对广告的兴趣，以保持他们对广告和产品的持续注意。

（二）启发联想

联想是一种由当前感知的事物回忆过去的另一事物，或者由所想起的某一事物联想起其他事物的一种神经联系。事物之间存在着的共性和人对事物认识上的关联性构成了联想的客观和主观基础。在广告宣传中，充分利用事物之间的联系，启发消费者的联想，无疑能起到消费者回忆、提高记忆效果、刺激消费需求的心理作用。启发联想的方法有以下几种。

1. 形象法

形象法是利用消费者熟知的某些形象，来比喻和提高广告商品的形象。明星广告就是典型的例子。

2. 暗示法

暗示法也称暗喻，即通过语言或画面创造出一种耐人寻味的意境，给消费者留下宽广的联想空间。如某皮鞋广告，画面出现两个妙龄女郎正在赤足过河，每人手中提一双皮鞋，字幕与画外音："宁失礼不湿鞋"，暗喻了皮鞋的珍贵，给人以回味的余地。

3. 反衬法

反衬法即广告商品不直接对准传播对象，而以其他形式来表现广告商品，以此影响真正的传播对象。如麦当劳公司在我国中央电视台播放了一则电视广告：一个婴儿坐在摇椅上面，面向窗外一上一下地摇动。妈妈发现当她看到窗外时隐现的麦当劳广告标志，她一会笑；摇椅下降她看不到麦当劳标志时，会哭。广告从婴儿的情感变化反衬出人们对麦当劳的喜爱。

4. 讲述法

讲述法即利用文字或画外音述说一个传说和典故，来显示所宣传商品的名贵和历史悠久。不少传统名酒即采用此种广告手法。

5. 比喻法

比喻法即利用某些恰到好处的比喻来宣传商品或服务，如某眼镜广告写道："眼镜是心灵的窗户，为保护您的心灵，请给您的'窗户'安上玻璃吧"。

（三）增进情感

消费者的情感状态直接影响着他们的购买行为导向。积极的情感体验，如满意、愉快、喜爱等，能够增进消费者的购买欲望，促进购买行为；而厌烦、冷漠、恐惧等消极的情感体验则会抑制消费者的购买行为。一则好的广告，应该有助于促进消费者形成以下积极的情感。

1. 信任感

广告通过自身的媒介行为激发起消费者对所宣传商品的信赖心理。消费者对广告的信任是产生购买欲望的前提条件。如果不存在值得信任的宣传的内容，则无从谈起要购买广告宣传的产品。实事求是、客观公正的广告，往往能达到增加消费者信任感的目的。

2. 安全感

消除消费者对商品的不安全心理，增强心理安全感是广告宣传的重要内容。某些家用电器、药品、食品等广告宣传应增强顾客对商品的安全信心，消除顾客对商品存在不安全因素的心理疑虑。

3. 亲切感

广告宣传要设身处地为消费者着想，表现出对消费者的关心、爱护，或者创造出一种温馨的意境，从而给人以亲切感，使消费者加深记忆，达到增加信任的目的。

4. 美感

爱美是人类的天性，美好的事物总能使人心情舒畅、赏心悦目。追求美也是丰富人们生活内容的重要途径。广告策划中，实现满足人们的求美心理是广告成功的一个重要因素。因此，广告设计中应巧妙地运用画面构思、色彩与光线的艺术以及新颖、亮丽、奇特的美学表现手法，使广告画面给受众以美感冲击，有效地吸引消费者的注意，大大提高宣传效果。

（四）增强记忆

记忆是人脑对过去感知过的事物的反映，是对经历过的事物和感受由记到忆的一种心理活动过程。对广告信息的记忆是消费者认知、判断、评价商品以及作出购买决策的重要条件。因此，在广告的设计与传播中，有意识地增强消费者的记忆是非常必要的。经常采用的增强消费者记忆的策略有如下几种。

1. 减少材料数量

记忆的效果与广告材料的数量有一定的依存关系。在同样的时间内，材料越少，消费者的记忆水平越高。所以，广告的文案应力求简明扼要、精练，尤其是广告标题要短小精悍，有一鸣惊人的效果。

2. 适当加以重复

重复是加深记忆的重要手段。人们对事物的记忆往往不是一次就能完成的，而需要经历多次重复。广告可以对有关信息中关键的部分加以重复，也可以在同一传播媒介上反复播放同一广告，还可以在不同媒介重复同一广告，以达到强化消费者记忆的目的。

小思考

你对如可口可乐、百事可乐等这样的经典老产品一直在创意策划并不断传播新的广告的现象，如何理解？

3. 增进理解

理解是记忆的前提。通常，人们对于理解的事物才能深刻记忆，所以广告要根据消费者记忆的特点，善于化抽象的事物为具体的形象，尽量发挥形象记忆的优势。同时通过深入浅出的说明解释，来增进消费者的理解和记忆。

4. 运用多种艺术形式

广告中适当运用各种艺术表现形式，也能够帮助人们加深记忆。例如，将广告词写成诗歌、顺口溜、对联等形式，可以朗朗上口；使用成语、双关语、谐音等，巧妙地说明商品的特性，可以做到语意双关，引人入胜；运用相声、漫画、卡通等形式，使用幽默、夸张等表现手法，会令人忍俊不禁，会心一笑。这些形式都可使消费者对广告内容经久难忘。

同步实训

深入了解消费者广告心理

1. 训练目标

（1）素质目标：培养同学们欣赏优秀广告的热情，激发分析优秀广告创意的兴趣。

（2）能力目标：能够对具体产品的广告从消费者心理层面出发，分析其创意。

（3）知识目标：培养同学们在小组发言、小组讨论、实训报告撰写中，会运用广告信息传播与消费心理等相关知识分析讨论问题，阐述自己的观点。

2. 训练内容

学生对自己感兴趣的视频广告进行分析，重点分析该广告是如何抓住目标消费群体心理特征、并通过何种方式诉求与传播的。

3. 训练操作

（1）将学生分组，每4人一组，并选出一名小组负责人。

（2）每位同学先选自己感兴趣的广告，在组内口头分享广告的创意。

（3）根据每位同学的分享情况，小组内推选一则广告，在组内进一步讨论对该广告创意的理解。

（4）指定一位同学记录大家对该广告创意的心理感受与理解。

（5）下载该视频广告，在班内与大家分享该广告的创意以及小组同学的心理感受。

4. 成果要求

（1）每组撰写优秀视频广告创意与心理感受报告。

（2）就各组的分析报告在班级交流，老师要作点评。

（3）学生实训成绩由学生完成任务情况、资料记录情况和报告及交流成绩综合评定。

5. 实训评价（见表8－1）

表8－1　深入了解消费者广告心理实训评价表

项目	评价标准	分值	小组个人自评（30）	小组成员互评（30）	教师评价（40）	小计
素养培养	参与实训的态度端正，积极性高，小组合作意识强，纪律性强。	10				
	养成细致、严谨的工作作风，小组讨论积极踊跃，能主动分析消费者广告心理，提出实训中应注意的问题。	10				
	能够结合消费者广告心理实训认识广告创意与消费者心理研究的重要性。	10				

续表

项目	评价标准	分值	小组个人自评（30）	小组成员互评（30）	教师评价（40）	小计
能力提升	能将所学的广告信息传播与消费心理运用到实训任务中，学以致用。	10				
	正确分析消费者广告实训活动内容，实训活动安排有序。	10				
知识应用	在实训报告撰写中能正确运用广告信息传播与消费心理等相关知识说明自己观点。	10				
	在个人发言和小组讨论中能准确陈述广告创意、广告策划与消费心理关系等与实训任务相关的知识。	10				
项目成果展示	小组能够独立完成实训任务，完成实训任务及时、主动，并能主动提出问题、解决问题。	10				
	“优秀视频广告创意与心理感受报告”结构完整，报告无错别字，观点正确。	10				
	“优秀视频广告创意与心理感受报告”展示汇报形式新颖，语速恰当，陈述语言规范流畅，有感染力。	10				
合计		100				

任务 2　人员推销过程中的心理策略

任务案例

哪位推销员成功的可能性大①

有两位煤炭推销员向顾客进行推销，甲介绍说：“我矿生产的煤炭水分含量8%，灰分29%，硫分0.47%，挥发分10.5%，发热量20400KJ/kg，水分低、硫分少……”乙则介绍说：“我矿生产的煤炭热稳定性较好，受热时不易爆裂成碎小粉末而增加飞灰和漏煤，极适合你们这种链条式锅炉。另外，含水量8%比较适中，煤炭含有适量的水分，可使煤粉粘结成团，减少漏煤损失；挥发分10.5%，在这种炉中能够燃烧净；发热量20400KJ/kg，能保证您厂的蒸汽要求……并且，我们有完善的售后服务，如果您的锅炉改造了或需更换新的产品，我们会供应您相应的煤炭以保证您厂锅炉的正常运转。”

① 刘国防．营销心理学［M］．北京：首都经济贸易大学出版社，2007.

问题：甲和乙两名推销员哪名推销员成功的可能性大？为什么？

分析：乙推销员成功的可能性大。甲只说明了特色，而乙向用户介绍的是煤炭各种指标与用户利益的关系，容易说到用户心坎上，打动用户。特色和利益是合而为一的，二者不能单独存在。单独陈述特色无法回答顾客“这对我来说到底有什么意义”的疑问，单独强调利益也无法帮助顾客理解“如何”实现利益。空谈利益而不谈特色的后果和空谈特色不谈利益的后果一样严重。如何透过特色阐述利益是测量销售成功率的直接工具。

学习目标

素质目标：通过本任务知识学习、同步案例和同步实训，知晓作为一名推销员在推销前、推销中、推销后各环节应具备的业务素质，激发同学们利用业余时间锻炼推销技能的热情。

能力目标：通过本任务的同步案例和同步实训，能在推销某一具体产品时分析顾客心理，并能利用业余时间尝试现场推销，锻炼自己的推销技能。

知识目标：通过本任务知识学习，能准确叙述推销过程中的心理效应、顾客心理分析，以及推销各环节的心理策略等。

必备知识

一、人员推销过程中的心理效应

在商品销售活动中，推销人员所承担的商品销售工作，是在与顾客的双向沟通中完成的，这是营销活动的关键部分。因为在顾客眼中，推销人员是生产企业的代表，是销售企业的窗口和形象的化身，推销员的主体形象对消费者的行为和心理将产生一定的影响。这种影响作用所产生的心理效应主要表现在以下几个方面。

（一）首因效应

首因效应是指在某个行为过程中，最先接触到的事物给人留下的印象和强烈影响，也称第一印象，是先入为主的效应。首因效应对人们后来形成的总印象具有较大的决定力和影响力。例如，消费者第一次和某位推销员接触，总有一种新鲜感，都很注意对方的仪表、语言、动作、表情、气质等，并喜欢在首次接触的瞬间对一个人做出判断，得出第一印象。良好的第一印象为营销沟通和消费行为的实现创造了条件。

（二）近因效应

近因效应是指在某一行为过程中，最后接触到的事物给人留下的印象和影响。消费者完成购买过程的最后阶段的感受，离开推销人员之前的所见所闻和印象及评价，最近一次购买行为的因果等都可能产生近因效应。优质的服务所产生的近因效应是促使顾客经常光顾的动因。

（三）晕轮效应

晕轮效应是指人们在观察事物时，由于事物所具有的某些特征从观察者的角度来看非常突出，使他们产生了清晰、明显的知觉，由此掩盖了对该事物其他特征的知觉，从而产生了美化和丑化的印象。晕轮效应发生在消费者身上，表现为消费者根据对推销人员某一方面的突出知觉作出了对整个人的判断。如推销员对售后服务的承诺兑现程度如何、接待顾客投诉的态度及处理方式是否认真负责等，这些都会使消费者产生晕轮效应，使之形成对推销员的总体形象的知觉偏差。

（四）定势效应

定势效应是指人们在社会知觉中，常受以前经验模式的影响，产生一种不自觉的心理活动的准备状态，并在其头脑中形成固定、僵化、刻板的印象。消费者对不同的推销人员的个体形象及其评价也有一些概念化的判断标准。这种印象若与消费者心目中的“定势”吻合，将会引起消费者的心理及行为的变化。例如，仪态大方、举止稳重的推销人员，给消费者最直观的感受是“真诚”“可信赖”，与消费者的心理定势相吻合，消费者则愿意与其接近，征询他们的意见和接受他们的指导，容易促成交易。

二、人员推销过程的心理策略

（一）推销前的心理策略

1. 推销前顾客消费心理分析

顾客由于需要产生购买动机，这种购买动机受时空、情境等因素的制约，有着各种各样的心理取向。

（1）顾客认知商品的欲望。商品销售以前，顾客最关注的是有关商品的信息。他们需要了解商品的品质、规格、性能、价格、使用方法，以及售后服务等内容。这是决定是否购买的基础。

（2）顾客的价值取向和审美的情趣。随着社会经济的发展，人们的价值取向和审美情趣往往表现出社区消费趋向的现象。所以，通过市场调研了解社区顾客的价值取向和审美情趣，并以此作为标准来细分市场。

（3）顾客的期望值。顾客在购买以前，往往对自己要购买的商品有所估量。这种估量可能是品牌，可能是价格，可能是性能，也可能是其他因素。这种估量就是所谓的期望值。随着时代的发展，人们对产品的要求越来越高，企业生产与销售产品，一方面要满足顾客的物质需要，另一方面要满足顾客的心理需要。顾客的购买从生理需求占主导地位正逐渐变为心理需求占主导地位，心理需求往往比物质需求更为重要。因此，推销服务中除了要考虑产品的质量等各项功能外，还要考虑人们的引申需求。推销员在售前服务中应根据顾客的心理特征，有效地把握顾客的期望值。

（4）顾客的自我意识。自我意识并非与生俱来，它是个体在社会生活过程中与他人相互作用、相互交往、逐渐发展所形成的。所以，要了解顾客的自我意识，为进一步开展推销活动奠定基础。

2. 推销前的心理策略

（1）了解自己推销的产品。了解自己推销的产品，对于推销工作具有两方面的意义：

①只有了解自己推销的产品，才可能帮助顾客。推销是一件帮助别人解决困难的高尚工作，前提是自己有能力帮助顾客解决困难。试想，如果连自己所推销产品的性能、使用方法都不了解，怎么去帮助别人？推销员只有了解、熟悉自己推销的产品，才能详细地向顾客说明产品能带给顾客什么利益，产品能满足顾客哪些需要，由产品的质量、功能所决定自己推销的产品在满足顾客需求上能达到什么程度。

②只有了解自己推销的产品，才能说服顾客。顾客不是专家，因此，推销员要担当一名优秀顾问的角色，要用自己对产品的了解，帮助顾客理解并接受产品，挖掘出顾客内心的需求。推销员只有了解自己推销的产品，才能圆满地回答顾客提出的疑问，从而消除顾客的异议；只有了解自己推销的产品，才能指导顾客如何更好地使用、保管产品，以使顾客能够重复购买。推销员应掌握的产品知识包括：产品能给顾客带来什么好处；产品的生产方法；产品的用途和使用方法；产品的市场状况，企业的交易条件、售后服务规定、财务结算知识；等等。

（2）信赖自己推销的产品。首先，要相信产品在特定情景下对特定顾客有帮助。世界上没有所谓“最好的产品”，只有最能满足特定顾客在特定时间内的特定需要的产品。只要你推销的产品是顾客最需要的产品，你就大可以“信赖自己推销的产品”。“信赖自己的产品”必须做以下几点：一是找到需要产品的目标顾客。你的任务是找到真正需要产品的人。二是找准推销产品的合适时机。顾客需求强烈，而寻找产品需要付出更多努力时，是产品推销的最好时机。其次，要让顾客喜欢你推销的产品，首先得说服自己喜欢该产品。人们总是强调推销的技巧，但如果你推销的是一件你自己都不喜欢的商品，那么，一切技巧都只能是用来骗取顾客信任的伎俩。

（3）消费教育。售前服务还应该体现在消费教育上，引导消费观念，挖掘潜在消费需求，从而创造现实消费需求。推销人员可以在售前服务中引入消费教育的服务理念，向顾客传达新的消费知识和消费观念，引导消费，从而实现企业的销售目的。

案例分析

粽子广告对消费观念的引导

粽子作为一种时令性传统食品，有着鲜明的淡旺季划分。以端午节为中心的前后两个月是粽子的传统旺季，这段时间大约能占到全年销量的50%以上，所以粽子的广告运动大战基本上集中在3月、4月这两个关键时段。某品牌粽子生产厂家也由此打破常规广告操作策略，在侧重端午旺季频繁投放广告的同时，参考日常消费品的媒介策略与促销规划，合理规划全年广告日程。其中重要的策略之一是对于粽子消费观念的引导与改变：①早餐概念：将粽子作为早餐的替代品或补充，确定其新定位。②休闲食品概念。随着人们消费水平的提高，休闲越来越成为都市人常见的生活方式，相应的休闲食品市场也不断扩大。该厂家抓住了这个消费趋势予以有利的引导，向消费者传达粽子是一种休闲食品的观念，逐渐获得更多青睐。该厂粽子广告整合推广运动从2003年4月1日开始发起，据初步统计，截至2003年6月20日，已创造销售额为6500万元人民币，不足3个月创造的销售额是2002年全年销售额的2倍多，并且这一销售成绩仍然在快速突破中。

问题：该系列粽子广告是如何打破常规广告操作策略的？

讨论分析：

个人：每位同学认真学习本案例内容，在学习本上写出你的看法。

小组：请同学们每4人一个小组，1人为组长，1人记录，在小组讨论中陈述个人看法，然后共同讨论，形成小组意见，并推荐代表在班级交流。

全班：各个小组代表在班级陈述本组观点。

教师：教师记录各组陈述观点的要点，最后做点评。

分析提示：

粽子广告在侧重端午旺季大密度投放的同时，注重了引导与改变人们对粽子消费的观念——引入早餐概念打破了只有端午节前后才吃粽子的习惯，倡导了新型早餐、营养早餐的消费理念；而且将粽子作为日常的休闲食品、方便食品来定位。

（二）推销中的心理策略

1. 推销过程中顾客心理分析

顾客在接受服务的过程中，大致有以下期望希望得到满足。

（1）希望获得详尽的商品信息。顾客希望推销人员能对自己所选购的商品提供尽可能详细的信息，使自己准确了解商品，解决选购的疑惑与困难。期望主要表现在：推销人员提供的信息是真实可靠的，不能为了推销而搞虚假信息；提供的信息够用、具体、易于掌握。

（2）希望寻求决策帮助。当顾客选购商品时，推销人员是他们进行决策的重要咨询者和参与者。特别是在顾客拿不定主意时，非常希望推销人员能提供参谋建议，帮助顾客做出正确的购买决策。期望主要表现在：推销人员能站在顾客的角度，从维护消费利益的立场出发帮助其做出决策；能提供令顾客信服的决策分析；能有针对性地解决顾客的疑虑与难题。

2. 推销中的心理策略

在推销过程中，要满腔热情地投入推销工作，推销工作并不能仅仅依靠技巧，而必须依靠心灵沟通，用热情去感染对方。为此，在推销的过程中要注意以下顺序：推销自己—推销利益—推销产品—推销服务。

（1）推销自己。现代推销强调的一个基本原则是推销自己。所谓推销自己，就是让顾客喜欢你、信任你、尊重你、接受你。简而言之，就是要让顾客对你抱有好感。

在推销活动中，人和产品同等重要。顾客购买产品时，不仅看产品是否合适，而且深受推销员的诚意、热情和勤奋精神的影响。如果顾客喜欢你推销的产品但不喜欢你这个人，推销很难成功。因此，推销员必须首先把自己推销给顾客，让顾客乐意与自己接触，愿意听自己介绍，这样才会有推销产品的机会。推销自己可以从以下两方面努力。

①向顾客推销你的人品。推销员的个人品质，会使顾客产生好恶等不同的心理反应，从而潜在地影响着交易的成败。向顾客推销你的人品，是指推销员要按照社会的道德规范

和价值观念行事，要表现出良好品德，如诚实、热情、勤奋、自信、有毅力、富有同情心、谦虚、自尊、自信等，其中最重要的是向顾客推销你的诚实。介绍产品要实事求是，不能为了推销而搞虚假信息。要遵守诺言，不要开空头支票。

②向顾客推销你的形象。推销人员的外在形象即仪表，包括人的容貌、姿态、衣着、修饰、风度和举止等各方面。推销员为给顾客留下良好的第一印象，推销员应从服饰、谈吐、礼节等方面加强修养。

（2）推销利益。顾客在购买或服务时，购买的不是产品功能，而是产品或服务能够带给他们的利益。但是，在实际推销过程中，许多推销员更愿意畅谈自己产品或服务的特色。

①利益与特色的概念。利益是指顾客从某一特定产品中获得的具体好处或者避免的损失。而特色是指某产品的突出或明显的品质或性质。在向顾客介绍时应该通过特色阐述利益。

②利益推销的步骤。首先，要鉴别产品利益，即要分析自己推销的产品可能给顾客带来哪些利益。其次，要了解顾客的利益需要，对顾客具有最大吸引力的利益是什么。可以把握以下几点：一是顾客需求的心理是不同的，不同类型的顾客对利益的要求是不同的，即使人们购买同一产品，但可能出自不同的购买动机。因此，推销员要敏锐地觉察顾客的需求心理。二是一种产品包含的利益是多方面的，推销员不能面面俱到，应抓住顾客最感兴趣的利益作重点介绍。最后，要把特色转化为顾客利益。推销员要找出顾客最感兴趣的各种特征，分析每一特征所产生的优点，找出每种优点能带给顾客的利益，最后提出该产品确实给一些用户带来很大的利益的证据。

（3）推销产品。在推销产品时，推销员要根据不同顾客的需求特性和主导欲望，有针对性地进行重点说服，以消除顾客提出的异议。

（4）推销服务。售后服务是指生产企业或零售企业为已购商品的顾客提供的服务。在市场经济条件下，商品到达顾客手中，进入消费领域以后，企业必须继续提供一定的服务。因为这样可以有效地沟通与顾客的感情，获得顾客宝贵的意见，以顾客亲身感受的事实来扩大企业的影响。该内容在推销后的心理策略中将详细阐述。

小思考

有人说：推销产品就是推销业务员自己，你同意这样的说法吗？为什么？

（三）推销成功后的心理策略

1. 推销成功后顾客心理分析

顾客在进行购买以后，无论是要求退换商品，还是咨询商品的使用方法，或是要求对商品进行维修等，他们的心理活动是各不相同的，其心理状态表现为以下几个方面。

（1）评价心理。顾客在购买商品后，会自觉不自觉地进行关于购买商品的评价，即对所够商品是否满意进行评估，进而获得满意或后悔等心理体验。

（2）试探心理。由于主观和客观的多种因素，顾客对所购商品的评价在购买的初期可能会出现不知是否合适的阶段，尤其以大件和新产品居多，甚至有些顾客希望退换商品。但他们提出要求指出商品的问题时，往往具有试探的心理状态。

（3）求助心理。顾客在要求送货安装、维修商品、询问使用方法和要求退换商品的时候，多会表现出请求推销员给予帮助的心理状态。

（4）退换心理。当购买的商品被顾客确定为购买失误或因产品质量出现问题时，顾客会产生要求退换商品或进行商品维修的心理状态。

2. 推销成功后心理策略

（1）真正的销售始于售后。销售，是一个连续的活动过程，只有起点，没有终点。成交并非是推销活动的结束，而恰恰是下次推销活动的开始，在成交之后，推销员要向顾客提供服务，以努力维持和吸引顾客。大批忠诚的顾客是推销员最重要的财富。

（2）要保持与顾客的定期联系。优秀的推销员应当坚持与顾客保持有计划的联系：详细地记录每位顾客所订购的商品名称、交货日期，以及何时会缺货等项目。货物发出后，要询问顾客是否收到货物以及产品是否正常使用；在产品保修期满之前通知顾客带着产品作最后一次检查，外出推销时前去拜访买过产品的顾客等。

（3）正确处理顾客抱怨。顾客抱怨是每个推销员都会遇到的事情，产品再好，也会受到挑剔的顾客的抱怨。不要粗鲁地对待顾客的抱怨，能够抱怨的顾客才是企业产品永久的买主。所以，倾听顾客的不满是推销工作的一部分，并且这一工作能够增加推销员的利益。对顾客的抱怨不加理睬或对顾客的抱怨错误处理，将会使企业失去顾客。

（4）向顾客提供服务。推销是一种服务，优质服务就是良好的销售。只要推销员乐于帮助顾客，就会与顾客和睦相处，为顾客做一些有益的事，就会造成非常友好的气氛，而这种气氛是任何推销工作顺利开展所必需的。

相关链接

成功营销人的书架

《影响力》一书的全球销量已超过35万册。在这本书中，著名的心理学家罗伯特·B. 西奥迪尼博士为我们解释了为什么有些人极具说服力，而我们总是容易上当受骗——隐藏在冲动地顺从他人的背后的六大心理秘笈，正是这一切的根源。那些劝说高手们总是熟练地运用它们，让我们就范。

在这本书中，罗伯特·B. 西奥迪尼博士为我们拆解他们的招术，教我们学会保护自己以及让这6大秘笈为我们所用。读过此书之后，定能使你做到以下两件事：一是当你真正的意图是要说“不”时，你不会再说“是”；二是可以令你自己变得比以前更具有影响力。

同步实训

推销实践

1. 训练目标

（1）素质目标：激发同学们参与推销实战的热情，强化推销实战的心理素质。

（2）能力目标：能针对某一产品进行现场实战推销，并能根据顾客的消费心理有针对性地调整自己的推销策略。

（3）知识目标：培养同学们在小组发言、小组讨论、实训报告撰写中会运用人员推销过程中的心理策略等相关知识分析讨论问题、阐述自己的观点的能力。

2. 训练内容

到某一商场或超市进行一次推销兼职体验，或选择某一消费品向校园里的陌生同学进行推销。

3. 训练操作

（1）将学生每4人分为一组，并选出一名小组负责人。

（2）每组内的学生独立进行。

（3）利用节假日或课余时间参加一次商品推销实践，并填写表8－2。

表8－2　推销实践记录表

项目	情况描述	备注
推销地点		
推销产品		
推销前的准备工作		
寻找目标顾客情况		
推销过程中产品介绍情况		
顾客异议处理		
促成交易机会		
顾客感受评价		
自我感受总结		

（4）实践结束后，总结自己的推销感受以及顾客的反应，并写出心得体会。

（5）每组挑选一名优秀推销实践代表，在班级交流。

4. 成果要求

（1）每位同学填写“关于某某产品推销实践记录表”，要包括顾客在各阶段的心理反应以及自己的心理感受等内容。

（2）就各组的记录表在班级交流，老师作点评。

（3）学生实训成绩由学生完成调查任务情况、资料记录情况和小组报告交流成绩综合评定。

5. 实训评价（见表8－3）

表 8-3　　推销实践实训评价表

项目	评价标准	分值	小组个人自评（30）	小组成员互评（30）	教师评价（40）	小计
素养培养	参与实训的态度端正，积极性高，小组合作意识强，纪律性强。	10				
	养成细致、严谨的工作作风，小组讨论积极踊跃，能主动参与实训计划制定。提出关于实训中应注意的相关问题。	10				
	能够结合推销实践的实训，认识人员推销心理策略在市场营销中的价值。	10				
能力提升	能将所学的人员推销心理策略知识运用到认知实训任务中，学以致用。	10				
	正确分析推销实践认知实训活动内容，实训活动安排有序。	10				
知识应用	实训报告撰写中能正确运用人员推销心理策略等相关知识说明自己的观点。	10				
	在个人发言和小组讨论中能准确陈述人员推销心理策略相关知识。	10				
项目成果展示	能够独立完成实训任务，完成实训任务及时、主动，并能主动提出问题，解决问题。	10				
	“关于某某产品推销实践记录表”填写详细完整，无错别字，观点正确。	10				
	“关于某某产品推销实践记录表”展示汇报形式新颖，陈述语言规范流畅，语速恰当，有感染力。	10				
合计		100				

知识脉络

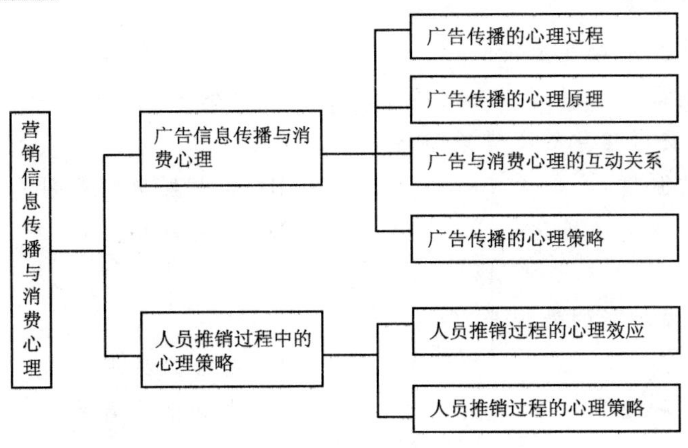

项目小结

成功的广告，能迅速吸引消费者的注意，引发其兴趣，使消费者正确地理解广告中的信息，从而影响其情感和态度，激发其购买欲望，并使消费者在有意或无意中进行记忆，最终在强烈的购买动机驱使下完成购买。这一过程就是广告传播的心理过程，可以归纳为AIDAR模式，即注意、兴趣、欲望、行动、再次购买。

广告传播的心理原理主要有：注意原理、说服原理、个性原理、记忆原理、暗示原理。

广告传播的心理策略主要有：引起注意、启发联想、增进情感、增强记忆。

人员推销过程中的心理效应主要有：首因效应、近因效应、晕轮效应、定势效应。

在人员推销过程中要充分了解售前、售中、售后消费者的消费心理，最大限度地满足消费者的需要并采取各种措施。

思考与练习

1. 理论题

（1）单选题

①在设计售点广告时，广告主题应对准消费者的（　　）。

A. 现实需要　　B. 潜在需要

C. 优势需要　　D. 一般需要

②广告的基本功能是（　　）。

A. 消费　　B. 促销

C. 沟通　　D. 传播

③商业广告的诱导功能主要是（　　）。

A. 引起消费者的好奇　　B. 激发消费者的购买欲望

C. 改变消费者的态度　　D. 提供商品知识

④下列关于广告与消费心理的关系说法不正确的是（　　）。

A. 消费需求是广告产生的直接原因

B. 广告是满足消费需求的重要途径

C. 广告定位的立足点是消费心理

D. 广告引导消费，所以广告支出越多，消费量就越多

⑤不能引起消费者注意的心理策略是（　　）。

A. 加大刺激的强度　　B. 加大刺激元素间的对比

C. 利用刺激物的运动变化　　D. 启发联想

（2）多选题

①商业广告传播功能的表现是（　　）。

A. 传播商业信息　　B. 增强商品影响力

C. 吸引消费者的注意　　D. 提高消费者的兴趣

②广告传播的心理策略包括（　　）。

A. 引起注意策略　　B. 启发联想策略

C. 增进情感策略　　D. 增强记忆策略

③广告需要增进（　　）的情感。

A. 信任感　　B. 美观感

C. 安全感　　D. 亲切感

④广告可以通过（　　）方法增强目标受众的记忆。

A. 减少材料数量　　B. 适当加以重复

C. 增进理解　　D. 运用多种艺术形式

⑤人员推销的心理效应主要有（　　）。

A. 首因效应　　B. 近因效应

C. 晕轮效应　　D. 定势效应

（3）简答题

①简述广告传播的心理准则。

②简述在广告传播中引起注意的策略有哪些。

③简述人员推销过程中的心理策略。

2. 实务训练题

案例分析

雕牌的“翅膀”——广告

有人说“雕牌是靠广告起飞的”。新版的纳爱斯雕牌洗衣粉广告语是“经历过，才能明白，努力就有机会！”这句广告语借用刘欢那首脍炙人口的《从头再来》的曲调，伴着激昂向上的旋律，响彻人们耳畔，给予逆境中的人一种积极向上的动力。同时电视画面上一组组再就业典范，强化着生命再生的内涵。这则广告在央视媒体上滚动播出，收到了预料中震撼人心的效果。

问题：

（1）这则广告运用了什么策略？

（2）请分析这则广告的受众会有什么样的心理需求与消费习惯？

项目九 营销环境与消费心理

导读案例

7－11便利店的布局秘籍[①]

在日本，在中国台湾，无处不在的7－11便利店几乎已经成为人们（尤其是都市）生活中不可或缺的一部分。尤其是对于7－11便利店的目标顾客——单身的上班族来说，有时候忙起来，连午餐、晚餐都干脆去7－11便利店买便当或各类小吃来解决。

7－11便利店单个店面的营业面积较小，商品陈列有限，而且价格并不便宜，为什么还有那么多人会趋之若鹜呢?

开店前布局——先发制人

为了创造一种良好的消费感受，“俘获”消费者的大脑和双脚，7－11便利店的布局在开店前就开始了。

出于“便捷”的考虑，7－11便利店只选择在消费者日常生活行动范围内开设店铺，如距离生活区较近的地方、上班或上学的途中、停车场、办公室或学校附近等，一般步行5～10分钟便可到达。

店面布局是最直观、最能展现7－11便利店形象的一面。7－11便利店出入口的设计一般在店铺门面的左侧，宽度为3～6米，根据行人一般靠右走的潜意识的习惯，入店和出店的人不会在出入口处产生堵塞。同时出入口的设计要保证店外行人的视线不受到任何阻碍而能够直接看到店内。

7－11便利店的装潢效果最有效地突出了商品的特色。使用最多的是反光性、衬托性强的纯白色，纯白色给人的感觉就是整洁、干净，会给人造成较大空间的视觉偏差。

商品布局——激发冲动

单个7－11便利店大约有3000种商品，其中食品占75%，杂志及其他日用品占25%，每一种商品对于目标消费者来说都是“方便好用、每日必需、不可或缺的”。

---

① 阿里巴巴资讯网 http：//hfo. china. alibaba. com/。

在浏览了店内陈列商品后，人们总是会不由自主产生这个也想买、那个也想买的购物冲动。7－11便利店是怎样找到这些畅销商品并激起消费者购物欲的呢？提早消费者半步，满足他们的生活所需，是7－11便利店各种热卖商品的成功关键。

总之，通过选址、店面布置、商品组织、服务、传播等这一系列信息关键点的布局和掌控，7－11便利店用积木式的手法成功地"俘获"了消费者，并建立起一个叱咤风云、有口皆碑的连锁品牌帝国。

提示：消费者通常在一定的购物环境中实现购买行为。购物环境的优劣对消费者在购买过程中的心理感受具有多方面的影响。从心理学的角度看，人们对事物的认识是由表及里、由感性到理性，逐步认识其本质的过程。在营销活动中，一个好的购物环境会给消费者留下美好的第一印象，引起消费者的购买欲望，进而影响其购买行为。因此，研究购物环境及其对消费心理的影响是非常必要的。

任务1 商店外部环境设计的心理功能

任务案例

处于大栅栏的同仁堂药店①

北京"同仁堂"乐家老铺创立于1669年，位居清代四大药店之首，分号遍布全国各地，素以工制丸散膏丹著称于世。清代乾隆年间，"同仁堂"已誉满京都，进入近代更获得供奉御药房用药的"皇家药店"之优势地位，长期占据我国药业的第一把交椅。

"同仁堂"店处大栅栏内，地理位置很不理想。为了克服地处偏僻之处的不足，他们在大栅栏胡同东口竖立起一座金光闪闪的铜牌楼，上面写有斗大的"同仁堂药店"五个字。人们一看到牌楼上的字，便知道鼎鼎有名的"同仁堂"在胡同里面。旧时的北京，市政荒疏，没有电灯照明，晚上一片漆黑，污秽遍地。"同仁堂"别出心裁，巧妙地利用中华民族挂红灯笼的传统习俗，在北京的一些主要街头巷口挂起红灯笼，五只一排，每只上书一个金色的大字，合起来就是"同仁堂药店"，使店铺的名号深深印入人们的脑海。这种别致典雅的宣传手法，成为北京最早的市政广告。

问题："同仁堂"是如何营造自己良好的外部经营环境的？

分析：在现代商业经营活动中，商店外部的门面装饰、招牌设计、橱窗布置等，商店内部的商品陈列、灯光照明、色彩运用等，都是消费者对商店产生第一印象的重要客观条件。"同仁堂"为了克服地处偏僻之处的不足，采用金光闪闪的招牌和红灯笼灯箱广告

① 廖晓中．消费心理分析［M］．广州：暨南大学出版社，2009.

牌，吸引消费者的眼球，给消费者留下深刻的第一印象。

学习目标

素质目标：通过本任务的知识学习、同步案例和同步实训，启发学生联想与思考营销外部环境和消费心理的关系。

能力目标：通过本任务同步案例和同步实训等活动，明白营销的外部环境是如何影响消费者心理以及进而影响购买行为的。

知识目标：通过本任务知识学习能够知晓外部环境中的选址、招牌、标志、橱窗设计与消费心理的关系等。

必备知识

一、商店选址与消费者购买心理

商店选址，就是对商店建筑应处的地理位置的选择。商店选址是从市场营销的角度出发，在权衡顾客需求与商业利益的基础上作商业布局安排。它与消费者的购买心理密切相关，直接关系到经营能否成功。要实现企业的经营目标，商店选址要综合考虑所选定区域，并兼顾现在与未来的发展趋势。

（一）区域与选址心理

商店选址要综合考虑所在区域的人口因素、地理因素、地段因素，并掌握与此相关的顾客心理。

1. 商店区域聚焦心理

商店选址首先应了解区域内人口是否密集，消费人数是否足以形成市场，是否具有一定数量的目标消费群体。在一个城市被大家所认可的商业中心，往往由于商家聚集，成为本市或旅游者购物和休闲的必经之地，形成一个规模巨大、高密度的顾客群，形成商业经营中的“马太效应”。消费者在一处营业环境中购买和消费时，他们可能同时会在附近的营业场所游览、观光或消费，并可能产生购买行为。一般消费者都有从众心理，商店越密集、单位时间的人流量越多，越容易引起消费者的购买兴趣，越容易形成购买行为。所以，城市区域内传统的商业街，因人口密集，商家聚集，而满足商店选址的理想条件。但是由于这些地段都属于城市的“黄金地段”，因而企业经营成本比较高，适合以销售中高档的产品为主的专卖店和大型的购物商场进入。

2. 交通便捷心理

影响消费者购物心理的一个重要的条件就是购物的便捷性，因此公共交通条件是影响营业环境的最重要的外部因素。交通条件越方便，消费者购买商品的心理体验越愉悦，消费者购买的积极性越高。所以选址要选择交通比较便捷、进出道路比较畅通、商品运输安全省时、主要顾客购买路程不远或乘坐公共汽车站数不多且直达的地方。

3. 最佳位置心理

一条商业街内不同的位置会给消费者以不同的心理效应，企业在商业区域选址时，切不可盲目设店，如果有意识地按照以下几点选址，也许可以达到事半功倍的效果。

（1）寻找商眼。每个商业街都有“黄金漩涡点”。这个商眼是消费者在街上不自觉地停留的地方，是这条商业街上最宝贵的地段。商眼的位置一般不在商业街的中心位置，而是在商业街全长约 2/3 的地方，即商业街全长的“黄金分割点”。

（2）寻找方位。我国习惯靠右走，因而在商业街中大家会不自觉地按照这一点先去右侧的购物场所购物。因而在商业街主入口的右侧一般客流量要远远高于左侧。所以确定商业街的主入口，尽量选取右边的方向会对商场的地址的选择有帮助。

（二）商品与选址心理

商店选址除考虑地理区域等因素之外，还要分析商品性质、顾客的消费习惯等特点，准确选择面向目标区域顾客的商品门类或商品价格定位。

1. 商品性质与消费心理

商品性质与人们的消费心理有非常密切的关系。如销售日常生活用品的超市应设在靠近居民区中间的地段，以方便居民日常购物消费的需要；黄金饰品、钢琴等贵重物品应设在与高档商店相毗邻的地段，以适应顾客购买高档物品时对商店档次、商店信誉、外部环境的心理要求。

2. 商品价格与消费心理

商品价格的高低与其周围居民的消费品味、消费水平有直接的联系，应根据顾客对商品价格的需求心理选择店址。高档文化艺术类商品、高档生活消费品的商店应设在高收入顾客群生活地段或商业街。

3. 消费习俗与消费心理

不同地区、不同民族的人们消费习惯各不相同。商店选址要根据商品的特性，考虑人们消费习俗的不同，因地而异。如北方毛皮商店兴盛，南方则不宜开设；西部地区的贵州、四川等地广设辣味专营店，而在其他地区则不宜多设。

（三）商店类型与选址心理

在商业发达的地区，顾客购物除考虑商品因素外，商店类型往往是重要的选择因素，可从以下几个方面进行分析。

1. 业态分布与消费心理

业态是指商业服务于某一顾客群或某种顾客需求的店铺经营形态。目前中国的零售业态主要有百货商店、超市、便利店、仓储商店、折扣店、专业商店等多种类型，顾客对不同业态的店址需求心理有差别。如食品超市应贴近居民区，以居民区的常住居民为主要顾客群，并与大型超市保持一定距离；大型综合超市应选在城乡结合部、住宅区、交通要道；便利店应在居民住宅区、主干线公路边以及车站医院、娱乐场所、机关团体企事业单位所在地；百货商店应选在城市繁华区、交通要道。

2. 竞争环境与消费心理

商店周围竞争环境是影响顾客心理的重要因素，是商店选址心理的重要组成部分。商店选址要考虑业种、业态分布，或与其周围的其他商品类型相协调，或能起到互补作用，或有鲜明特色。同类小型专业化商家接壤设店，可形成特色街，吸引人气。这可以满足顾客到特定商业街购物时持有的特定心理预期。如果一家珠宝玉器商店孤零零地开在汽车配件一条街中，则谁也不会相信它能够招徕购买玉器的顾客。

3. 配套场所与消费心理

顾客在商店购物中要求获得配套服务，因此商店在选址中要同时考虑配套场所。比如，仓储式会员店一般停车场面积与营业面积之比为1:1，以方便频繁地进货与顾客大批量购物后的用车停放；以低廉价格销售商品的大卖场可设在市郊结合部，以便在配备与营业面积相适应的宽敞的停车场的同时，享受较低的价格。尽管路远一些，但它可以低价取胜，满足顾客的求廉心理。

二、商店招牌与消费者购买心理

（一）门面与消费者购买心理

1. 店门

商店的门面是一个商店的"脸孔"及构成商店形象的关键部分。它的设计风格对消费者最初主观地判断商店的新旧、优劣、大小等有很大影响。具有新颖独特风格的门面，可以吸引消费者进店，哪怕是不购买产品，也要进店来欣赏一番。店门设计应注意以下几个方面。

（1）设计风格。店门的设计风格不同，给消费者的心理感受也不同。例如，新颖独特风格的店门会给消费者一种与众不同的心理感受，简洁明快风格的店门会给消费者一种现代气息，古老庄重风格的店门会给消费者以古朴典雅的心理感受，民族特色风格的店门会给消费者以地方情调的心理感受。因此，商店应根据自己的经营特色或产品特点等因素来设计店门。

（2）店门的开放度。店门的开放度与商店的经营品种直接相关，经营品种不同，店门的开放度也有所不同。一般来讲有以下几种开放形式：

①封闭型。一些专业性强的商店，如经营宝石、玉器、金银首饰、名人字画、古董工艺品的商店，在保护这些贵重产品不受店外空气尘埃污染的同时，也创造了一种幽静、舒适、典雅的环境，以便于顾客在不被打扰的环境中精心选购。

②半开放型。一些经营服装、化妆品、布料、手表的商店以及大中型百货商店或商场，为了提高空调调节效果，隔音防尘，保持室内安静、舒适，需要将店门设计成半开型。

③全开型。一些经营食品、水果蔬菜、大众百货的商店为了让消费者不用进到店里就可对店内商品一览无余，以此引发消费者的消费需求，或者为了让消费者进出方便，无约束感，而将店门设计成完全开放型，并且不设橱窗。

④通道型。一些日杂商场、菜场农贸市场将商店两头的店门全部开放，以便顾客以及小型非机动车辆通行，以形成方便、自由的感受。

（3）颜色。店门是消费者进入商店的必经之路，整个门面装饰的色调会直接影响到消费者的心理感受，进而影响到消费者是否进店。因此，商店门面装饰颜色的配置应注意：与商店建筑风格相一致，与周围环境相协调，与消费者心理要求相符合，与经营特色相匹配，冷暖色对比搭配要和谐。

2. 对联

商店张贴或悬挂对联，在我国已有悠久的历史。一副构思精巧、意境深远、语词凝练的对联，再配上精湛的书法或其他别具特色的工艺美术（如镶嵌、表饰等），不仅能引起消费者的浓厚兴趣而驻足观赏，而且还能提高商店的名气和声誉。

（1）能帮助消费者认识商店。有不少商业对联都是根据本店的经营特色来写的，消费者在驻足欣赏的过程中，便可知道该店的经营范围和基本宗旨。例如，“客上天然居，居然天上客”，“天然居”是北京海淀区的一个餐馆。消费者一看对联便可大体知道该店的经营范围和经营宗旨。

（2）能博得消费者的好感。情真意切的商业对联能给人一种亲切感。例如，“但愿世间人无病，哪怕架上药生尘”（药店）——卖药人不是为赚钱而卖药，而是为了人们身体健康而卖药。像这样的对联，博得了消费者的好感，从而达到招徕顾客的目的。

（3）能给消费者以美感。对联是中华民族文化的精华，被誉为“诗中诗”。如“美味招来云外客，清香引出洞中仙”（餐馆）、“茶香高山云雾质，水甜幽泉霜雪魂”（茶馆）。这些对联的构思精巧，意境深远，音韵和谐，文字巧美瑰丽，读罢心旷神怡，令人赏心悦目，给人以美的享受。

（二）招牌与消费者购买心理

招牌是商店的名称，它是用以识别商店、招徕生意的标记。消费者在购买商品时，总是先寻找招牌，再实现自己的购买行为。一块设计出色的招牌，往往能激发消费者美好的联想和想象。所以，具有高度概括力与吸引力的商店招牌，对消费者在购买活动中的视觉刺激和心理活动的影响是十分明显的。

1. 招牌设计和命名的心理方法

目前，招牌命名的方法多种多样，设计的形式各有千秋，广告化、立体化和艺术化的招牌也不断涌现。然而，要使招牌充分发挥其心理作用，除了讲究形式、用料构图、造型、色彩等方面能给消费者以良好的心理感受外，更重要的是在命名方面多下功夫，要力求言简意赅，清新不俗，易读易记，具有较强的吸引力。为了达到这一效果，招牌的命名一般可采用以下几种心理方法：

（1）与经营特色或主营产品属性相联系。这种命名方法能起到引导和方便消费者的作用，能反映商店的经营范围和特点，能使消费者易于识别购物的去处，达到招徕顾客的目的。如：“光明眼镜店”“亨得利钟表店”“红袖服装店”等。这种命名很直观，让人一目了然，消费者可以直接根据招牌命名做出购买商品和购买地点的选择。这样的招牌具有引导消费者购买的作用，可以满足消费者求速，求便的心理需求。

（2）与服务精神或经商格言相联系。用这种方法命名，除了能反映商店文明经商、讲究信誉、诚心诚意为消费者服务的商业道德外，还能使消费者产生信任和可靠的心理感觉。例如：“薄利饭店”反映了经营者实行薄利经营的服务宗旨；“一分钟照相馆”反映了经营者服务迅速、方便顾客的经营理念。

（3）与名人、名牌商标或象征高贵事物的词语相联系。追求高级、华贵、高雅是某些消费者特有的心理倾向。随着收入水平的提高，现代消费者不仅追求“名牌商品”，同时也追求“名牌商店”。例如专营名人字画的“荣宝斋”，其店给人的感觉是温文尔雅，容易诱发消费者的购买动机，对求名、求奢心理强烈的消费者具有极大的吸引力。

（4）与享受意境或美好愿望相联系。这种命名方法通常能反映经营者乐意为消费者的生活增添乐趣，同时包含对消费者的良好祝愿，引起消费者有益的联想，从而对经营者产生亲切感。如“陶陶居”，寓意来这里定能沉醉于乐陶陶的环境中。又如“爱神咖啡馆”，寓意来此品尝咖啡的情侣们获得美好的爱情。

（5）激发消费者的兴趣或好奇心理。情感动机是一种重要的购买动机，好奇心能引起兴趣、渴望、快乐、喜欢、满足等情感，容易诱发消费者购买商品的欲望。如浙江宁波开明街一家小店的招牌上画着一只小缸、一只白鸭和一条黄狗，来往行人看了无不好奇，进店方知是家汤团店。因原店主名叫江阿狗，经营有方，创出名牌老店，现在的招牌是依原主人名字的谐音而画的。如此新鲜有趣的招牌，常使小店顾客盈门，远近闻名。香港一百货店老板用自己的巨幅照片作招牌，也引来顾客纷纷进店一睹其真面目为快。

2. 商店招牌设计的艺术表现形式

有了良好的商店招牌命名后，还需良好的艺术表现形式。艺术表现形式较之命名给消费者的视觉感受更为强烈，因而是招牌设计中不可忽视的重要问题。招牌倘若在构图、用料、造型、色彩书写、格调等方面设计别致，表现完美，具有艺术性，就可以给消费者赏心悦目、品味高雅、别具一格、亲切自然等心理感受，从而与良好的命名相得益彰，取得良好的心理效果。招牌的艺术表现形式多种多样，常见的有以下三种。

（1）请名人或书法家题写店名。名人题字可以提高商店的知名度，书法家题写店名可以增加艺术效果，如沈阳中街的“天益堂”药房就是著名的老一辈革命家薄一波所题。

（2）采用立体化的艺术造型。采用立体化的艺术造型可使字体与背景的色彩对比鲜明、醒目。

（3）使用霓虹灯、灯箱、电子显示牌等新型材料。这样的艺术表现形式容易吸引消费者的目光，且很有时代感。

三、商店标志与消费者购买心理

（一）标志的心理功能

所谓标志，是以独特造型的物体或设计的色彩附设于商店的建筑上而形成的一种识别载体。在现代商店外观设计中，标志具有多方面的心理功能。

1. 标志是商店的主要识别物

由于标志通常设计独特，个性鲜明，为一家商店或企业所独有，因而成为商店的主要识别物。消费者仅从标志上即可对各种商店加以辨认和区别。尤其在由多家商店组成的连锁经营方式中，标志更成为连锁组织的统一代表物。

相关链接

好的店名应具备三个特征：一是容易发音，容易记忆；二是能凸显商店的经营性质；三是能给人留下深刻的印象。

2. 标志是商店或企业形象的物化象征

现代商店或企业标志往往具有丰富的内涵，是商店或公司经营宗旨、企业精神、经营特色等理念与识别形象的高度浓缩和象征。标志的视觉刺激，可以向消费者传递有关企业理念的多方面信息，使消费者获得对该企业或商店形象的初步了解，并留下深刻印象。

3. 标志是特殊的“广告”

标志如同招牌、橱窗等外观要素一样，还具有重要的广告宣传功能。它通过不间断地强化消费者的视觉感受，以引起过往以及一定空间范围内众多消费者的注意和记忆，从而成为招揽顾客的有效宣传手段。

（二）标志设计的心理要求

为充分发挥标志的心理功能，在设计标志时，应充分适应消费者的心理特点，体现以下基本要求。如图 9－1 所示沃尔玛标志。

图 9－1　沃尔玛牌匾

1. 独特

避免相似或雷同是标志设计的基本要求。对于消费者来说，一家商店的标志应当是独一无二的，为此，在设计商店标志时，应力求构思巧妙，独具匠心。

2. 统一

一般来讲，连锁店或企业集团内各个分店或分支机构的标志必须是统一的。不仅如此，标志的字体、造型、色彩等还应与企业的形象识别系统相统一，不但要与其中的视觉识别系统如标准色、标准字等保持一致，而且应尽可能体现理念及行为识别系统的内涵与要求，以使消费者从标志中感知到企业或商店的整体形象。

3. 鲜明

标志的色彩应力求鲜明，以便形成强烈的视觉冲击效果，给消费者留下深刻印象。如肯德基快餐店的红白对比等，对比鲜明，效果良好。

4. 醒目

除造型独特、色彩鲜明外，标志在形体大小和位置摆放设计上还应做到醒目突出，能够让消费者迅速辨认出。为此，标志的形体与商店外观保持协调的前提下，应以大型为宜，且一般应矗立在建筑物顶端或商店门前。

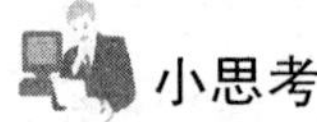
小思考

你曾购物的商店中，你对哪一个商店的店名和店标印象深刻？为什么？

四、橱窗设计与消费心理

商店橱窗，是在商店沿街面设立的玻璃橱窗，把所经营的重要商品，按照巧妙的构思设计，通过布景道具和装饰画面的背景衬托，并配合灯光、色彩和文字说明，排列成富有装饰性和整体感的货样群，从而进行商品介绍和商品宣传的综合艺术形式。具有特色的、美轮美奂的橱窗设计，不但能令人驻足观赏，更能烘托出所售商品的卓越品质，有助于推销橱窗中所展示的商品。相关调查结果显示，80%成功出售的钻戒都是顾客直接从橱窗中挑选出来的，这足以证明橱窗的促销作用不容忽视。此外，橱窗设计在商场整体的装饰中也发挥着重要的作用。因此，橱窗布置从设计策划到着手陈列均不能掉以轻心。

（一）橱窗的心理功能

1. 唤起注意

随着新产品不断推向市场，商品品种越来越多，人们面对琳琅满目的商品，目光常常是游移不定的，他们喜欢四处观看。橱窗、招牌、店门等都在他们的视觉范围之内。其中，商店橱窗往往能最先引起消费者注意，直接刺激消费者的视觉器官。

2. 引发购买兴趣

橱窗的最大特点是以商品实物形象而生动的形态向顾客展示。在吸引人们视觉的同时进而激发消费者情绪上的兴趣，使顾客产生想要进一步对商品进行了解的愿望。

3. 激发购买动机

橱窗展示具有特殊的丰富表现手法，光线、色彩、造型手段全方位的运用可以淋漓尽致地将商品的形象、性能、功用加以渲染，让人产生这是一种无与伦比的美妙商品的感受。消费者的购买动机从注意到兴趣的积累，往往会逐渐形成一种欲望，想象中的自己也变成了画面中的主角，身临其境般潇洒自如，于是忍不住产生“心动不如行动”的焦虑，促使人们最终想要购买。

（二）橱窗设计的心理方法

橱窗设计要发挥橱窗对消费者的心理影响功能，一般可采用下面的方法。

1. 突出主营产品特点，激发浓烈购买兴趣

橱窗是消费者了解产品经营情况的窗口。因此，橱窗布置的重要心理方法就是要突出主营产品，把商品的主要优良品质或个性特征清晰地显示给消费者，激发他们的购买兴趣。为达到这一目的，橱窗陈列产品首先应选择能引起消费者注意并能激发其兴趣的流行性产品、新上市的产品，以突出主营产品、热门产品和新产品为主。其次，还应根据陈列产品的性质、用途和特点，考虑产品的展示形式和摆放位置，使各种产品都得到充分显示，并能展现各种使用状态。另外，对新产品还要配以生动具体的图文说明，这样的橱窗陈列既可以给消费者一个经营项目的整体印象，又可以突出个别产品的独特风格，还可以

使消费者产生新鲜感、亲切感和购买兴趣。

2. 塑造整体艺术形象，诱发强烈购买欲望

综合性的橱窗陈列必须考虑整体的艺术搭配。总体来说，就是要认真研究消费者的审美趋势，要从消费者的求美心理出发，将橱窗内种类繁多、形状不一的各种产品进行整体艺术构思，并运用各种艺术手段，进行生动、巧妙、别致而有序地组合，使之形成一个整体的艺术群雕。

3. 利用景物间接渲染，增强和坚定购买信心

橱窗布置除了商品实体外，还要运用布景、道具、灯光、画面装饰等作为背景衬托，以增强橱窗的整体美感，并能达到以景抒情、以情感人的良好效果。一般可从商品的名称、性能产地、原料、用途、使用对象和使用季节等有关方面，挖掘其内在的联系，抓住最能描绘渲染商品的某个方面进行丰富的想象，创造出诱人的意境。此外，为方便选购和吸引顾客，可布置儿童游乐场等设施，创造更佳的购物环境。

案例分析

麦当劳的店标与色彩设计

麦当劳是世界著名的快餐连锁企业，在很多国家受到了广大消费者的赞誉。麦当劳之所以能取得这样辉煌的成就，除了它高质量的产品、先进的制度、优良的服务外，其优秀的店铺设计也是重要的原因。

一般情况下，在建筑装潢和设计布局方面，大多数连锁店都有一个标准模式或原型，新开的连锁店要以其为标准，在建筑装潢和设计布局方面统一形象。全世界的麦当劳餐厅都以红色和黄色作为店铺的主色调，有一个金黄色“M”形的双拱门标识，柜台设计以92厘米为标准。

问题：麦当劳店铺设计的主色调及柜台设计的高度反映了顾客的哪些心理？

讨论分析：

个人：每位同学认真学习本案例内容，在学习本上写出你的看法。

小组：请同学们每4人一个小组，1人为组长，1人记录，在小组讨论中陈述个人看法，然后共同讨论，形成小组意见，推荐代表在班级交流。

全班：各个小组代表在班级陈述本组观点。

教师：教师记录各组陈述观点的要点，最后做点评。

分析提示：麦当劳以红色和黄色作为店铺的主色调，是运用色彩心理学的研究结果。国际通行的交通信号中，红色表示“停”，黄色表示“注意”，麦当劳把招牌的底色做成红色的是提醒人们下意识驻足，而代表麦当劳商标的“M”做成黄色是提醒人们注意，于是人们便会不由自主地走进餐厅。麦当劳规定柜台的高度为92厘米，道理在于：最适合人们从口袋里掏出钱来的高度就是92厘米。人们在92厘米的柜台前，能够最方便地掏钱付款。

同步实训

某商店购物外部环境调查分析

1. 训练目标

（1）素质目标：强化营销外部环境与消费心理关系的意识。

（2）能力目标：能够对自己身边的商店（超市或其他服务场所）的选址、外部招牌、标志等环境进行比较，并能初步分析其引起哪些消费心理的变化。

（3）知识目标：培养同学们在小组发言、小组讨论、实训报告撰写中会运用商店选址、招牌、标志、橱窗设计等外部环境与消费心理相关知识分析讨论问题、阐述自己的观点的能力。

2. 训练内容

由学生自己选择感兴趣的购物场所，观察并记录商店的选址、招牌、标志、橱窗设计等，而且能简单分析该外部环境是如何影响自己的消费心理的。

3. 训练操作

（1）将学生分组每4人一组，并选出一名小组负责人。

（2）由组长带领大家选择某一购物场所，并制定具体的观察计划。

（3）选择节假日去观察并记录。

（4）每一位同学记录商店外部环境是如何影响自己的心理感受。

（5）在小组内分享感受，指定一位同学记录大家的感受，并最后进行整理汇总，填入表9－1中。

表9－1　　商店外部环境观察记录实训表

观察项目	特征描述	备注
商店名称		
商店地址		
标志		
店门		
颜色		
有无停车场		
周边环境		

4. 成果要求

（1）每组详细填写某商店外部环境观察记录表。

（2）就各组的记录表在班级交流，老师要作点评。

（3）学生实训成绩由学生完成任务情况、资料记录情况、报告及交流成绩综合评定。

5. 实训评价（见表9－2）

表 9－2 某商店购物外部环境调查记录实训评价表

项目	评价标准	分值	小组个人自评（30）	小组成员互评（30）	教师评价（40）	小计
素养培养	参与实训的态度端正，积极性高，小组合作意识强，纪律性强。	10				
	养成细致、严谨的工作作风，小组讨论积极踊跃，能主动分析营销外部环境与消费心理的关系，提出实训中应注意的问题。	10				
	能够结合某商店购物外部环境分析实训认识营销外部环境与消费心理关系的重要性。	10				
能力提升	能将所学的购物外部环境与消费心理运用到实训任务中，学以致用。	10				
	正确分析某商店购物外部环境调查分析实训活动内容，实训活动安排有序。	10				
知识应用	在实训报告撰写中正确运用营销外部环境与消费心理等相关知识说明自己观点。	10				
	在每个人发言和小组讨论中能准确陈述选址、招牌、标志、橱窗设计与消费心理的关系等与实训任务相关的知识。	10				
项目成果展示	小组能够独立完成实训任务，完成实训任务及时、主动，并能主动提出问题，解决问题。	10				
	“商店外部环境观察记录实训表”填写详细，无错别字，观点正确。	10				
	“商店外部环境观察记录实训表”展示汇报形式新颖，语速恰当，陈述语言规范流畅，有感染力。	10				
合计		100				

任务 2 商店内部环境设计的心理效应

任务案例

拥挤的收银处

在商店购物，绝大多数人会有这样的体会：收银处总是排着长长的队，在货架上选购产品的高兴劲儿常因为焦急地等待而烟消云散。商场寸土寸金，不可能设立过多的收银台，很多人因为不耐烦等待而离开，这给商店丢掉了不少生意机会。

一些商店设立了快速通道，专门为那些购物少的消费者设置，但是仍不能够彻底解决问题，同样要等，而且等的时间并不一定就少很多。

商店给消费者创建了很好的购物环境，像宽敞的通道、明亮的灯光、亮丽的陈列、舒缓的音乐等。这些都是为了给消费者营造一个良好的购物心情。但收银处漫长的等候使所有营造气氛的努力大打折扣。

问题：为什么商家给消费者创建了很好的购物环境，消费者在离开商店时却没有愉快的心情?

分析：商店良好的购物环境不仅包括宽敞的通道、明亮的灯光、亮丽的陈列、舒缓的音乐，而且还包括科学合理的收银处。卖场如果不能在空间上有改善，建议在高峰期增加收银台的服务人员，辅助收银。比如可以帮助顾客将买好的物品装袋，提前让顾客准备好银行卡或现金，以节省顾客付款等待时间，降低顾客的不满感。

学习目标

素质目标：通过本任务的知识学习、案例分析和同步实训，启发学生联想与思考商店内部环境和消费心理的关系。

能力目标：通过本任务案例分析和同步实训等活动，让学生明白商店内部环境是如何影响消费者心理以及进而影响购买行为的。

知识目标：通过本任务知识学习能够知晓内部环境中的商品陈列布局、照明、色彩与消费心理的关系等。

必备知识

优雅、舒适和友善的店内购物环境，可以使消费者从容选择，顺利完成购买活动，并留下对商店的良好印象。商场的商品陈列、灯光、音响、照明和色彩以及温度、湿度等都会对消费者的心理产生一定的影响。

一、商品陈列与消费心理

消费者走进商店后最关心的自然是商品。商品陈列是否美观，陈列位置是否有利于消费者迅速寻找，都直接影响到消费者的心理感受。因此，商品在陈列时要做到与消费者的选择、习惯心理相适应。

（一）陈列高度适宜，易于消费者观看感受

消费者进入商店后，首先会环顾商店内的货位分布、产品陈列等，获取一个初步印象。商品陈列的高度要与消费者的视线、视阈相适应。据研究，消费者进店后无意识展望高度为0.7～1.7米，上下幅度为1米左右，与人的视线成30°角内的物品最容易被人们感受。因此应当认为，从人的胸部到头顶距离内，是最有效的陈列高度。

（二）货位分布要适应购买习惯，便于消费者选购产品

大中型零售企业经营的产品在万种以上，对产品进行货位分布时，应考虑到消费者的购买习惯，以便于消费者寻找选购产品。具体地说，零售企业在市场营销活动中，应根据消费者对产品的要求和购买习惯，对方便品、选购品和特殊品进行合理的陈列。这三类产品与消费者购买习惯的关系，如表 9－3 所示。

表 9－3　部分产品的陈列

购买习惯＼产品类别	方便品	选购品	特殊品
购买次数	多	稍少	少
购买努力程度	无须努力	比较努力	相当努力
主要选择标准	实用、方便	效用美观	先进、独特
价格考虑	便宜	稍高	较高或高
质量要求	过得去	高	最好的
购买距离	近或附近	稍远或近	不考虑
对商店的期望	清洁、愉快、方便	安静、宽敞、选择余地大	高级感、专业化
购买行为习惯	方便、快捷、顺手	比较选择、方便	便于选择、安全

（三）货位分布、产品陈列要与消费者随机购买心理相适应

调查证明，消费者很快买到原计划购买的产品之后，多数人不是立即离开商店，而是增加了“逛”商店的兴趣，增加了在店内的滞留时间，从而扩大了随机购买的机会。因此，产品的开放性、货位分布的合理性、通道的方便性都有助于消费者随机购买行为的发生。产品的开放程度高，无形中缩短了消费者与产品的距离，增加了信任感和对自由自在进行挑选的满足感。

我国大中型零售企业经营的商品往往在万种以上，对商品进行分布时，经常采用磁石理论。所谓“磁石”点，就是指超级市场的卖场中最能吸引顾客注意力的地方。要创造这种吸引力就必须依靠商品的配置技巧来实现。商品配置中，磁石理论运用的意义就在于，在卖场中最能吸引顾客注意力的地方配置合适的商品，并且这种配置能引导顾客走遍整个卖场，最大限度地增加顾客购买率。表 9－4 将超市店铺各个磁石点的位置、商品配置要点以及配置的商品类型作一比较。

表 9－4　超市磁石点理论

磁石点	店铺位置	配置要点	配置商品
第一磁石点	位于卖场中主通道的两侧，是顾客的必经之地，是商品销售最主要的位置	由于特殊的位置优势，不必刻意装饰体现即可达到很好销售效果	主力商品；购买频率高的商品；采购力强的商品
第二磁石点	穿插在第一磁石点中间	有引导消费者走到卖场各个角落的任务，需要突出照明度及陈列装饰	流动商品；色泽鲜艳、容易抓住人们眼球的商品；季节性很强的商品

续表

磁石点	店铺位置	配置要点	配置商品
第三磁石点	位于超市中央陈列货架两头的端架位置	是卖场中顾客接触频率最高的位置，盈利机会高，应重点配置，商品摆放三面朝外	特价商品；高利润商品；厂家促销商品
第四磁石点	卖场中副通道的两侧	重点以单项商品来吸引消费者，需要在陈列方法和促销方式上刻意体现	热销商品；有意大量陈列的商品；广告宣传商品
第五磁石点	位于收银处前的中间卖场，是非固定卖场	能够引起一定程度的顾客集中，烘托门店气氛，展销主体需要不断变化	用于大型展销、特卖活动或者节日促销商品

卖场的布局是否合理，是一个卖场最终能否得到消费者认可、企业是否能赢得市场的重要因素。许多卖场的平面往往是一个矩形。最有号召力的商品应放在这个矩形的周边，也即卖场的三条边线。在以食品为主的超级市场内，这里配置的商品一般是购买频率高的商品，如米、油和菜等。卖场内必须处处有卖点，以增加消费者其在场内的滞留时间，增加卖场的销售收入。具有卖点的商品一般购买频率高、时髦、季节性强，或者是促销品、高利润品、特价品。如图9－2所示，超市的磁石点有5个，不同的磁石点应该配置相应的商品。

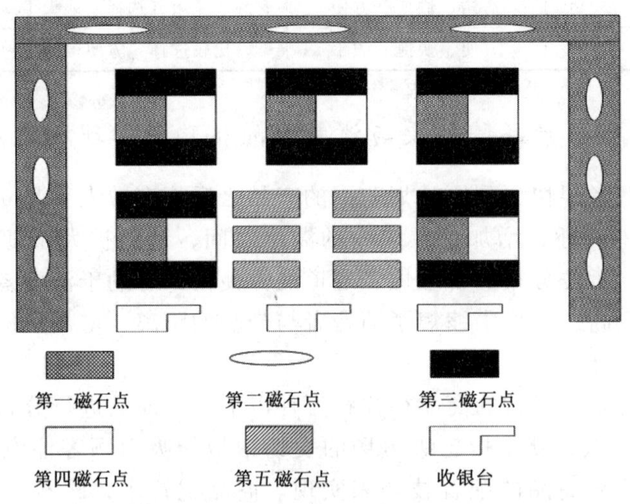

图9－2　磁石点配置图

收款结算台附近摆放一些冲动性购买产品或有连带消费关系的产品，以便消费者在等待交款时看到这些产品。一般来讲，我国超级市场的商品陈列顺序是将食品类非食品类自左至右排列，而一些西方国家，如法国超级市场通常是将食品类、非食品类商品按照从右至左的顺序排列。图9－3是一家法国著名超级市场——Promodes超级市场的商品陈列布局，该布局充分运用了磁石理论。

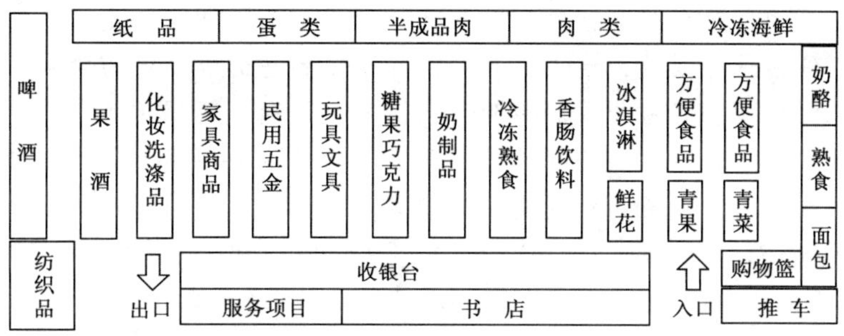

图 9－3　法国 Promodes 超级市场的商品陈列布局

案例分析

客都超市的购物环境

客都超级市场营业面积 260 平方米，位于居民区的主要街道上，附近有许多商店和超级市场。营业额和利润虽然还过得去，但是与同等面积的商场相比，还是不理想。通过询问部分顾客，得知顾客认为店内拥挤杂乱，商品质量差档次低。听到这种反映，客都超市经理感到诧异，因为客都超市的顾客没有同类超市多，每每看到别的超市人头攒动而本店较为冷清，怎会拥挤呢？本店的商品都是货真价实的，与别的超市相同，怎说质量差档次低呢？

经过对客都超市购物环境的分析，发现了真实原因。原来，客都超市为了充分利用商场的空间，柜台安放过多，过道太狭窄，购物高峰时期就会造成拥挤，顾客不愿入内，即使入内也不易找到所需的商品，往往是草草转一圈就很快离去；商场灯光暗淡，货架陈旧，墙壁和屋顶多年没有装修，优质商品放在这种背景下也会显得质量差、档次低。为了提高竞争力，客都超市的经理痛下决心，拿出一笔资金对超市购物环境进行彻底改造。对超市的地板、墙壁、照明和屋顶都进行了装修；减少了柜台的数量，加宽了走道，仿照别的超市摆放柜台和商品，以方便顾客找到商品。新开业后，立刻见到了效果，头一个星期的销售额和利润比过去增加了 70%。

问题：1. 客都超市原先的购物环境中哪些因素不利于吸引顾客的注意？

2. 客都超市原先的购物环境导致顾客对其所售商品怎样认知？装修后的购物环境导致顾客怎样认知？

3. 客都超市应当怎样改造和安排购物环境才能增加消费者的注意，并诱导消费者的认知朝着经营者所希望的方向发展？

讨论分析：

个人：每位同学认真学习本案例内容，在固定的学习本上写出你的看法。

小组：请同学们每 4 人分为一个小组，1 人为组长，1 人记录，在小组讨论中每个人陈述个人看法，然后小组成员共同讨论，形成小组意见，并推荐代表准备在班级交流。

全班：各个小组代表在班级陈述本组观点。

教师：教师记录各组陈述观点的要点，最后做点评。

分析提示：这是关于消费环境与消费者心理的一个案例，同学们可结合本任务的内容来进行分析。

超市之所以取代传统便利店的主要原因，就是可以让顾客更好地感知商品和自由选择。但同时，无序的摆放商品会让顾客无从选择。正确的做法应该是同类的商品摆放在一起，按照品类、价格进行摆放，使人一目了然。干净整洁的环境尤为重要。中小型超市常以经营食品为主，环境不好易让人联想到食品品质有问题，不愿购买。

到中小型超市的顾客，购买的目的性较强，冲动性购买的比例不大。与其在通道上摆放过多冲动性购买的商品，不如把通道留给顾客。

超市经营中价格形象很重要，顾客认知价格是否低廉，70%是凭借价格形象商品。大部分微利商品本身几乎就是形象商品和价格敏感的商品，超市可以通过这些商品建立价格形象，树立低廉的印象，定期在每个品类里选择部分商品做特价，既建立价格形象又可以吸引客流。

二、照明与消费心理

营业环境的内部照明分为自然照明、基本照明、特殊照明和装饰照明四种类型。

（一）自然照明与消费心理

自然照明是商场中的自然采光，通过天窗、侧窗接受户外光线来获得。自然光柔和、明亮，使人心情舒畅，是最理想的光源。商场设计中应考虑最大限度地利用自然光，增加玻璃顶面、玻璃墙面的面积。但自然光要受季节、营业时间和气候的影响，不能满足商场内部照明的需要，因此要以其他人工照明作为补充。

（二）基本照明与消费心理

基本照明是为保证消费者能清楚地观看、辨认商品而设置的照明系统，一般以在天花板上配置日光灯为主，起到保持整个商店亮度均匀的作用。基本照明亮度的强弱，能影响消费者的购买气氛。如果光度太弱，人会感到压抑，情绪也不容易调动起来，商品颜色也会发生不同程度的变异，甚至看起来会有发旧的感觉，进而影响消费者对商品的评选和购买。一般，商场最里面或角落处应配置最大光度、前面和侧面光度次之，商场的中部光度可稍小些。这样可使消费者的视线本能地转向明亮处，吸引他们从外到内把商店整体走遍，始终保持较大的选购兴趣。

（三）特殊照明

特殊照明是为了突出部分产品的特性而布置的照明，主要的目的是显现产品的个性，以便更好地吸引消费者的注意，激发其购买兴趣。特殊照明的配置要视产品的特性而定。例如，金银首饰、珠宝玉器、手表等贵重产品，往往用定向集中的光束直照产品，以增加产品的美感和珠光宝气的特性，并给消费者一种高贵稀有的心理感觉，激发他们的购买动机和购买行为。

（四）装饰照明

装饰照明是在购物环境中，为了营造一种特殊的气氛或情调而设计的照明，目的在于更好地调节消费者的情绪，烘托企业的形象，给消费者留下美好的印象。装饰照明，大多采用壁灯、彩灯、吊灯、落地灯、闪烁灯和霓虹灯等照明设备。装饰照明的运用应适度，使之真正发挥装饰和美化作用。

相关链接

日本的连锁超市作过一次市场调查，得出的结果是：消费者对商品价格的重视程度只占5%。在消费者心中，最看重的前三位是：开放式易进入的连锁超市，占25%，商品丰富、选择方便，占15%，明亮清洁，占14%。

三、色彩与消费心理

色彩是指商场内壁、天花板和地面的颜色。心理学的研究证明，不同的色彩能引起人们不同的联想意境，产生不同的心理感受，影响人的行为活动。因此，店内装饰颜色的调配，应注重对这一规律的运用，以充分发挥不同颜色的积极影响作用。

（一）色彩对视觉的影响

颜色不同，对人的视觉刺激也不同。其原因是，各种颜色对应的光波波长的长短不一，对人的视神经的刺激程度也不同。红色、橙色、黄色等光波波长较长，颜色鲜明突出，对视神经的刺激较强；蓝色、灰色、紫色等光波波长较短，色彩暗淡，对视神经的刺激较弱。

（二）色彩对情绪的影响

不同颜色能使人们产生不同的情绪变化。暖色会促使人的心理活动趋向活跃，情绪高涨，但也会使人感到焦躁不安；冷色会促使人的心理活动趋向平静，但也使人感到沉闷、压抑。在进行商店内部色彩调配时，必须考虑以下几个因素。

1. 店堂的空间

浅色有扩张空间感的功用，深色有压缩空间感的功用。所以，我们可以根据店堂的不同空间状况，利用色彩的作用改变消费者的视觉感受，给人以舒展开阔的良好感觉。

2. 商品色彩

商店装饰色彩应与主营产品颜色相协调，这有利于突出主营产品本身的色彩和形象，并可将产品衬托得更加完美，具有吸引力，以刺激消费者的购买动机。

3. 季节变化和地区气候

根据季节和气候的变化来调配店堂的装饰色彩，利用色彩的特性，从心理上调节消费者由于气温变化和自然因素所造成的不良情绪，使消费者在严冬季节进店有温暖如春之感，在酷暑季节进店有清爽荫凉之感，从而产生积极的情绪和美好的联想，促进购买行为。

此外，还应考虑商店装饰色彩与外部环境色彩、店堂灯光色彩和广告牌色彩之间的相互协调和相互制约的问题，以获得店内外色彩的整体和谐效果。

四、音响与消费心理

心理学研究表明，人的听觉器官一旦接受某种适宜的声音，传入大脑中枢神经，便会极大地调动听者的情绪，萌发相应欲望，并在欲望的驱使下而采取行动。优美、轻快的音乐能使人体产生有益的共振，促使体内产生一种有益健康的生理活性物质，这种物质可以调节血液的流量和神经的传导，使人精神愉悦。但是，并不是任何声音都有利于唤起消费者的购买欲望。所以，商场在利用音效时注意以下几个问题。

（一）音量要适度

为了给消费者一个比较安静的购物环境，商店音乐的音量必须严格控制在一定范围之内。因为商店在营业时间的嘈杂声本来就很大，若再加上音量大得刺耳的音乐，定会给消费者的购物心理带来严重影响，使消费者产生反感情绪和厌恶心理。

（二）音色要优美

为了调节消费者的情绪，缓解紧张的购物心情，活跃购物气氛，增强购物环境的生机，播放的音乐必须优美动听，并与所销售的商品及企业经营特色相结合，促使消费者产生与商品有关的联想，激起消费者对商品及商店的良好情绪，从而诱发购买欲望。

（三）音质要清晰

提高音响的清晰度，是使消费者保持良好心理状态的重要因素之一。另外，商店播放广告信息的音响如果音质清晰，就能让消费听得真切，也会引起他们对广告内容的注意，并可能对广告的产品产生兴趣从而采取购买行为。

相关链接

音乐对消费者行为的影响[①]

美国高盛公司市场研究人员曾在美国西南部的一个超级市场，对影响顾客购买心理的问题做过一些有趣的实验。实验结果表明：顾客的行为往往会同音乐合拍。当音乐节奏加快、每分钟达108拍时，顾客进出商店的频率也加快，这时，商店的日平均营业额为12000美元。当音乐节奏降到每分钟60拍时，顾客在货架前选购货物的时间也就相应延长，商店的日均营业额竟增加到16740美元，上升39.5%。根据音乐与商业经营的微妙关系，精明的美国奥尔良商人罗纳德先生，在自己经营的商场里，从早到晚总是播放着轻柔舒缓的慢节奏音乐，从而使他的营业额猛增了10%以上。

有的人还在饭店进行过试验，在营业时间播放轻快的音乐，顾客会不知不觉地加快用餐速度，从而提高了餐座的利用率。

更为奇妙的是，瑞士苏黎世歌剧院对面餐馆的生意，经常与歌剧院上演的节目密切相关。上演瓦格纳的《漂泊的荷兰人》时，那沉重的音乐往往使人疲惫不堪，剧终后，人们都匆匆回家休息，谁都没有闲情逸致去光顾餐馆。当上演《茶花女》时，感动至极的人们为了平静情绪，都要进餐馆待一会儿，吃点东西。上演《乡村骑士》时，餐馆酒的销量大增。

---

① 深圳商报，2006年6月.

五、温度、湿度与消费心理

适宜的温度、湿度对购物情绪和欲望有着良好而直接的影响。温度过高或过低都会引起人们的不舒适感，无心挑选商品，自然无法形成购物的冲动。现在，商场里安装冷暖空调已不是奢侈之举，它是满足人们生理和心理双重需要的基本设施。在制冷过程中，可以有效地降低空气中的水分，提高人们的舒适度。

六、空气、气味与消费心理

宜人的气味也通常对人体生理有积极的影响。空气污浊充满异味的商店顾客不会久留，无味的商店易使顾客感到疲劳。商场内如能根据所经营的商品特征适宜地散发一些宜人的气味，将使顾客在购买活动中精神爽快、心情舒畅。如一些糕饼店人为地制造出诱人食欲的气味，吸引过往行人的注意。

小思考

在大型综合超市购物过程中，你是否也存在“逆时针”购物的行为表现？为什么会有90%的人有意无意地按逆时针方向行进？

同步实训

某超市商品陈列调查

1. 训练目标

（1）素质目标：强化商店内部环境与消费心理关系的意识。

（2）能力目标：能够对自己身边超市的商品陈列与布局进行观察，并能简单地对给消费心理带来的影响进行分析。

（3）知识目标：培养同学们在小组发言、小组讨论、实训报告撰写中会运用商品陈列、货位分布等内部环境与消费心理的关系相关知识分析讨论问题、阐述自己的观点的能力。

2. 训练内容

到某一大型综合超市进行一次商品布局与陈列调查。

3. 训练操作

（1）将学生每4人分为一组，并选出一名小组负责人。

（2）利用周末观察一家大型综合超市的卖场布局和产品陈列情况，并向顾客进行调查。

（3）观察结束后，要求每组学生绘制所调查超市的卖场布局图。

（4）整理、分析调查问卷结果并详细填写表9－5。

（5）在班级交流，并由老师点评。

表9－5 某超市内部环境观察记录实训表

观察项目	特征描述	备注
超市名称		
超市面积		
商品种类		
货架排列		
通道宽窄		
商店照明		
商店音响		
商店温度		
有无停车场		

4. 成果要求

（1）每组同学填写某超市内部环境观察记录实训表，要包括卖场布局、商品陈列与消费心理的关系相关知识。

（2）就各组的记录表在班级交流，老师作点评。

（3）学生实训成绩由学生完成调查任务情况、资料记录情况、小组报告及交流成绩来综合评定。

5. 实训评价（见表9－6）

表9－6 超市商品陈列调查实训评价表

项目	评价标准	分值	小组个人自评（30）	小组成员互评（30）	教师评价（40）	小计
素养培养	参与实训的态度端正，积极性高，小组合作意识强，纪律性强。	10				
	养成细致、严谨的工作作风，小组讨论积极踊跃，能主动参与实训计划制订。提出关于实训中应注意的相关问题。	10				
	能够结合超市商品陈列调查的实训认识商品陈列与布局对消费心理的影响。	10				
能力提升	能将所学的商店内部环境商品布局与陈列知识运用到认知实训任务中，学以致用。	10				
	正确分析超市商品陈列调查认知实训活动内容，实训活动安排有序。	10				

续表

项目	评价标准	分值	小组个人自评（30）	小组成员互评（30）	教师评价（40）	小计
知识应用	实训报告撰写中能正确运用商品陈列与消费心理等相关知识说明自己的观点。	10				
	在个人发言和小组讨论中能准确陈述商品陈列与消费心理等相关知识。	10				
项目成果展示	能够独立完成实训任务，完成实训任务及时、主动，并能主动提出问题，解决问题。	10				
	“某超市内部环境观察记录表”填写详细，无错别字，观点正确。	10				
	“某超市内部环境观察记录表”展示汇报形式新颖，陈述语言规范流畅，语速恰当，有感染力。	10				
合计		100				

任务3　服务环境与消费心理

任务案例

顾客为什么逃离药店？①

一位顾客正在挑选补钙产品。店员介绍说，这种产品效果好，价格也比同类其他产品便宜，比较实惠。

顾客回答说：我以前吃过这种药，效果是不错的，我听说你们最近在做活动，买两盒送一小盒赠品。

店员扭头大声问柜台内的同事：现在某某产品还有没有赠品，这里有个想要赠品的顾客。

店员这一叫，店内所有的顾客都把眼光投向了这个顾客，他不好意思地低下了头，还没等店员的答复就逃似地离开了药店。

问题：顾客逃离药店的原因是什么？

分析：顾客在购买中会有很多的原因影响其最终的决定，而这许多的原因中有很多是顾客不愿让别人知道的。以上例子中的顾客可能就是冲着赠品来的，但由于“面子”问题，不愿让其他人知道。该店员一句“无心之言”将顾客的本意“公之于众”，结果可想而知。所以店员须时时将自己放在顾客的位置上，处处为顾客考虑，充分地考虑顾客所思

① 毛帅．消费者心理学［M］．北京：清华大学出版社，2009.

所想，并巧妙地帮助顾客解决。虽然顾客没有口头表示什么，但在心里已经对你感激万分。

学习目标

素质目标：通过本任务知识学习、同步案例和同步实训，强化营业员的基本素质与服务技巧会对消费行为产生很大影响的意识。

能力目标：通过本任务的同步案例和同步实训，能掌握柜台接待的步骤与相关服务技巧。

知识目标：通过本任务知识学习，能准确叙述营业人员仪容仪表、心理素质、柜台接待技巧与消费心理关系等。

必备知识

随着消费者收入水平的提高和消费观念的变化，消费者在购物时，不仅注重商场内外部环境状况，而且更加注重商场的服务环境情况，即对商场营业员的基本素质与服务技巧提出越来越高的要求。

一、营业人员的基本素质与消费心理

（一）营业人员仪表行为与消费心理

1. 仪表的心理功能

仪表不仅能影响人们的心理感觉，而且能影响人们相互之间关系的发展。

（1）增强商店信誉。营业员优雅大方的举止和风度、整洁的衣着和良好的修养，对顾客以及周围的气氛会产生良好的影响，这不仅有利于买卖成交，也有利于树立商店的形象。

（2）赢得顾客的信赖。在接待顾客时言谈举止得体的营业员，会很快取得顾客的信任，获得他们的好感，使他们愿意听取自己的建议。相反，营业员举止不雅甚至粗鲁无礼，会引起顾客的反感。

（3）营业员的仪表是优质、文明服务的基础。要做到文明服务，首先要求营业员做到仪表美，即文明的语言、高超的接待技巧和周到的服务以满足顾客各方面需求。

2. 仪表对顾客心理的影响

营业员的仪表能带给顾客不同的心理感受。这主要表现在以下几个方面。

（1）营业人员的服饰穿着与顾客心理。服饰、发型不仅体现外貌特征，也反映了人的性格爱好、文化素养、审美情趣。营业人员舒适端庄的服饰衣着，对顾客的购买行为具有积极的影响，它可以使顾客联想到零售企业经营成就和尊重消费者的服务精神，使顾客感到诚实、忠实的经营作风，从而产生信任感，促进购买活动的进行和完成。

（2）营业人员的言语运用与顾客心理。语言是人们交流思想、增进感情的工具。营业人员的语言十分重要，它不仅用来宣传、出售商品，也用于沟通营业人员与顾客之间的感情。礼貌文明、诚恳、和善的语言表达，能引起顾客发自内心的好感，起到吸引顾客的作用。营业员在同顾客交谈时，尽量多用“请”“麻烦您”“抱歉，久等了”“谢谢”等词语，并结合文明的举止，往往能给顾客以好感。营业人员说话时要注意顾客的情感，使顾客乐于接受。对顾客的称谓要恰当、准确，这样能缩小与消费者的距离感。要善于把握消费者的情绪变化，对个性不同的消费者要采用不同的语言，避免让消费者感到难堪。

（3）营业人员的行为举止与顾客心理。营业人员的行为举止主要指其在接待顾客过程中的站立、行走、表情、动作等。行为举止能体现的人的性格、气质，也最容易引起消费者的注意。营业人员要给人以健康向上、精神饱满的感受。这对顾客有着一定的积极影响，乐于交易。其次，营业人员的脸上要时时带着笑容，这不仅是所有企业的服务信条，也是营业人员努力追求的目标。

营业人员的举止应做到适应顾客心理需要，与人相交，贵在诚意。在销售工作中要真诚地对待顾客，注意倾听顾客的要求，了解掌握顾客的需要、偏好，提供各种方便条件。

案例分析

姗姗生气了

周末，姗姗又像往常一样来到门口附近的一家百货商店。刚进门，一名食品促销员将一盘食物送到她嘴边，说免费品尝，她急忙躲开。到地下一层家电市场，一名售货员过来问道：“您要抽油烟机吗？来，看看这一台，新出的。”话没说完，姗姗赶紧走开，小声回答：“只是随便看看。”姗姗刚拉开一台冰箱的门，一名售货员就凑上前：“要吗？这是环保型的，喜欢就买一台吧，现在正优惠。”姗姗觉得不自在，本想随便看看，却招来售货员如此“热情”的服务，她转身就走。来到电视组，没等她站稳，左边一个，右边一个，一下子上来两个售货员，差一点儿要拉起她的手。俩人争着说：“要多大的？LCD 的还是 LED 的？过来，这边看看。”姗姗一看，好家伙，电视组附近站着十来个售货员，都盯着她，让人感觉别扭。“不买，就随便看看。”说完，姗姗就从售货员中逃了出去。“我只是想随便看一看，图个轻松。让她们这一问，怪累的。说句不好听的，这是侵犯了我自由购物的权利。”姗姗生气地说。

问题：姗姗生气的原因是什么？

讨论分析：

个人：每位同学结合本案例内容认真思考，在学习本上写出你的思考结果。

小组：请同学们每 4 人一个小组，1 人为组长，1 人记录，在小组讨论中陈述个人看法，然后共同讨论，形成小组意见，并推荐一名代表在班级交流。

全班：每个小组代表在班级陈述本组观点。

教师：教师记录各组陈述观点的要点，最后做点评。

分析提示：

到商店购物，原本是很轻松的事情，甚至是一种享受。但是如果售货员总是不厌其烦地打扰，就难免让顾客烦恼，甚至生气。服务得再好，如果不符合消费者的意愿，就没有价值。

（二）营业人员自身心理素质与消费心理

1. 坚定的自信心与消费心理

自信心就是营业人员对自己行为的正确性坚信不疑，对营销的商品抱有充分的信心。营业人员只有对自己和商品充满信心，才能感染顾客、影响顾客，改变顾客的态度，使顾客对营业人员产生信心，进而对商品产生购买信心。

2. 开朗的性格与消费心理

只有性格开朗的人才能主动与他人接触，才懂得如何与他人进行沟通，才会熟练、准确地将自己的意思表达出来，并恰当地领会他人的想法。

3. 稳定的情绪与消费心理

情绪是指与生理需要相联系的体验，它是由情景引起并随之变化的。在销售工作中，各种各样的情况都可能出现。如眼看要成交的交易却失败了，使人感到惋惜；接二连三地碰钉子，使人感到沮丧等。这些情况的出现，必然引起营业人员情绪的波动，而营业人员情绪的波动会使顾客的情绪受到感染。所以，营业人员不但要善于控制自己的情绪，而且要用自己良好的心态来感染顾客，控制顾客的情绪，为销售活动创造良好的气氛。

（三）营业人员职业道德与消费心理

道德是调整人们相互关系以及个人与社会关系的行为准则与规范的总和。营业人员应具有良好的职业道德，因为销售活动不仅是一种个人行为，也是一种社会行为。作为一个营业人员，应具备的职业道德主要有：遵纪守法，对企业、顾客负责，信守承诺，公平交易、公平竞争。

（四）营业人员业务素质与消费心理

营业人员应具备的业务素质是指业务知识，主要包括企业和产品知识、市场知识、心理学知识。营业人员只有对商品和企业有一个正确的、透彻的认识，才能详细地向消费者介绍自己的产品，准确地回答消费者的咨询和疑问，帮助消费者选择商品、产生购买信心，作出购买决策；营业人员直接与市场、消费者接触，只有及时、准确地捕捉市场信息并加以整理、分析，反馈给企业，使企业能够掌握市场动态，把握市场的脉搏，相应地做出调整，才能大大增强对市场的反应能力。

相关链接

请看下面三个句子：“这件衣服您穿上很好看”“这件衣服您穿上很优雅，像贵夫人一样”“这件衣服您穿上至少年轻十岁”。第一句很平常，第二、三句比较生动、形象，顾客听了即便知道你是在恭维她，心里也很高兴。

二、营业员柜台接待与消费心理

消费者从进入商店到离开商店可以算作是一次购买过程。无论整个过程最终是否发展成实际购买，营业员的柜台接待工作都至关重要。因此，要想使消费者的购买过程顺利发展，并取得良好效果，必须按照消费者购买行为的心理状态，确定相应的柜台接待步骤和服务方法。

（一）观察分析进店的各类消费者，并判断其购买意图

1. 根据消费者的穿着打扮，判断其身份和爱好

不同的消费者从事不同的职业，即使从事同一职业也有可能处于不同的地位，加之每个人有不同的个性心理特征，所以他们的外表、穿着打扮均表现不一。

2. 善于从消费者的言行举止分析判断其个性心理特征

个性心理特征影响消费者的言谈举止，使购买过程染上独特的色彩，显示出较大的差异性。有些性格外向的消费者，往往一进店就向营业人员询问，喜欢讲话评论，反应灵活，动作迅速。对这类消费者，营业员要尽量主动接触，热情回答他们的问题，积极展示其所需要或感兴趣的商品，发表自己的意见，为顾客当参谋。而对性格内向、表情平淡的消费者，营业员不要过早接触、提前发问，但要随时做好接待准备，注意回答问题简明扼要，除了顾客有明确表示，尽量少发表或不发表自己的见解。

（二）介绍、展示目标商品，激发购买兴趣

营业员可以从不同的方面展示、介绍商品的特点，满足不同顾客对不同品牌商品的选择要求，使顾客产生积极的心理反应。常用的对商品的展示介绍主要有以下两个方面：

1. 根据商品的性能、特点展示介绍商品

每种商品都有不同的性能特点，从而得以满足人们多方面的消费需求，这要求营业员对不同商品的不同性能、特点，分别予以展示介绍。

2. 根据顾客的特点展示介绍商品

顾客的性别、年龄、职业、个性特征不同，其购买行为往往会表现出很大差异，对选择商品的标准也各不相同。这就要求营业员在展示介绍商品时，要迎合不同顾客的不同审美情趣，要考虑到顾客自尊心，一般应该由低档到高档逐步升级展示介绍，使顾客在价格方面有充分的考虑余地，又避免了从高档到低档降级展示时顾客出于自尊心或虚荣心而中止挑选的情况发生。此外，营业员还应注意展示介绍商品时所运用的动作、语调、神态，既不能太慢，也不能太快，更不能表现出不耐烦，同时要注意观察顾客的反应，及时掌握他们的意图、兴趣的变化，尊重他们的意见与要求。

（三）启发消费者的兴趣与联想，刺激其购买

在消费者进行联想、想象，甚至产生购买欲望和动机的阶段，营业员应将有关商品的性能、质量、价格、使用效果等，全面清晰地介绍给消费者，并力求诉诸多种感官的刺激，强化消费者的心理感受，促进其产生丰富的联想和想象，进而诱发购买欲望。

1. 启发式

营业员注意到消费者选择商品拿不准主意时，可以提示启发消费者，解除他们的疑虑，从而形成购买动机。

2. 比较法

在消费者出现动机冲突，不知道选择哪种品牌时，就需要营业员帮助顾客分析不同品牌的特点，权衡利弊，促使其早下购买决定。

3. 提供经验数据法

提供经验数据法是证明商品使用性能、内在质量最有效的方法，并且最具有说服力。

4. 实际操作法

实际操作法形式多样，内容广泛，可以是营业员操作表演，也可以是顾客操作试用，以加深消费者对商品的感官刺激，消除其对商品的不信任心理，有效地促进销售。

（四）诱导说服

消费者产生购买欲望后，还会对已掌握的商品信息进行思索和评价比较。通过评价选择坚定购买信心，作出购买决策。此时，营业员的任务是充当消费者的参谋和顾问，为消费者提供建设性的、富有成效的意见和建议，帮助和促成消费者作出购买决定。此外，还应根据不同消费者的需求特性和主观欲望，有针对性地进行重点诱导和说服。

（五）促进消费者的购买，结束交易行为

通过营业员的一系列服务，顾客对其所选商品有了较深刻的认识，其购买欲望会被激起。但有了购买欲望并不等于会产生购买行为。冲动型的顾客容易产生购买行为，而理智型的顾客要经过一番思考：商品的价格是否合理，身边的其他人如何评价等。在这种情况下，营业要把该商品在市场上流行的状况及其畅销程度以及其他顾客对该商品的评价意见、商店的售后服务情况、经营宗旨、服务宗旨、信誉保证等介绍给顾客，消除顾客的疑虑。

当消费者作出购买决策后，便进入了实施购买行动和进行购买体验的最后阶段。此时消费者虽有明确的购买意向，但仍需营业员巧妙地把握时机，促成交易达成。营业员应主动帮助其挑选，在适当的情况下，还可以对消费者的选择给予适当赞许、夸奖，以增添交易给双方带来的喜悦气氛，但切不可过分，否则会给消费者留下虚伪、不真实的感觉。若能及时巧妙地抓住时机，辅以恰当的语言和递拿动作，即可迅速成交。当交易达成，货款结算后，应妥善包扎商品，并尽量采用适应消费者携带习惯、使用习惯和特定心理需要的包扎方法。同时向消费者表达感谢购买、欢迎惠顾的语言和情感，使消费者体验到买到满意商品和享受到良好服务的双重满足感。

小思考

在最近的购物消费过程中，你是否有冲动性购买行为发生？促发购买的原因是什么？

同步实训

模拟柜台销售

1. 训练目标

（1）素质目标：让同学们体会到销售中，自身的心理素质以及对顾客消费心理的正确揣摩，和恰当展示产品与展示自己具有同样的重要性。

（2）能力目标：能掌握销售各环节消费心理的分析技巧以及针对消费心理应使用的相应的销售技巧。

（3）知识目标：培养同学们在小组发言、小组讨论、实训报告撰写中会运用营业员服务技巧等相关知识分析讨论问题、阐述自己的观点的能力。

2. 训练内容

针对学生平时使用的日常用品进行课堂模拟销售。

3. 训练操作

（1）将学生每4人分为一组，并选出一名小组负责人。

（2）小组负责人与其他同学共同选定模拟销售商品，并制订模拟销售计划。

（3）每一小组选一名代表作为营业员，从相邻组里推选1～3名顾客。

（4）模拟推销时间尽量控制在10分钟内，并且要求顾客至少针对推销产品提出三个异议。

（5）要求模拟营业员针对顾客提出的异议进行化解，并进一步提出销售对策。

（6）组内选一名代表，记录模拟营业员和模拟顾客的对话，并填写表9－7。

表9－7　模拟柜台销售记录表

项目	情况描述	备注
模拟销售商品名称		
销售人员对商品的认知与了解的情况		
商品介绍情况		
语言表达		
肢体语言		
顾客异议		
异议处理		
促成交易机会		
模拟顾客感受		

（7）课后，每组写一份模拟销售实训报告。

4. 成果要求

（1）小组填写“模拟柜台销售记录表”，要包括以上表中的内容。

（2）就各组的记录表在班级交流，老师作点评。

（3）学生实训成绩由学生完成调查任务情况、资料记录情况、小组报告和交流成绩综合评定。

5. 实训评价（见表9－8）

表9-8 模拟销售实训评价表

项目	评价标准	分值	小组个人自评（30）	小组成员互评（30）	教师评价（40）	小计
素养培养	参与实训的态度端正，积极性高，小组合作意识强，纪律性强。	10				
	养成细致、严谨的工作作风，小组讨论积极踊跃，能主动参与实训计划制订。提出关于实训中应注意的相关问题。	10				
	能够结合柜台销售心理策略的认知实训，认识营业员的心理素质、对顾客销售心理的把握以及针对性销售技巧的应用对消费行为的影响的重要性。	10				
能力提升	能将所学的柜台销售的心理策略知识运用到认知实训任务中，学以致用。	10				
	正确分析模拟柜台销售认知实训活动内容，实训活动安排有序。	10				
知识应用	实训报告能正确运用柜台销售的心理策略相关知识说明自己的观点。	10				
	在个人发言和小组讨论中能准确陈述柜台销售的步骤以及各环节的消费心理策略等相关知识。	10				
项目成果展示	能够独立完成认知实训任务，完成实训任务及时、主动，并能主动提出问题，解决问题。	10				
	“模拟柜台销售记录表”填写详细完整，无错别字，观点正确。	10				
	“模拟柜台销售记录表”展示汇报形式新颖，陈述语言规范流畅，语速恰当，有感染力。	10				
合计		100				

知识脉络

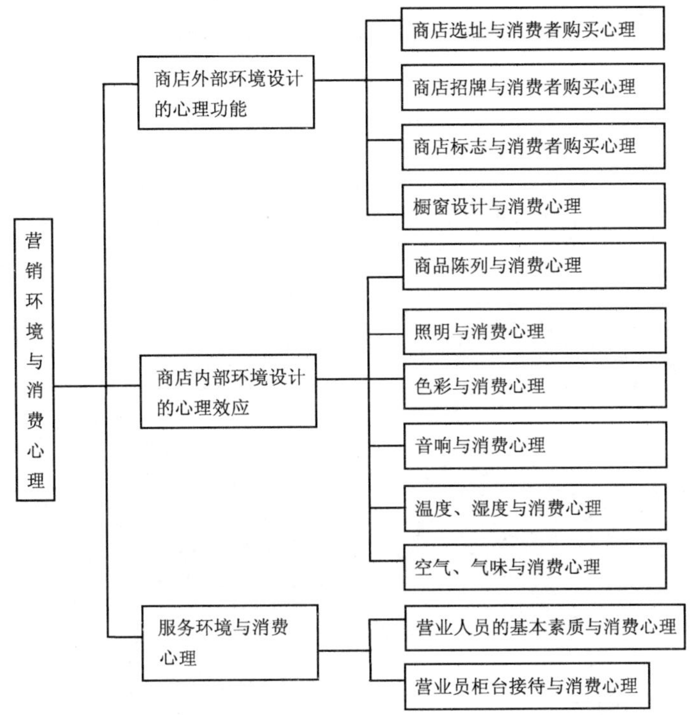

项目小结

商店外部环境因素主要包括：商店选址、招牌、标志、橱窗设计等对消费者的购买兴趣会产生直接影响的环境因素。

商店内部环境因素主要包括：商店陈列、商场照明、色彩、音响、温度、温度等对消费者的购买动机会产生直接影响的环境因素。

营业人员的基本素质包括：营业人员仪表行为、营业人员自身心理素质、营业人员职业道德、营业人员业务素质。

营业员柜台接待的过程有：观察分析进店的各类消费者，并判断其购买意图，介绍、展示目标商品，激发购买兴趣启发消费者的兴趣与联系，刺激其购买，诱导说明促进消费者的购买，结束交易行为。

思考与练习

1. 理论题

（1）单选题

①不属于营业员心理素质的是（　　）。

A. 自信心　　B. 性格

C. 情绪　　D. 言语

②商店内部色彩调配时，不需要考虑的因素是（　　）。

A. 店堂空间　　B. 商品色彩

C. 季节　　D. 照明

③下列属于店内环境设计的是（　　）。

A. 橱窗　　B. 招牌

C. 店门　　D. 色彩

④为刺激顾客即兴购买，商店里应把易于随机购买的商品设置在（　　）。

A. 明显位置　　B. 楼梯位置

C. 门口位置　　D. 固定位置

⑤商店橱窗陈列的商品大多是（　　）。

A. 滞销产品　　B. 打折商品

C. 畅销商品　　D. 重点促销商品

（2）多选题

①商店选址应综合考虑的因素有（　　）。

A. 交通状况　　B. 地理位置

C. 商圈范围　　D. 基础设施

②商业企业的店外环境因素通常包括（　　）。

A. 店址　　B. 照明

C. 招牌　　D. 橱窗陈列

③推销技巧的训练是一种综合性训练，它包括（　　）。

A. 知识训练　　B. 心理训练

C. 技能训练　　D. 以上都对

④营业员应具备的心理品质包括（　　）。

A. 良好的服务心理　　B. 细心的观察能力

C. 说话的艺术　　D. 自信心的树立

⑤营业员应具备的业务素质包括（　　）。

A. 对产品的充分了解　　B. 了解用户的基本情况

C. 对现实市场状况了解　　D. 以上都正确

（3）简答题

①你喜欢到哪些地方购物？你到这些地方购物主要考虑哪些因素？哪些因素对你的选择影响最大？

②简述商店内部环境美化有什么意义。

③简述营业员应具备哪些素质。

2. 实务训练题

案例分析

某顾客在超市的消费数据分析①

1. 顾客购物动线分析

(1) 二楼卖场布局图和顾客在二楼的购物动线图（见图9－4）。

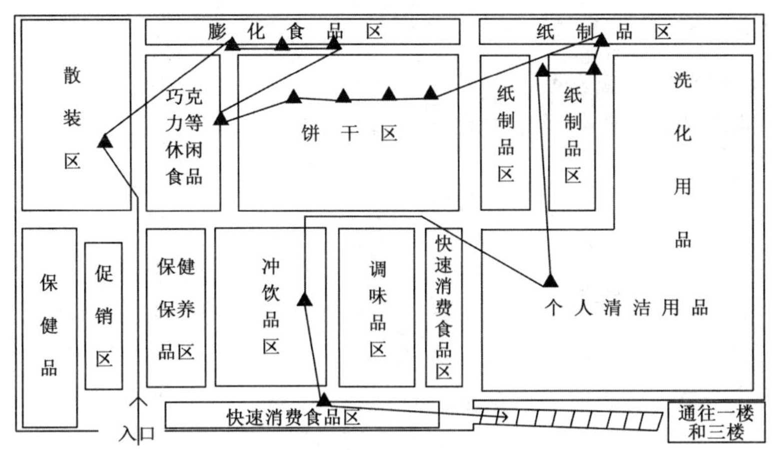

图9－4　购物动线图

(2) 对该顾客购物动线的分析。

总体购买动线描述：该顾客选择购物的卖场共三层。三层是家电、服装、日常用品等商品；二层是食品、清洁用品和洗化用品等；一层是生鲜食品。顾客购物不能直接到一楼或二楼，必须先到三楼，然后下楼。该顾客到三楼，没有做任何停留，直接找到电梯到二楼，在二楼停留将近一个小时，然后下楼，在一楼找到面包的现场制作区，买了面包后结账离开卖场。

重点停留区分析：从上述顾客的总体动线中可以看出，顾客的购物时间基本都花在二楼，因此，特殊描述一下顾客在卖场二楼的购买动线。从上图中我们可以得到：包括膨化区和饼干区的休闲食品区和纸制品区是顾客相对停留时间最长的区域。

2. 对该顾客消费重点的分析

从购买金额看消费重点：该顾客本次购物总金额为239.9元，其中食品89.2元（占比37.2%），日用品65.6元（占比27.34%）；给孩子购买的用品共计85.1元，（占本次购买总额的35.5%）。从这些数据可以分析出以下几点：

(1) 日常生活开支的43.4%在超市消费。根据某年3月到8月（含3月和8月）的顾客记录，6个月内该顾客累计在超市消费金额达2342.5元，平均每月约390元。

(2) 该超市客人单次消费平均水平为222.5元。该顾客基本半月一次家庭采购，本次购买金额达239.9元，相对平均水平较高，超过了一般家庭。

① 廖晓中．消费心理分析［M］．广州：暨南大学出版社，2009．(有改动)．

（3）食品的消费额占该顾客购买商品总金额的1/3以上。在家居生活使用频率很高的日用品方面，本次购物中，顾客主要选购了休闲用品和纸制品。结合顾客以前的一些购物小票分析了解，除了上述这些商品外，顾客还会在超市频繁购买洗化用品。

（4）孩子是家庭消费的重点所在。本次购买的商品中，给孩子购买的商品共计85.1元，占本次购买总额的35.5%。

从以上4个方面可以得知，在这个家庭中，每月在这个超市中消费大约有390元，其中，用于食品和孩子的花费占比较高，仅从超市这一块的消费来说，食品和孩子是该家庭消费的重中之重。

问题：

（1）请你对该超市的营业场景设计作一评价。

（2）以上案例对我们营销场景的改善有何启示？

项目十
网络营销与消费心理

导读案例

“绿”色月饼

王明是北京某大学的在校学生，中秋节之际，王明在某知名网站上看到了一则销售月饼的信息。它包装精美，是绿色有机食品，虽然价格比市价高许多，但是王明考虑到食品安全的特点，和为了使远在外地的父母在中秋节收到一份惊喜，他当即在网上签订合同，购买某一品牌的月饼，并用银行卡向对方账户打入款项，约定在当年9月30日中秋节之前将月饼送到王明父母家。可是，中秋节过后一周，王明父母才收到货，打开包裹令他们非常吃惊：包裹内的月饼竟然长了“绿毛”!

于是王明与月饼销售公司联系，该公司则称货已经送出，对于收到长了“绿毛”的月饼表示质疑：并认为如果属实，应是快递公司做了手脚，对此事不予负责。

提示： 随着互联网技术的发展，网络营销额和网络用户都迅速地增长，网上交易和网上支付也在不断发展和完善。随着人们对网络营销的认识的不断提高，市场呼吁更加规范的网络营销管理和更高的监管水平。

网络营销是20世纪末出现的市场营销新领域，是企业营销实践与现代通信技术、计算机网络技术相结合的产物。几乎没有什么事物能比网络的发展对我们的生活及企业的经营方式产生如此显著且立竿见影影响的了。消费者现在足不出户就可以访问企业的网站，比较产品的价格，以及做出购买决策。网上购物已逐渐被公众接受，但目前，网络消费发展仍然不尽如人意。因此，了解网络营销的特征，了解网络消费者网络购买心理，灵活应用营销中的心理策略，促进网络营销的健康发展，都是本项目要学习的内容。

任务1　网络营销与网络消费者

任务案例

小企业赢得网络大市场

在传统商业领域，规模大小曾经关系重大。在市场营销和定价方面，最大的参与者发挥着最大的影响。而电子商务在零售业是一个巨大的平衡器，小企业可以参与零售业的竞争。

电子商务专家认为，小企业成功的关键是灵活而不是富有。零售商必须确保其网站被关注，Meta集团高级电子商务战略项目主管Gene Alvarez认为，小零售商网站必须正确地注册，才能出现在重要搜索引擎的首要位置，即使是最好的网站，如果没有出现在搜索引擎结果中，也是没有用处的。

网站设计的科学化和功能化是十分重要的，否则顾客将一去不复返。因而许多供应商从企业外部聘请专家为他们设计和维护网站。

小企业必须通过专注于特殊的产品和小的地理区域建立其独特性。例如，Phoenix-based书店的网站注重当日内交货给本地顾客。小企业需要选择一个比竞争对手做得更好的聚焦市场。

更好地了解社区并有效地满足特定的不被大企业注重的市场可能会有更大的收益。Made In Oregon是一个区域性电子商务企业，它只销售美国俄勒冈州生产的产品。PetsWelcome.com是一个推广接受宠物的旅馆和汽车旅馆的网站。适用特殊群体的网站一般通过群体成员之间共享的口碑广告获得利益。针对特殊人群的网站也更有可能被搜索引擎发现并收录。

另外，小企业与大企业在顾客服务方面是没有差异的。小企业网站可以通过个性化的顾客服务形成它们的竞争优势，企业网站必须给予顾客积极的体验，它们必须集中力量于一两个比其他企业做得更好的领域，以确保顾客满意，因此，顾客行为的跟踪研究就显得十分关键。忠诚顾客群会产生重复销售，因此，小企业还必须积极解决那些可能阻碍顾客回访企业网站的问题。

问题：网络营销环境下，为什么小企业可以参与零售业的竞争？

分析：随着现代通讯技术的发展，网络已成为新的市场营销环境。只要企业上网就能进入网络环境中。在互联网上，无论是大企业还是中小企业都是公平竞争的，小企业也能在互联网上找到与大企业竞争的契机。

学习目标

素质目标：通过本任务的必备知识学习、案例分析和同步实训，激发同学们学习网络营销、网络消费者、网络消费者及心理特征相关知识的兴趣和积极性。

能力目标：通过本任务的案例分析和同步实训等活动，培养同学们对网络消费者心理特征进行分析的基本能力。

知识目标：通过本任务必备知识学习，能够陈述网络营销、网络消费者、网络消费者及心理特征等。

必备知识

一、网络营销

20 世纪 90 年代初，互联网的飞速发展在全球范围内掀起了互联网应用热，世界各大公司纷纷利用互联网提供信息服务，拓展公司的业务范围，并且按照互联网的特点积极改组企业的内部结构，探索新的管理营销方法，网络营销应运而生。一些小企业也意识到仅凭自己的力量是难以实施网络营销的，于是很多小企业通过一些网络服务提供商来规划、实施他们的网络营销功能。

网络环境下，企业参与网络营销必须设计能够有效沟通并能实现产品查询和网上购物的网站，必须能够及时处理订单和送货单，而且能够满足顾客的个性化需要。一般情况下，网站是企业与顾客建立联系的主要窗口，企业网站必须具有能让顾客查询产品和服务，安排货物配送，传递价值，实现产品的促销，收集有关买主的信息，展示价格和实现在线支付等功能。

相关链接

网络中的体验营销

森马服装通过新媒体技术将品牌置入 QQ 秀中，在 QQ 秀的森马品牌店里，森马牌上衣、裤子、鞋子应有尽有，这些服饰被制成直观的卡通服，网民可以随意试穿。森马正是通过这种网上体验营销，将品牌推广和网民的高度参与结合在一起。在 QQ 秀的品牌专区里还展示着其他众多的品牌，如李宁、匡威、361°、森马、唐狮、麦当劳、必胜客、兴业银行 QQ 秀信用卡、M－zone、雪佛兰、变形金刚等各类品牌。这些品牌在 QQ 秀这个平台上，通过互动体验实现了与目标用户的顺畅沟通。

小思考

有人总结网络营销产生的三个前提条件，一是现代通信技术和网络技术的应用与发展，二是消费观念的演变，三是日益激烈的商业竞争。详细说说你个人的见解。

二、网络消费者

（一）网络消费

网络消费可从广义和狭义两个角度去理解，从广义上讲，是人们借助互联网络而实现其自身需要的过程。它包括网络购物、网络教育、在线影视、网络游戏在内的所有消费形式的总和；从狭义上说，网络消费指消费者通过互联网络购买商品的行为和过程。消费者和商家凭借互联网进行产品或服务的购买与销售，是传统商品交易的电子化和网络化。网络消费也称为“网络购物”或“网上购物”等。

（二）网络消费的特征

网络消费不同于传统消费，它具有以下几方面的特征：第一，网络消费通常是在由互联网技术所构成的虚拟购物空间或消费网页中进行的，消费者的购物行为不再被距离所限制。通过在线方式，消费者可以在其他国家或地区，甚至传统意义上不存在的“商场”进行购物。同时消费者的购物行为不再被时间所限制，网络商店24小时营业的全时域特征为人们提供了更便捷的消费方式。第二，对于网络消费者而言，能够自由自在地消费是一件相当愉悦的事。从这个意义上说，网络消费更能体现消费者的个性和智慧。第三，数字化网络所产生的知识经济合力，缩短了生产和消费之间的距离，省却了各种中间环节，使网上消费变得更加直接，点击鼠标就能在瞬间轻松地完成购物。第四，完成交易后，消费者往往还能享受到送货上门的服务。

（三）网络消费者及心理特征

1. 网络消费者

网络消费者是指以网络为工具，通过互联网在虚拟网络市场中进行消费和购物活动的消费人群。他们较年轻，文化程度高；他们注重自我，有自己独立的想法，对自己的判断力非常自信；他们头脑冷静，擅长理性分析；他们对新鲜事物的追求孜孜不倦，对事物喜欢追根究底，他们是创新采用者和风险承担者；他们在购物时有自己的标准；他们希望被他人看作是引领潮流者和舆论领先者。

2. 网络消费者心理特征表现

（1）追求文化品位的消费心理。在互联网时代，文化的全球性和地方性并存，文化的多样性带来消费品位的融合。人们的消费观念受到强烈的冲击，尤其青年人对以文化导向的产品有着强烈的购买动机，而网络营销恰恰能满足这一需求。

（2）追求个性化的消费心理。网络消费者往往富于想象力，渴望变化，喜欢创新，有强烈的好奇心。这对个性化消费提出了更高的要求。他们所选择的已不再单是商品的实用价值，更要与众不同，充分体现个体的自身价值，这已成为他们消费的首要标准。而消费品市场发展到今天，多数产品无论在数量上还是品种上都极为丰富，消费者能够以个人心理愿望为基础挑选和购买商品或服务。个性化消费已成为消费的主流。

相关链接

一项研究表明75%的受访者认为，个性化服务对于令他们满意的购物体验具有重大贡献。

个性化服务（Customized Service）就是按照用户的要求提供特定的有针对性的服务。个性化服务包括三个方面的内容：服务时空的个性化，即在人们希望的时间和希望的地点提供服务；服务方式的个性化，即能根据个人爱好或特色进行服务；服务内容的个性化，即不是千篇一律、千人一面，而是用户能各取所需、各得其所。

网络可以为企业在给用户提供个性化服务上提供了强有力的技术上的支持。网络个性化服务包括电子邮件、跟踪顾客购买行为与网络请求的能力、了解顾客消费习惯等。

（3）追求自主独立的消费心理。在社会分工日益细分化和专业化的趋势下，消费者购买的风险感随着选择的增多而上升，而且对传统的营销方式感到厌倦和不信任。在对大件耐用消费品的购买上表现得尤其突出，消费者往往主动通过各种可能的途径获取与商品有关的信息并进行分析比较，他们从中可以获取心理上的平衡以减轻风险感，增强对产品的信任和心理满意度。

（4）追求表现自我的消费心理。网上购物是出自个人消费意向的积极行动，消费者会花费较多的时间在网上虚拟商店浏览、比较和选择。消费者完全可以按照自己的意愿向商家提出要求，根据自己的想法行事，在消费中充分表现自我。

（5）追求方便、快捷的消费心理。网上购物消费者无需驱车到很远的商场去购物，交款时无需排着长队耐心等待，也无需为联系送货而与商场工作人员交涉，坐在家中即可逛“商店”，在比较各种同类产品的性能价格以后，作出购买决定，网上支付结算，无论从时间还是从空间上看，都有很大的便捷性。

相关链接

在 www. titletrader. com（图书交换站），用户注册后提交自己闲置的图书到站上。当有人选择要阅读提交的书后，用户将电子版发给请求的一方，同时获得一个信用点。用户可以消费这个信用点，去选一本自己喜欢的书，以此类推。发出的书越多，获得的信用点也越多，可以免费看到更多的书。这个网站除了换书以外，每本书的旁边还有一个购买按键，如果想永久保留这本书，可以直接购买。

（6）追求躲避干扰的消费心理。网络消费者更加注重精神的愉悦、个性的实现、情感的满足等高层次的需求满足，希望在购物中能随便看、随便选，保持心理状态的轻松自由，最大程度地得到自尊心理的满足。

（7）追求物美价廉的消费心理。价格不是决定消费者购买的唯一因素，但却是消费者购买商品时肯定要考虑的因素。网上购物之所以具有生命力，重要的原因之一是网上销售的商品价格普遍低廉。这一方面是由于网络营销可以减少传统营销中的中间费用和额外的信息费用，大大削减产品的成本和费用，另一方面，网络营销公司相关业务管理费用和销售费用大幅降低，从而产品的定价更低，这为满足消费者追求物美价廉的消费心理提供了可能。

（8）追求时尚商品的消费心理。现代社会新生事物不断涌现，消费心理受这种趋势带动，稳定性降低，在心理转换速度上与社会同步，在消费行为上表现为需要及时了解和购买到最新商品。产品生命周期的不断缩短反过来又会促使消费者的心理转换速度进一步加快。而网络营销的快捷、方便、全球性正好满足了网络消费者这种心理需求。

同步案例

网店如何赢得顾客信任

让用户产生信任感，网店应关注以下三点：品牌知名度、用户口碑（服务好每一个用户，至关重要）、专业。如果店主对所销售的产品和相关领域足够了解，能够为买家提出专业性指导意见，那么买家对他的信任感会大大增加。

我们先来看一组数据，在没有尝试过网络购物的用户中，62.4%的人是由于不信任网站怕受骗，47.7%的人担心商品质量，42.3%的人质疑网络购物的安全性，也就是说诚信是网络购物最令人担心的问题，只要解决了这个问题，会有更多的用户愿意掏腰包。

因此，网店运营和推广过程都应该围绕"诚信"二字进行，建立诚信才是推广的关键。具体的方法，一是增加信誉值：如果大家开设网店，一定要尽可能提高相关信誉值；二是让客户留下意见，已购物用户的意见和感受，对刚有购物意向的用户产生巨大的影响，所以应尽可能让已经交易完成的用户留下正面的意见和感受；三是建立QQ群，一种是建立与消费商品有关的爱好群，另一种是建立买家QQ群，目的都是一个——在用户中建立信誉度，形成口碑。当一个犹豫不决的买家看到一个群里人都在夸赞该网店时，会打消很多心中的顾虑。

问题：为什么说诚信是网络购物最突出的问题？请陈述你的理由。

讨论分析：

个人：每位同学结合本案例内容，在学习本上写出你的看法。

小组：请同学们每4人一个小组，1人为组长，1人记录，在小组讨论中陈述个人看法，然后共同讨论，形成小组意见，并推荐一名代表在班级交流。

全班：每个小组代表在班级陈述本组观点，本组其他同学进行补充。

教师：教师记录各组陈述观点的要点，最后做点评。

分析提示：

网络购物是指消费者通过网络实现购物的过程，实质上是面向城乡社会公共生活领域的B2C电子商务。网络购物虽然了克服实体交易环境对消费者的障碍，提供给消费者更多的购物机会和便利性，但是由于互联网本身的虚拟性、互动性和公开性，使网络购物的模式与消费者所熟悉的传统实体环境的经验有所不同。如消费者无法直接面对商家，无法事先检验商品，无法就交易条件与商家之间进行接触与沟通。客观上给消费者带来一些潜在的安全隐患，包括商品投递安全、商品质量安全、交易安全、支付安全、隐私安全、售后服务安全等问题，因此如何赢得消费者的信任就成了网络营销的关键。

同步实训

网店认知

1. 训练目标

（1）素质目标：培养同学们积极深入企业调研，认真参与实训的态度，提升同学们积极深入企业研究网络营销与网络消费者等实际问题的兴趣，培养同学们与人合作和沟通的能力。

（2）能力目标：运用所学的网络营销与网络消费者知识，较准确地撰写网店认知报告。

（3）知识目标：培养同学们在小组发言、小组讨论、网店认知报告撰写过程中，会运用网络营销与网络消费者等相关知识分析讨论问题、阐述自己的观点。

2. 训练内容

走访网店，详细了解该网店经营模式、货款结算方式、经营商品类别、货物配送模式、消费对象特点和网络营销者的经营感受等内容。

3. 训练操作

（1）将学生每4人分为一组，并选出小组负责人一名。

（2）小组负责人与组员共同制定走访方案，明确任务。

（3）走访2~3家网店，了解网络营销情况，并详细记录相关资料。

（4）每组写一份报告（针对典型的一家网店撰写分析报告）。

4. 成果要求

（1）每组撰写一份“网店认知分析报告”。

（2）就各组的分析报告在班级交流，并由老师作点评。

5. 实训评价（见表10－1）

表10－1　　网店认知实训评价表

项目	评价标准	分值	小组个人自评（30）	小组成员互评（30）	教师评价（40）	小计
素养培养	参与实训的态度端正，积极性高，小组合作意识强，小组讨论积极踊跃。	10				
	养成做事有计划的工作作风，能主动提出关于调查工作中的相关问题。	10				
	能够在企业调研中与营销人员和消费者心平气和地沟通。	10				

续表

项目	评价标准	分值	小组个人自评（30）	小组成员互评（30）	教师评价（40）	小计
能力提升	能将所学的网络营销与网络消费者知识运用到网店认知调研中，学以致用。	10				
	根据实训要求实施调研，会运用信息化手段整理信息。	10				
知识应用	能基本理解网络营销，网络消费者等内容。	10				
	能完整陈述网络营销与网络消费者等知识。	10				
项目成果展示	能够独立完成实训任务，完成实训任务及时、主动，并能主动提出问题，解决问题。	10				
	“网店认知分析报告”结构完整，报告无错别字，观点正确。	10				
	“网店认知分析报告”展示汇报形式新颖，陈述语言规范流畅，语速恰当，有感染力。	10				
合计		100				

任务2 网络消费者的需求、动机和购买行为

任务案例

“畅饮营养快线，玩转QQ幻想”

娃哈哈曾经的一项促销活动如下：打开娃哈哈营养快线活动促销标签，登录QQ幻想游戏，输入标签背面打印的12位密码，即有机会获得以下奖励：登录游戏注册成功后即能获得游戏中的补血道具“营养快线”一瓶……此活动的意义在于，它是民族快销品与民族网络产品异业合作的尝试，同时“营养快线”作为一种必需的“补血”道具内嵌到游戏中，也是一个营销创举。不但使双方的合作天衣无缝：玩家在现实世界里喝到产品，在虚拟世界里同样可以买到“营养快线”这一“补血”道具。而且在网络合作的基础上，腾讯与娃哈哈的地面配合也在紧锣密鼓地进行。双方驻扎在全国的拓展队伍在公司的统一协调下，开展网吧内外、校园内外的深度合作。此举不但提升了双方的合作，对于网民而言，更是一个全新的体验。

问题：谈谈你对“畅饮营养快线，玩转QQ幻想”活动的看法？

分析：娃哈哈这一民族快销品与民族网络产品天衣无缝的合作，既扩大了娃哈哈产品销售，又将QQ幻想游戏嵌入了新的内容，让网民有了一个全新的体验。使网络营销的功能得到了充分的体现。

学习目标

素质目标：通过本任务必备知识学习、案例分析和同步实训，认同网络消费者购买活动中应遵循的营销伦理与营销职业道德、法律法规的基本要求等内容。

能力目标：通过本任务的案例分析和同步实训，能对网络消费者的需求、动机和购买行为进行分析。

知识目标：通过本任务的必备知识学习，能准确陈述网络消费者的需求、动机和购买行为等。

必备知识

一、网络消费者需求

随着互联网技术的飞速发展，网络作为一种新的载体，正在以一种惊人的速度和力量改变着人们的生活方式。目前越来越多的人选择网络购物。因此对网络消费者需求、动机的研究就成为消费心理的一个重要研究内容。

（一）网络消费者的需求

网络消费者的需求是指在网络营销环境下，网络消费者为了满足自己的生存和发展，对获得物质财富和精神财富的愿望和欲望。

（二）网络消费者需求的层次

网络消费者对企业的需求按层次由低到高排列如下：

1. 需要了解公司产品、服务的信息

网络消费者需要广泛了解产品、服务的详细信息，从中寻找能满足他们个性化需求的特定信息。这些要求在网络营销的环境下可轻而易举地实现。

2. 要求企业帮助解决问题

帮助顾客解决问题包含产品安装、调试、使用、故障排除，以及提供产品系统更深层次的知识等信息。网络营销的环境下，企业不仅能向消费者提供解决问题的方案，还能提供对产品知识的自我学习、自我培训，将顾客自我教育为产品专家。

3. 接触公司人员

网络消费者不仅需要自己了解产品、服务的知识及解决问题的方法，还需要像传统顾客一样，在必要的时候和企业的有关人员直接接触，解决比较困难的问题，或询问一些特殊的信息，反馈意见等。

4. 了解整个过程

网络消费者常常还要作为整个网络营销过程中的一员，积极主动地去参与产品的设计、制造、运送等。这一点充分体现了网络消费者个性化服务的双向互动的特性。网络消费者了解产品信息越详细，他们对自己需要什么样的产品也就越清楚。企业要实现个性化的顾客服务，也应将主要顾客的要求作为产品定位的依据纳入产品的设计制造、改进的过程中，从而建立企业与顾客的“一对一”的服务关系。

（三）网络消费者的需求特征

1. 消费需求的个性化

网络作为一个全新的营销工具，能提供即时、互动的顾客服务，满足消费者个性化需求。

对于不同的网络消费者，因其所处的环境不同，也会产生不同的需求，即便在同一需求层次上，他们的需求也会有所不同。因为网络消费者来自世界各地，有不同的民族、信仰和生活习惯，因而会产生明显的需求差异性。

2. 消费的主动性增强

消费的主动性的增强来源于现代社会不确定性的增加和人类追求心理稳定和平衡的欲望。如在许多高档消费中，消费者往往会主动通过各种可能的渠道获取与商品有关的信息并进行分析和比较。或许这种分析和比较不是很充分和合理，但消费者能从中得到心理的平衡以减轻风险或减少购买后产生的后悔感。

3. 消费者直接参与生产和流通的全过程

传统的营销渠道由生产者、经营商和消费者组成，其中经营商起着主要的作用。生产者不能直接了解市场，消费者也不能直接向生产者表达自己的消费需求。而在网络营销中消费者能直接参与到生产和流通中来，与生产者直接进行沟通，减少了市场的不确定性。

4. 追求消费过程的方便和享受

在网上购物，除了能够完成实际的购物需求之外，消费者在购买商品的同时，还能得到更多信息，和在各种传统商店里没有的乐趣。同时，网上购物的方便性也会使消费者节省大量的时间和精力。

相关链接

一位叫麦克唐纳的加拿大小伙子在美国分类广告网站上贴出一则交换广告，从一个0.3米长的曲别针开始，一步步从鱼形笔换到烤炉，从烤炉换到啤酒，从啤酒换到雪地摩托，最后换得一纸唱片合约。随后又用唱片合约换到了一套房子一年的使用权。

5. 价格是影响消费心理的重要因素

网络营销系统巨大的信息处理能力为消费者挑选商品提供了前所未有的选择空间，消费者会利用在网上得到的信息对商品比质比价比服务，以决定是否购买。消费者也可以通过网络联合起来向厂商讨价还价，产品的定价逐步由企业定价转变为消费者引导价格。

6. 网络消费的层次性

网络消费就其消费内容来说，仍然可以分为由低级到高级的不同层次。在网络消费的开始阶段，消费者侧重于精神产品的消费，到了网络消费的成熟阶段，消费者在完全掌握了网络消费的规律和操作，并且对网络购物有了一定的信任感后，消费者才会从侧重于精神消费品的购买转向日用消费品的购买。

相关链接

青年学生消费背后的网络营销

从青年学生日常媒体接触情况来看，报纸、杂志、广播等传统媒体对青年学生的影响越来越小，而互联网的接触比例逐年提高。

青年学生对新信息的接受能力快而强，对社会有一种示范和引领的作用。尤其是青年学生是未来的社会精英群体，因此，青年学生的行为与意识将直接影响周围的人。

中国青年学生的品牌观非常有价值。新生代数据显示，青年学生群体里，78%的人认为“我喜欢的品牌，我会一直使用它”，因此，企业要想拥有长远可增长的市场份额和影响力，就要在未来的新生群体里占有一席之地，就必须在青年学生群体里，先入为主地占据有利的市场位置。

青年学生群体虽然庞大，市场能量巨大，但也非常分散——庞大的数目分散到全国几千所学校里，使得能否精准营销、整合这些消费资源成为一大难题。同时，由于青年学生对互联网使用频率高，使通过互联网整合传播的营销价值凸显。

小思考

有人说，在网络这个虚拟社会中，消费者希望满足兴趣需要，聚集需要、交流需要。请谈谈你的看法。

二、网络消费者购买动机

（一）网络消费者的购买动机

网络消费者的购买动机是指在网络购买活动中，能使网络消费者产生购买行为的某些内在驱动力。动机是一种内在的心理状态，但它可以根据人们长期的行为表现和自我陈述加以了解和归纳。在传统的营销活动中，了解消费者购买动机相对容易，而在网络营销中难度就相对大些。因为网络营销是一种不见面的销售，网络消费者复杂的、多层次的、交织的和多变的购买行为不能直接观察到，只能够通过文字或语言的交流加以想象和体会。

（二）网络消费者购买动机的种类

网络消费者的购买动机基本上可以分为两大类：需求动机和心理动机。

1. 网络消费者需求动机

网络营销是在网络虚拟市场中进行的，但虚拟市场与现实市场有很大的差别，所以在虚拟市场中人们希望满足以下三个方面的基本需求。

（1）兴趣需要。兴趣的产生，主要出自两种内在趋动。一是探索的内在驱动力，人们出于好奇，驱动自己沿着网络提供的线索不断地向下查询，希望能够获得更多的信息。

另一种内在的驱动力是成功，当人们在网络上找到自己需要的资料、软件、商品，会获得一种成功的满足感。随着这种满足感不断加强，人们对网络的接受程度也不断增强。

（2）聚焦的需要。在互联网时代，这种虚拟的网络社会为具有相似经历的人们创造聚焦机会，不受时间和空间的限制，形成富有意义的个人关系。通过网络聚焦形成的群体是一个极为民主性的群体，所有成员都是平等的，每个成员都有独立发表自己意见的权利，使在现实人际关系中经常处于紧张状态的人在虚拟社会中得到解脱。

（3）交流的需要。网络群体相互交流内容的广度、交流的频度随着时间推移在不断地扩大，从而产生示范效应，带动对某些种类的产品和服务有相同兴趣的成员形成商品信息交流的网络虚拟社会，参加者所谈论的问题集中在商品质量的好坏、价格的高低、库存量的多少、新商品的种类、买卖的信息和经验等。

2. 网络消费者心理动机

（1）理智动机。这种购买动机是建立在人们对于网络商品的客观认识基础上的。网络购物者大多是中、青年，他们具有较强的分析判断能力，其消费决策是在反复比较后才做出的，对所要购买的商品的特点、性能和使用方法早已非常了解。购买动机具有客观性、周密性和控制性等特点。在理智购买动机驱使下的网络消费者购买动机，首先注意的是商品的先进性、科学性和质量高低，其次才注意商品的经济性，这种购买动机较少受到外界气氛的影响。

（2）感情动机。感情动机是由于人的情绪和感情所引起的购买动机。这种购买动机又可分为两种形态。一种是低级形态的感情购物动机，它是由喜欢、满意、快乐、好奇而引起的。这种购买动机一般具有冲动性、不稳定性的特点。如某种新产品，通过网页运用图片、数据、文字、动漫等将商品的特点展示得活灵活现，从而吸引消费者购买。另一种是高级形态的感情动机，它是由人们的道德情操、群体观念所引起的，具有稳定性、深刻性的特点。如网络中大量宣传绿色消费、低碳经济，一批消费者对按照绿色和低碳生产和营销的产品就愿意购买。

（3）惠顾动机。这一动机基于理智、经验和感情之上，指对特定的网站、图标广告、商品产生特殊的信任与偏好而重复地、习惯地前往访问并购买的动机。惠顾动机的形成，经历了人们的意志过程。从它的产生来说，或者是由于搜索引擎的便利、图标广告的醒目、站点内容的吸引，或者是由于某一驰名商标具有相当的地位和权威性，或者是因为产品质量在网络消费者心目中确立了地位，并在各次购买活动中克服和排除其他的同类水平产品的吸引和干扰，按照事先计划实施购买行为。具有惠顾动机的网络消费者，往往是某一站点的忠实浏览者，他们不但自己经常光顾这一站点，而且对其周围网民也具有较大的宣传和影响作用，在企业的商品或服务一时出现某种过失的时候，也能予以谅解。

三、网络消费者购买决策

网络消费者购买决策过程是网络消费者在各种内外因素和主客观因素影响下产生购买行为的过程。在网络营销中，一个网络消费者完整的购买决策过程，基本遵循“认知需要、收集信息、比较评估、购买决策和购买后的评价”五个阶段。

（一）认知需要

网络购买过程的起点是诱发需求，刺激消费者认知需要。文字的表述、图片的设计、声音的配置是网络营销诱发消费者购买的直接动因。从这方面讲，网络营销对消费者的吸引是有一定难度的。这就要求网络营销人员必须了解哪些刺激因素可能诱发消费者需求，进而巧妙地设计营销手段去吸引更多的消费者浏览网页，诱导其消费需求的产生。

1. 突出产品的吸引力

产品是满足消费者的核心内容，也是影响网络消费者购买决策的首要因素。一是要做好网店推广工作：强化并突出自身特色，为网络消费者提供良好的购物环境。大量的网店介绍、广告、图片展示作用于消费者的感觉器官，消费者只能有选择性地对某些事物产生清晰的反映。因此，网上商店在站点设计、网页制作方面应注意突出自身站点特色，主题鲜明，在结构和背景上体现出自身企业文化和经营理念独特的一面，同时提供方便的搜索界面，注意信息丰富、有趣和及时更新，在网页中将文字、图像、动画、音乐等多种元素融合，提供网站导航支持、站点结构图与其他网站的连接，在消费者轻松浏览时吸引其注意力，诱发消费者的需求。二是突出产品的特色，由于目前网络消费者多以中、青年用户为主，他们对产品的具体要求越来越独特，个性化越来越明显。因此，网络营销人员应根据消费者的不同特征细分市场，满足消费者的个性需要，提供定制化服务，使其产品集个性、独特、新颖于一身。三是提高产品的展示效果。网上产品的展示只有通过文字说明和图片来展示。文字说明要尽量做到语言描述充分、准确，减少消费者对产品的误解。图片展示要注意网络前沿科技，保持高度敏感与关注，使用清晰的图片，尽量动态、三维地表现产品特性，提高产品展示效果。

2. 充分发挥网络营销定价优势

网络营销者可以针对网络消费者追求物美价廉的这种心理诱导消费需求的产生。一是设计好“特价热卖”栏目。网络消费者只要进入专栏，就可以轻松获得各个热销产品的信息以及价格，进而通过链接进入消费者认为合适的网站，完成购物活动。二是运用好折扣策略，网上商店一般都要按照现实市场上的流行价格进行折扣定价。具体做法是，要明确标明该商品市场指导价的具体价格，再标明本网店的优惠幅度，让网络消费者一目了然。

3. 提高网络购物的方便性

网络消费者选择网络购物方式主要基于以下两种情况，一种是自己购买，产品直接送到购物者手中；另一种是为他人购买礼品，需要送到第三方手中。前者希望足不出户，得到送货上门的服务，或希望买到本地没有的商品；后者通过网络购物的一站式服务直接将礼品送到朋友手上，节约了包装、送达等一系列繁琐的过程。

相关链接

Woot.com 网站上出售的东西大都很酷且很便宜，而且每天只出售一件商品，如果这件商品当天没有售出，到美国中部时间午夜时分，这件商品就会下架。如果你在当天犹豫不决，那么就会错失良机，很可能再也看不到 woot 出售这件商品了。这一销售手段大幅刺激了网络消费者的购买欲。

4. 采用多种促销因素，激发消费者新的需求

网络消费者需求具有可诱导性，网络营销者可以通过人为地、有意识地给予外部诱因而促使其产生消费需求。主要的网上措施有：第一，开展灵活多样的促销推广活动。网络营销者利用网络技术向虚拟市场传递有关商品和服务信息，以启发需求，引起消费者购买欲望和购买行为。如网上赠品促销、网上抽奖促销、积分促销等。第二，开展体验营销。为了取得消费者理解和信任，网络营销者可以先将一些商品让网络消费者体验与使用，消费者通过消费商品和服务而获得对购物网站的了解和对其商品的信任，从而产生购买欲望。第三，运用关联策略促进销售。网络营销者利用商品种类或者名称之间的相互联系，以推荐或相关链接的方式为网络消费者提供与其密切相关的商品信息，以达到促进顾客购买的目的。第四，将网络文化与商品广告相融合来吸引消费者。借助网络文化传播实现促进销售的效果。第五，利用网络聊天功能开展消费者联谊活动或在线商品展销活动和推广活动。此外，网络营销商可以通过电子邮件等方式给顾客提供有用的商品信息，主动争取顾客，劝诱他们购买。或者与非竞争性的厂商进行线上促销联盟，通过相互线上资料库联网，增加与潜在消费者接触的机会，促使其消费需求的产生。

（二）收集信息

在网络购买过程中，商品信息的收集主要通过互联网进行。如网络消费者根据已经了解的信息，通过互联网跟踪查询，或者在网上不断地浏览，寻找新的购买机会。

网络营销者要根据影响网络消费者信息收集范围和努力程度的因素做好相应的应对工作。第一，注意网络消费者的教育，满足消费者信息需求。网络营销者可以通过开设网上培训、网上讲座、消费论坛、建立网上虚拟展厅等措施，使网络消费者全面了解产品的各方面相关信息，满足消费者的信息需求。第二，提高网站的链接速度及网页的响应速度，节约网络消费者搜索信息时所花的时间。第三，优化有效搜索引擎。据有关资料显示，很多准备网上购物的顾客使用搜索引擎来寻找他们想要的产品。因此，网络营销者应对一些效果好的搜索引擎加大广告投入，并做好搜索引擎的排序工作，以提高被点击的机会。同时要利用网页分析技术优化网站，使从搜索引擎中走来的目标顾客更便捷地找到他想要的商品及相关信息。

（三）比较选择

消费者在广泛收集信息的基础上，对收集来的信息进行分析比较，形成若干个购买方案。

在网络营销中，网络消费者在比较选择购买某种商品时，首先是对网络营销商有信任感；其次对网络营销商提供的支付方案有安全感；第三，对产品有好感。因此，网络营销商要针对网络消费者的心理特征，除了重点抓好商品宣传与推广方面的工作外，还需要在营销商自身的品牌宣传方面下功夫。因为目前网络营销已进入到品牌竞争时期，竞争的焦点已日益集中在客户服务的质量、营销环节处理的好坏、广告宣传和网站知名度、信誉度、美誉度形象的树立等方面。

（四）购买决策

网络购买决策是指网络消费者在其购买动机的支配下，从两件以上商品中选择一件满意商品的过程。

与传统购买决策相比，网络购买者在做出决策时有三个方面特点，一是网络购买者理智动机所占比重较大，而感情机动的比重小。二是网络购物受外界影响较小，大部分的购买决策是网络消费者自行做出的，或是与家人商量后做出的，较少受到外部环境的影响。三是网上购物的决策行为速度更快，效率更高。网络购买者由于查找信息的范围广、速度快，很容易迅速准确地发现拟选的方案，无形中会加快其确定购买决策的速度。

（五）购后评价

网络购买者购买和使用所购的商品后，会根据自己的感受进行评价，以验证购买决策的正确与否。一般来说，评价结果存在两种情况，假如网购商品能够在约定的时间范围内及时送达，且完全符合自己的意愿，网络消费者不仅自己重复购买，还会积极地向他人宣传推荐。相反，假如网购商品不符合其意愿，效用很差，或遭遇网络欺诈，消费者不仅不会再购买，还会通过各种渠道发泄其不满，并竭力阻止他人网上购物。

案例分析

当当网推出“搜索比价”销售

作为全球最大的中文网上图书音像城，当当网（www.dangdang.com）为了更好地推动图书音像商品的网上销售，迅速做大规模，推出了比价活动，即当当网的商品的售价都在其他网站价格的90%以下。此次当当网打出“价格牌”，也是对自己价格与品种优势信心的一种表现。

当当网技术部有关负责人介绍，智能比价是因特网经济的优势。搜索比价系统是当当网开发的智能比价系统。通过此系统，当当网将每天实时对各电子商务网站的同类商品与当当网同类商品的价格进行对比。如果对方同类商品价格低于当当网商品价格，此系统将自动调低当当网同类商品的价格，调整后的价格将低于对方价格的10%。

当当网是国内唯一一个提供30万种商品的网上书刊音像城，而其他网站销售的图书音像商品的品种只有几千种而已。当当网参加比价的商品大概只占总体的40%，降低利润能够更好地吸引顾客，对整体销售额的扩大有好处。同时，当当网此举也是为了引导消费，扩大市场，将更多的优惠送给顾客。

问题：当当网满足顾客物美价廉的消费心理的这种做法可取吗？试说出理由。

讨论分析：

个人：每位同学结合本案例提示的内容，在学习本上写出你的看法。

小组：请同学们每4人一个小组，1人为组长，1人记录，在小组讨论中陈述个人看法，然后共同讨论，形成小组意见，并推荐一名代表在班级交流。

全班：每个小组代表在班级陈述本组观点，本组其他同学进行补充。

教师：教师记录各组陈述观点的要点，最后做点评。

分析提示："价比三家"是网络购物群体的消费习惯，因此网络购物应满足用户选价的心理需求。在消费心理学中，顾客进行消费大多基于个人感受，不一定会选择价格上最便宜的，而多会选择商家让顾客觉得性价比最优的。

同步实训

走访网店

1. 训练目标

(1) 素质目标：培养同学们积极深入网店调研，认真参与调研的态度。提升同学们积极深入网店研究网店经营者心理等实际问题的兴趣。培养同学们自主探讨问题的积极性。

(2) 能力目标：运用所学的网络消费者的需求、动机和购买行为知识，较准确地填写走访网店分析表中的问题。

(3) 知识目标；培养同学们在小组发言、小组讨论、实训分析表填写中，会运用网络消费者的需求、动机和购买行为等相关知识分析讨论问题，阐述自己观点的能力。

2. 训练内容

走访网店，了解两家网店中你认为有经营特色的商品，详细说明两家网店的名称、商品名称、商品照片展示、商品文字介绍、商品价格标注、售后服务措施等内容，并分析说明这两种商品的信息展示是如何分析网购者的购买心理的。

3. 训练操作

(1) 将学生每4人分为一组，并选出小组负责人一名。

(2) 小组负责人与组员共同分析走访内容，明确分工。

(3) 每两人调查一家网店，查看两种商品相关内容，在小组交流自己收集的资料，经小组成员共同讨论形成小组意见后填入表10-2。

表10-2　　走访网店调研表

项目	商品1	满足网购者心理说明	商品2	满足网购者心理说明
网店名称				
商品名称				
商品照片展示				
商品文字介绍				
商品价格标注				
售后服务措施说明				

4. 成果要求

(1) 每组填写一份"走访网店调研表"

(2) 每个小组推荐一位代表在班级交流，并由老师作点评。

5. 实训评价（见表10－3）

表10－3　　走访网店调研评价表

项目	评价标准	分值	小组个人自评（30）	小组成员互评（30）	教师评价（40）	小计
素养培养	参与走访的态度端正，积极性高，小组合作意识强，小组讨论积极踊跃。	10				
	养成做事有计划的工作作风，能主动提出关于走访工作中的相关问题。	10				
	能够在走访调研中与同学心平气和地沟通交流问题。	10				
能力提升	能将所学的网络消费者的需求、动机和购买行为知识运用到走访网店调研中，学以致用。	10				
	根据实训要求实施调研，会运用信息化手段整理信息。	10				
知识应用	能基本理解网络消费者的需求、动机和购买行为等内容。	10				
	能完整陈述网络消费者的需求、动机和购买行为等知识。	10				
项目成果展示	能够独立完成实训任务，完成实训任务及时、主动，并能主动提出问题，解决问题。	10				
	“走访网店调研表”结构完整，表中无错别字，内容填写完整。	10				
	“走访网店调研表”展示汇报形式新颖，陈述语言规范流畅，语速恰当，有感染力。	10				
合计		100				

任务3　网络营销与消费心理

任务案例

购买容易，送货难

如今人们可以在网上买到心仪的商品，通过邮寄、快递送达自己或朋友手中，网络购物的飞速发展推动了快递业的繁荣。然而，消费者在承担网购风险的同时，有时竟还需为快递引发的问题买单。随着网络购物的迅速发展，由快递引发的网购投诉也呈上升趋势。

新年前夕，网上交易大量增加，快递业务量也大增，很多货物无法按时及时送出，并且出现了野蛮分装，造成部分商品损坏的现象。

问题：快递公司野蛮分装的行为符合企业营销伦理吗？谈谈你的看法？

分析：网上卖家承诺“即时送货上门”，快递公司却由于种种原因无法按时送达。这种事情的发生，一方面由于网上店铺缺少基本的营销伦理和必要的监管；另一方面快递公司也无相应的规范，快递过程中一旦发生问题，卖家、快递公司经常互相推脱责任，消费者权益很难得到保障。这些都需要从法律、行业规范、营销伦理方面进行规范，才能为网络营销创造安全可靠的营销环境。

学习目标

素质目标：通过本任务的必备知识学习、同步案例和同步实训，认同网络营销活动中运用消费心理策略应遵循的营销伦理与营销职业道德、法律法规的基本要求等内容。

能力目标：通过本任务的案例分析和同步实训，会对网络营销中消费心理策略进行分析。

知识目标：通过本任务必备知识学习，能准确陈述制约网络营销发展的心理因素、网络营销中的消费心理策略等。

必备知识

一、制约网络营销发展的心理因素

网络营销在蓬勃发展的同时，也受到一些因素的制约。

（一）受传统购买观念束缚

长期以来消费者形成“眼看、手摸、耳听”的传统购物习惯在网上受到了束缚。网络购物也很难满足人们结伴购物的社交动机，无法在购物过程中显示自己的社会地位、成就或支付能力，无法满足消费者试穿试用、试听等体验心理。因此对于看不到的实物，光是在网络的虚拟空间中看几张图片几句描述就要付款，然后要经过一段不短的等待后才能拿到货物的购物方式有时难以接受。

（二）个人隐私权受到威胁

在网络交易过程中网络营销者往往要求交易对方提供更多的个人信息，同时也可以利用技术方法获得更多他人的个人信息。网络营销者为了促销商品等目的，还会未经授权向网络消费者发送垃圾邮件，影响消费者个人生活安宁，构成侵害网络消费者隐私权的行为。有的甚至将这些信息出卖以谋取经济利益，即使有的企业对客户的个人信息采取了保密的手段，但日益猖狂的黑客攻击常常是防不胜防。另外，随着网络营销的发展，网络经营者不仅要争夺已有的客户，还要挖掘潜在的客户，而现有的技术不能完全保障网上购物的保密性。由于隐私权得不到保护，使许多潜在的网络消费者担心自己的个人信息被泄露，不愿参与网上购物。

（三）对网上支付缺乏信任感

在网络营销中，货款通常采用支付宝等网络银行等交易方式，当消费者采用网上银行支付货款时，不但要担心款项是否能如期安全付到指定账户，同时更担心在进行网上支付时所带来的个人信息账户密码被盗用等风险，于是一部分消费者不愿在网上提供他们的个人信息和信用卡等信息，这已成为网络营销发展的主要障碍之一。

（四）对虚拟购物环境缺乏安全感

网络购买是在虚拟市场中进行的，交易双方并不需要面对面地直接接触，消费者面对的是互联网，通过网络了解经营者和商品。现代信息技术在给消费者带来方便的同时，也为侵害消费者权益的行为提供了技术条件。网络消费者的知情权、求偿权、自主选择权受到侵害都与网络的虚拟性有直接关系。作为网络消费者关心的是商家提供的商品信息、商品质量、商品售后服务能否和传统的商场一样有保证，购买商品后能否如期拿到商品。加之目前相应的法律和其他规范手段有待完善，发生网上交易纠纷，消费者举证困难，权益不能获得足够的保障。还有网络营销中以次充好，通过网络诈骗的案件。这些问题都会对网上购物有一定的影响。

（五）对低效的物流配送系统缺少保障感

目前大多数企业开展网络营销都是通过选择合作伙伴，利用专业的物流公司为网络营销者提供物流服务，由于网络营销配送的商品主要是最终消费品，即生活消费品和日常用品，包括食品、服装、日常生活用品、家用电器、化妆品、文化体育娱乐用品、办公用品等。其配送具有品种多、批量小、距离长短不一、集货分货次数多、流通加工与包装次数多且不一致，服务质量要求程度不同，最终送货用户众多等特点。要保证配送地点与时间的准确无误，商品质量的外观完好无损，安装调试的准确到位与使用方便，货款与配送费用支付的简单快速，服务过程中的热情周到，难度确实很大。甚至部分网销产品在运输过程中被故意损坏等，影响了网络营销的发展。

二、网络营销中的消费心理策略

随着网络营销的发展，网络消费者的心理与以往相比也出现了一些新的特点，网络消费者的特殊心理给网络营销者的经营理念带来了新的挑战，网络营销者必须在营销策略、方式、手段上有所突破，建立一套适合网络营销的运作机制。

（一）创造良好的网络营销环境

1. 健全市场机制完善信用保障体系

由于网络消费的性质决定了网络消费者权益保护的特殊性，必须建立健全与网络消费相关的法律法规，保障网络消费者的合法权益；要实施网络市场准入制度，将网络经营行为纳入法律规范与政府监管范围，建立全国统一的网络营销认证体系和网上投诉中心。充分发挥各类中介机构和行业组织的作用，通过各类社会组织、社会舆论和个人对损害消费者权益的行为进行监督。为了保障网络消费者的权益，要尽快建立卓有成效的信用管理体系和消费者权益保护法律体系。

2. 不断提升网络技术水平，完善网络消费配套设施

完善网络技术是提高网络安全的关键，对于网络消费安全而言，相关的技术主要包括通讯安全技术和计算机安全技术等内容，完善网络配套设施，主要是健全网上银行体系，同时要规范网络营销者的行为，努力提升服务质量和水平，要明确网络营销者对用户的责任，以保护消费者的权益，吸引更多的消费者在网上购买，促进网络营销的发展。

3. 加强教育，提倡网络消费

在网络时代，消费者迫切需要新的快捷的购物方式和服务，以及合理的最低价格，并最大限度地满足自身的需求。构建多层次、多渠道的网络消费教育，提高和加强消费者对网上购物的全方位认识，以调动消费者网上购买的积极性，培养消费者网上购物的习惯。

小思考

网络电商采取了一些“秒杀”“抢购”“双11”等快速营销方式。以吸引消费者，请分析这利用了顾客的什么心理。

（二）保持网络消费渠道的畅通

一个完整的网络消费渠道一方面要为消费者提供产品信息，方便消费者进行产品的选择，另一方面在消费者选择产品后要能快捷地结算货款和使消费者及时地收到商品。因此，一个完善的网络消费渠道应发挥好订货、结算和配送等功能。

1. 订货

这一环节是为消费者提供产品信息，要选好域名，吸引消费者登录浏览商店，要设计好网上商店的外部形象和购物的环境，场景最好选择目标消费者熟悉或喜欢的，这样容易引起消费者共鸣，易从感情上接受所宣传的产品和企业形象。同时网络营销者应该尽可能地在相关网站上增加通往购物消费网站的链接，保持网络消费者购物渠道顺畅。

2. 结算

网络消费者在购买产品后，可以选择通过安全的方式方便地进行付款。

3. 配送

由于网上购买的产品有无形产品和有形产品两种，对于无形产品的服务，软件音乐等产品可以直接通过网上进行配送；对于有形产品的配送，涉及运输和仓储问题，只能依赖邮政系统以及一些区域性的快递公司，影响了网络营销的购买效率和覆盖的地区。

（三）保障网络交易的安全性

网络购物客观上存在一定的风险，这是由于网络消费者对商品的认识和了解只能通过网络上卖方提供的图片和介绍等有限的信息，以视觉为主并结合想象等来实现的。网络购物货款的支付又往往是通过网络银行来实现的，在这样的情况下，消费者作出的购买决策的风险很大。因此，提高网络安全技术水平、为消费者提供真实可靠的信息、确保交易商

品的质量、完善售后服务、落实有效配送，进而降低网络购物风险知觉，增加消费者网络消费信心，是促进我国网络购物发展的一个切入点。

（四）加强网站管理

网络营销要通过自己的网站宣传或展示商品，详细、全面地介绍商品的关键信息，客观、真实地展示商品的形象、色彩等图像信息，为消费者尽可能多地提供相关信息，积极同消费者建立联系。

网络营销者还应提供方便、友好、快捷的交互界面，简便交易流程，使消费者能迅速进入并快速搜索商品，方便地进行交易或取消订单。

网络营销者更应注视网站及网页的安全性，不断升级安全措施，努力解决影响网上购物的一些如网络连线速度过慢、网络支付安全缺乏保障等问题。

总之，维护网站的良好管理，建立良好的管理机制，统一指挥，统一调配，为网络消费者提供全天候、即时、互动的个性化服务，一定会给网络购买者带来购物与消费的充分信心。

案例分析

网络交易存在风险

2015 年一家快递公司把客户的信息私下出卖，许多顾客个人信息被泄露，给客户带去不必要的麻烦，甚至造成了一些损失。

问题：客户基本信息被快递公司工作人员倒卖，这种行为是一种道德缺失行为，还是违法行为？

讨论分析：

个人：每位同学结合本案例内容，在学习本上写出你的看法。

小组：请同学们每 4 人一个小组，1 人为组长，1 人记录，在小组讨论中陈述个人看法，然后共同讨论，形成小组意见，并推荐一名代表在班级交流。

全班：每个小组代表在班级陈述本组观点，本组其他同学进行补充。

教师：教师记录各组陈述观点的要点，最后做点评。

分析提示：

目前我国网络营销的法律环境还较为薄弱，主要问题是权利与责任主体不明晰。消费者缺乏保障自身权益的有利法律武器，经营者也由于缺乏法律法规的约束，加之别有用心的人有意破坏，消费者在网络消费中的权益有时难以保障。

盗取客户基本信息的行为是一种严重的违法行为。这种行为是影响网络购物的最大隐忧，要加大舆论谴责，也要加大法律制裁力度，以维护网络交易的安全性。

同步实训

网络购物体验

1. 训练目标

（1）素质目标：培养同学们积极体验网络购物，认真参与体验的态度。提升同学们积极深入研究网购消费者心理等实际问题的兴趣。培养与同学们合作和沟通的意识。

（2）能力目标：运用所学的网络营销与消费心理知识，较准确地填写网络购物体验分析表中的问题。

（3）知识目标；培养同学们在小组发言、小组讨论、实训分析表填写中，会运用网络营销与消费心理等相关知识分析讨论问题、阐述自己的观点的能力。

2. 训练内容

从网上给自己购买一件适用的商品。

3. 训练操作

（1）结合所学的网络营销的相关知识，熟悉网络购物的基本操作程序和要求。

（2）从网上查找网络购物的注意事项，并有意浏览1～2家网上商店销售的有关规则。

（3）根据自己选定的商品，试着访问有关网上商店，实施购买，整理出自己购买商品的基本流程，并说明自己网上购物的主要心理感受，形成草表，与其他同学交流，修改完善。

4. 成果要求：

（1）每位同学填写一份“网络购物体验分析表”（见表10－4）。

（2）每个小组推荐一位代表在班级交流，并由老师作点评。

表10－4　网络购物体验分析表

网购程序	程序内容	购买体验
1		
2		
3		
4		
5		
6		
7		

5. 实训评价（见表10－5）

表 10－5　网络购物体验评价表

项目	评价标准	分值	小组个人自评（30）	小组成员互评（30）	教师评价（40）	小计
素养培养	参与实训的态度端正，积极性高，征求同学意见诚恳。	10				
	养成做事有计划的工作作风，能认真总结网购体验流程和感受。	10				
	能够在网购体验总结中有自己的看法。	10				
能力提升	能将所学的网络购物与消费心理知识运用到网络购物体验中，学以致用。	10				
	根据要求实施体验，会运用信息化手段整理信息。	10				
知识应用	能基本理解制约网络营销发展的心理因素，网络营销中的心理策略等内容。	10				
	能完整陈述制约网络营销发展的心理因素，网络营销中的心理策略等知识。	10				
项目成果展示	能够独立完成体验任务，完成体验任务及时、主动，并能主动提出问题，解决问题。	10				
	“网络购物体验分析表”结构完整，表中无错别字，内容填写完整。	10				
	“网络购物体验分析表”展示汇报形式新颖，陈述语言规范流畅，语速恰当，有感染力。	10				
合计		100				

知识脉络

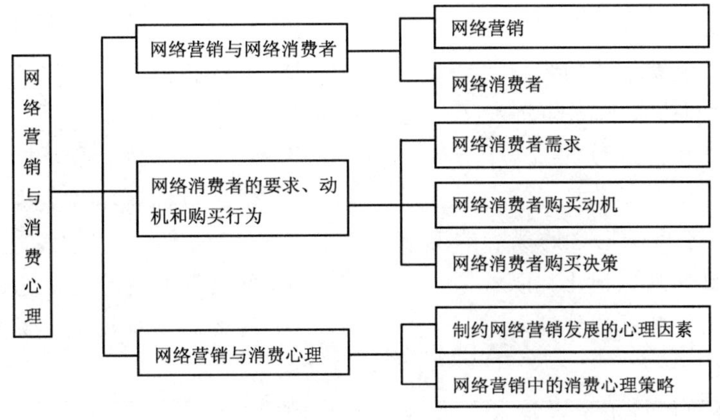

项目小结

网络营销是借助于联机网络、计算机通讯和数字交互媒体来实现营销目标的一种市场营销方式。

网络消费者心理特征表现：追求文化品位的消费心理，追求个性化的消费心理，追求自主独立的消费心理，追求表现自我的消费心理，追求方便，快捷的消费心理，追求躲避干扰的消费心理，追求物美价廉的消费心理，追求时尚商品的消费心理。

网络消费者的需求特征表现为：消费需求的个性化、消费的主动性增强、消费者直接参与生产和流通的全过程、追求消费过程的方便和享受、价格是影响消费心理的重要因素、网络消费的层次性。

网络消费者的购买决策遵循："认知需要、收集信息、比较评估、购买决策和购买后的评价"五个阶段的模式。

制约网络营销发展的心理因素有：受传统购买观念束缚、个人隐私权受到威胁、对网上支付缺乏信任感、对虚拟购物环境缺乏安全感、对低效的物流配送系统缺乏保障感。

思考与练习

1. 理论题

（1）单选题

①网络消费是指人们借助（　　）实现其自身需要的满足过程。

A. 网络　　B. 互联网

C. 通讯技术　　D. 数字交互式媒体

②（　　）不符合网络消费特征的内容。

A. 网络消费的无边际性　　B. 网络消费的个人性

C. 网络消费的直接性　　D. 网络消费的好奇性

③将现代网络消费者对企业的需求按层次由低到高排列为（　　）。

A. 接触公司人员　　B. 需要了解公司产品，服务的信息

C. 要求公司帮助解决问题　　D. 了解整个过程

④网络消费者的购买动机分为（　　）两类。

A. 需求动机和情感动机　　B. 需求动机和惠顾动机

C. 需求动机和心理动机　　D. 需求动机和理智动机

⑤（　　）不属于网络购买者购买地点决策内容。

A. 网上寻找信息，网上购买　　B. 报纸、电视寻找信息，传统商场购物

C. 网上寻找信息，传统商场购买　　D. 网络购买与线下购买相结合

（2）多选题

①一个完善的网络消费渠道应具有（　　）功能。

A. 订货功能　　B. 保障功能

C. 结算功能　　D. 配送功能

E. 沟通功能

②要保障网络交易的安全性，必须做到（　　）。

A. 提高网络安全技术水平　　B. 为消费者提供真实可靠的信息

C. 确保交易商品的质量　　D. 完善售后服务

E. 落实有效配送

③创造良好的网络营销环境应做好（　　）工作。

A. 建立成熟的市场机制及服务信用体系　　B. 完善社会主义法制

C. 拥有先进的网络基础和众多的网民　　D. 追求创新的社会文化环境

E. 开放的市场环境

④网络营销通常采用（　　）方式进行。

A. 网上页面广告　　B. 搜索引擎加注

C. 商业分类广告　　D. 电子杂志广告

E. 交换链接等方式

⑤网络营销中的心理策略包括（　　）。

A. 创造良好的网络营销环境　　B. 保持网络消费渠道的畅通

C. 保障网络交易的安全性　　D. 培养网站管理技术人员

E. 加强网站管理

（3）简答题

①简述网络消费者心理特征的内容。

②简述网络消费者需求特征的内容。

③制约网络营销发展的心理因素主要表现在哪几个方面？

2. 实务训练题

案例分析

猜谜式购物

美国的 Midnightbox（www. midnightbox. com）网站每周在美国东部时间的深夜推出一款产品，商品在上线时完全被遮盖，但会给出一点线索，如商品包装的长、宽、高、重量、建议零售价、生产商等。这时候访客可以到论坛里讨论猜测，随着时间的推移，网站将逐步给出更多的线索，商品的价格也在逐步加高。在规定时间内猜出的人将赢得1 000点的信用，同时可以以非常便宜的价格购买此商品，这时商品的真面目将展示在网站上，1 000 点的信用还可用来兑换店里的一些其他商品。总之，猜中得越早，购买就越便宜，还能赚积分。

问题：

（1）学习了本案例，试分析猜谜式购物利用了消费者什么样的消费心理？并谈谈对你的启发？

（2）试着从网络中寻找类似的更为有效的营销手段设计的实例介绍给其他同学。

参考文献

[1] 刘军. 营销心理学（第二版）[M]，北京，机械工业出版社，2016.

[2] 毛帅，程平平，张苏. 消费心理学 [M]，北京，清华大学出版社，2014.

[3] 柳欣，李海莹. 消费心理学（第三版）[M]，大连，大连理工大学出版社，2014.

[4] 陆剑清. 现代消费行为学 [M]，北京，北京大学出版社，2013.

[5] 申纲领. 消费心理学（第三版）[M]. 北京：电子工业出版社，2015.

[6] 柯洪霞. 消费心理学（第三版）[M]. 北京：对外经济贸易大学出版社，2015.

[7] 章岩. 如何说客户才会听 [M]. 北京：中国纺织出版社，2017.

[8] 裴亦新. 一本书读懂消费心理学 [M]. 北京：中国商业出版社，2018.

[9] 武永梅. 顾客行为心理学 [M]. 苏州：古吴轩出版社，2016.

[10] 李征坤等. 经营者不得不学的消费心理学 [M]. 北京：电子工业出版社，2016.

[11] 张易轩. 消费者行为心理学 [M]. 北京：中国商业出版社，2014.

[12]（美）迈克尔·R. 所罗门. 消费心理学：无所不在的时尚（第二版）. 北京：中国人民大学出版社，2014.

[13] 罗子明. 消费者心理学（第四版）[M]. 北京：清华大学出版社，2017.

[14] 李晓霞等. 消费心理学（第三版）[M]. 北京：清华大学出版社，2018.

[15] 吴琪. 消费者心理学 [M]. 北京：新世界出版社，2017.

[16] 刘川. 销售心理学 [M]. 天津：天津人民出版社，2016.

[17] 徐萍. 消费心理学教程（第五版）[M]. 上海：上海财经大学出版社，2015.

[18] 臧良运. 消费心理学：理论、案例、实训一体化教程 [M]. 北京：电子工业出版社，2015.

[19] 刘剑等. 现代消费者心理与行为学 [M]. 北京：清华大学出版社，2016.

[20] 肖涧松. 消费心理学（第三版）[M]. 北京：高等教育出版社，2018.

[21] 高博. 消费心理学理论与实务 [M]. 北京：电子工业出版社，2017.

[22] 王水清，杨扬. 消费心理与行为分析（第二版）[M]. 北京：北京大学出版社，2016.